¡Imagínalo!

Aprendizaje visual de destrezas

Propósito del autor

Punto de vista del autor/

Parcialidad

Clasificar y categorizar

Causa y efecto

Comparar y contrastar

Sacar conclusiones

Hechos y opiniones

Generalizar

Fuentes gráficas

Elementos literarios

Idea principal y detalles

Secuencia

Propósito del autor

Entretener

Informar

Los autores tienen muchos propósitos al escribir, como informar, entretener, persuadir o expresar. Un autor puede tener más de un propósito al escribir.

Persuadir

Expresar

Punto de vista del autor/Parcialidad

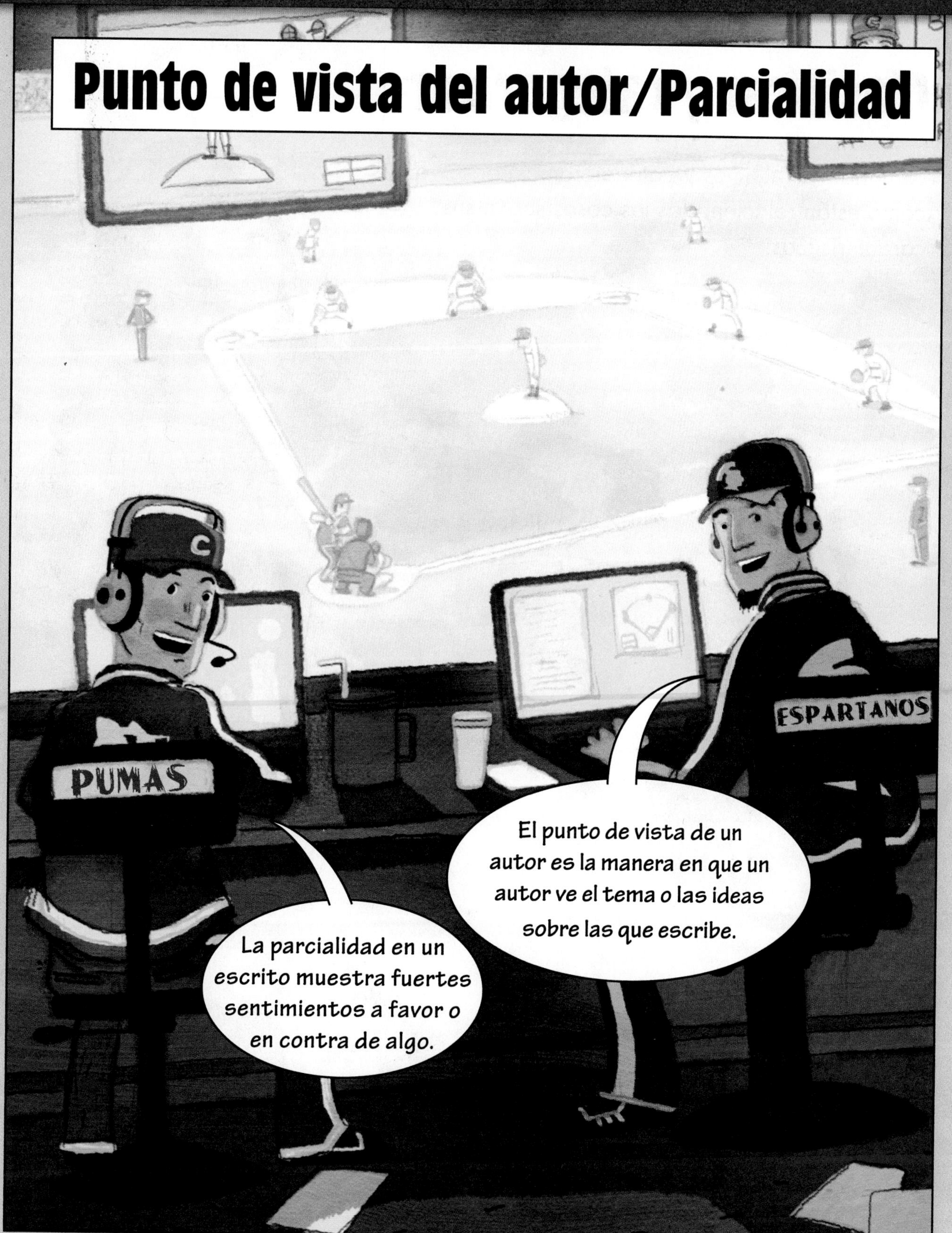

Clasificar y categorizar

Cuando clasificamos y categorizamos, observamos cómo están relacionadas las cosas según sus características.

Comparar y contrastar

Comparar y contrastar es buscar semejanzas y diferencias en las cosas.

Sacar conclusiones

Cuando sacamos conclusiones, tomamos decisiones o nos formamos una opinión sobre lo que leemos.

Hechos y opiniones

¡Soy más alto que tú!

Pero yo soy más divertido.

Un hecho es algo que puede probarse como verdadero o falso. Una opinión no puede comprobarse.

Generalizar

¡Puedes ir más rápido en bicicleta que en patines!

Generalizar es hacer una afirmación o una regla amplia que se puede aplicar a muchos ejemplos.

Fuentes gráficas

Una fuente gráfica muestra la información de tal manera que el lector pueda verla.

Tabla

Una tabla es un recuadro, un cuadrado o un rectángulo que contiene información organizada en filas y columnas.

ANIMAL	HUELLAS DE ANIMALES	NÚMERO DE VISTAS
		3
		10
		6
		12
		9

Gráfica de barras

Una gráfica de barras usa líneas horizontales y verticales para comparar la información.

NÚMERO DE ANIMALES OBSERVADOS

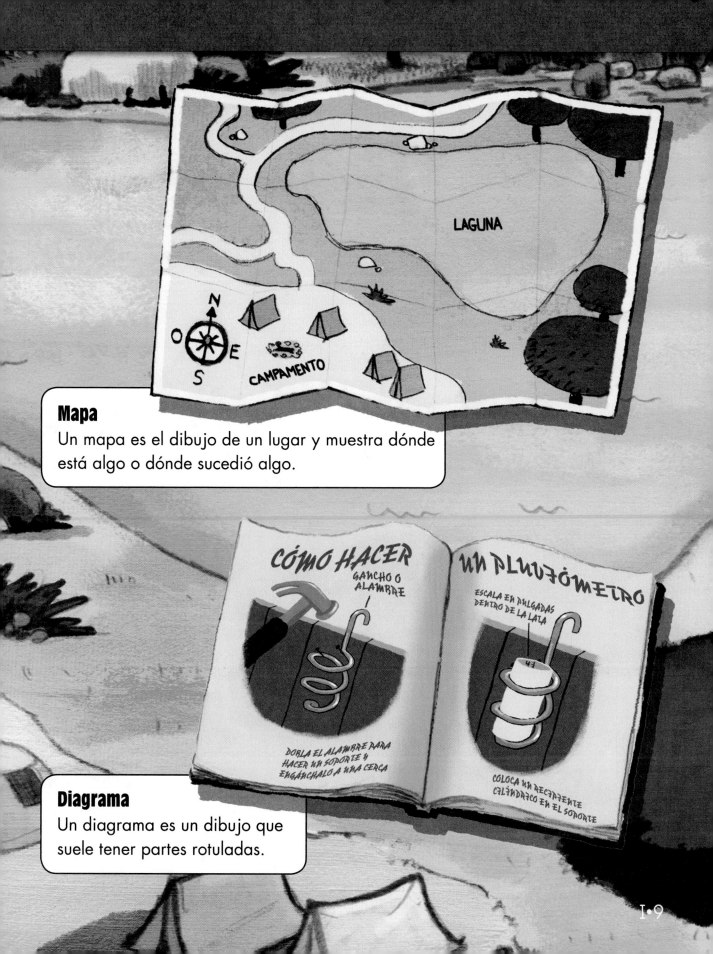

Mapa

Un mapa es el dibujo de un lugar y muestra dónde está algo o dónde sucedió algo.

Diagrama

Un diagrama es un dibujo que suele tener partes rotuladas.

Un **día** en la **playa**

Fin

Elementos literarios

Comprender un cuento requiere conocer las cuatro partes principales de un cuento: personaje, ambiente, argumento y tema.

Ambiente: dónde y cuándo sucede un cuento.

Personaje: una persona o un animal de un cuento.

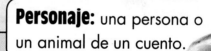
Argumento: la serie de sucesos de un cuento.

Complicación

Clímax

Conflicto

Solución

Tema: la idea general de un cuento.

La **idea principal** es la idea más importante sobre un tema.

Los **detalles** apoyan la idea principal.

Secuencia

La secuencia se refiere al orden de los sucesos en los textos informativos. Usamos una secuencia cuando enumeramos los pasos de un proceso.

¡Imagínalo! | Aprendizaje visual de estrategias

Conocimientos previos

Ideas importantes

Inferir

Verificar y aclarar

Predecir y establecer propósitos

Preguntar

Estructura del cuento

Resumir

Estructura del texto

Visualizar

Conocimientos previos

Los **conocimientos previos** son lo que ya sabes sobre un tema gracias a tus lecturas y a tu experiencia personal. Usa tus conocimientos previos antes, durante y después de leer.

Para usar los conocimientos previos

- al leer ficción, usa el título, el nombre del autor y las ilustraciones para dar un vistazo al texto
- al leer no ficción, usa los títulos de los capítulos, los encabezados, los gráficos y otras características del texto
- piensa en tus propias experiencias mientras lees

Eso me recuerda aquella vez en que nos refugiamos en el sótano cuando dieron el aviso de tornado.

¡Pensemos en la lectura!

Cuando uso mis conocimientos previos, me pregunto:
- ¿Cuándo me sentí como este personaje?
- ¿A quién me recuerda este personaje?
- ¿En qué se parece este cuento a otros que he leído?
- ¿Qué más sé sobre este tema que he aprendido leyendo o viendo televisión?

Ideas importantes

Las **ideas importantes** son las ideas fundamentales de una selección de no ficción. Las ideas importantes incluyen información y hechos que proporcionan claves para deducir el propósito del autor.

Para identificar las ideas importantes

- lee todos los títulos, encabezados y pies de fotos
- busca las palabras escritas en cursiva, en negrita o en una lista de ítems
- busca palabras y frases de señalamiento: *por ejemplo, lo más importante* y otras
- usa todas las fotografías, ilustraciones y fuentes gráficas, como diagramas o mapas
- fíjate en cómo está organizado el texto: causa y efecto, problema y solución, pregunta y respuesta, etc.

Leonardo da Vinci

Ésta debe ser una idea importante.

¡Pensemos en la lectura!

Cuando identifico las ideas importantes, me pregunto:

- ¿Qué información está presentada en letra cursiva, en negrita o en otra tipografía especial?
- ¿Qué detalles apoyan a las ideas importantes?
- ¿Cuáles son las palabras o frases de señalamiento?
- ¿Qué muestran las ilustraciones, fotografías, diagramas y tablas?
- ¿Cómo está organizado el texto?
- ¿Por qué lo escribió el autor?

Inferir

Cuando **inferimos**, usamos nuestros conocimientos previos junto con las claves del texto para elaborar nuestras propias ideas y deducir lo que el autor está presentando.

Para inferir

- identifica lo que ya sabes
- combina lo que sabes con las claves del texto para elaborar tus propias ideas

> Veo que hay espuma de bicarbonato de sodio. ¡Tu volcán finalmente hizo erupción!

FERIA DE CIENCIAS

¡Pensemos en la lectura!

Cuando infiero, me pregunto:
- ¿Qué es lo que ya sé?
- ¿Qué claves del texto son importantes?
- ¿Qué trata de presentar el autor?

Verificar y aclarar

Verificamos la comprensión para comprobar que hemos comprendido lo que leímos. **Aclaramos** para averiguar por qué no hemos comprendido lo que leímos y para corregir los problemas.

Para verificar y aclarar

- usa tus conocimientos previos
- prueba diferentes estrategias: haz preguntas, vuelve a leer, o usa las características del texto y las ilustraciones

RECURSOS DE LA TIERRA

RECURSOS RENOVABLES | RECURSOS NO RENOVABLES

AIRE   AGUA   CARBÓN   PETRÓLEO   GAS NATURAL

No recuerdo si las plantas son un recurso renovable o no renovable.

Veamos...

CIENCIA

¡Pensemos en la lectura!

Cuando verifico y aclaro, me pregunto:
- ¿Comprendo lo que estoy leyendo?
- ¿Hay algo que no tenga sentido?
- ¿Qué estrategias puedo intentar aquí?

Predecir y establecer propósitos

Predecimos para decir qué podría suceder a continuación en un cuento o en un artículo. La predicción se basa en lo que ya ha sucedido. **Establecemos propósitos** para guiar nuestra lectura.

Para predecir y establecer propósitos

- lee el título, el nombre del autor y da un vistazo a las ilustraciones o gráficas
- determina por qué estás leyendo para guiar tu lectura
- usa lo que ya sabes para hacer predicciones
- comprueba y modifica tus predicciones basándote en la información nueva

Predigo que las capitales estatales se escogen según su población.

¡Pensemos en la lectura!

Cuando predigo y establezco propósitos, me pregunto:
- ¿Qué es lo que ya sé?
- ¿Qué creo que sucederá a continuación?
- ¿Cuál es mi propósito para leer?

Preguntar

Preguntar es cuestionar la información importante del texto. Preguntar ocurre antes, durante y después de la lectura.

Para preguntar

- lee pensando en una pregunta
- detente, piensa y anota tus preguntas a medida que lees
- toma notas cuando encuentres la información
- comprueba tu comprensión y haz preguntas para aclarar tus dudas

ARÁCNIDO TARÁNTULA

¿Qué significa arácnidos? ¿Dónde se ubican en una cadena alimentaria? ¿Las tarántulas deben adaptarse a su medio ambiente para sobrevivir?

¡Pensemos en la lectura!

Cuando pregunto, me pregunto a mí mismo:
- ¿He hecho una buena pregunta usando una palabra interrogativa?
- ¿Qué preguntas ayudan a darle sentido a mi lectura?
- ¿Qué quiere decir el autor?

Estructura del cuento

La **estructura del cuento** es la organización de un cuento desde el principio hasta el final. La mayoría de los cuentos tienen un conflicto y una solución.

Para identificar la estructura del cuento

- fíjate en el conflicto, o problema, presentado al principio del cuento
- fíjate cómo se complica la acción mientras se desarrolla el conflicto en el medio.
- reconoce el clímax cuando los personajes enfrentan el conflicto
- identifica cómo se soluciona el conflicto

Problema/Conflicto

Complicación

Solución

¡Pensemos en la lectura!

Cuando identifico la estructura de un cuento, me pregunto:

- ¿Cuál es el conflicto o problema del cuento?
- ¿Cómo se desarrolla el conflicto a lo largo del cuento?
- ¿Cómo se soluciona el conflicto al final del cuento?
- ¿Cómo afectará esto a acontecimientos futuros?

Resumir

Resumimos para comprobar nuestra comprensión de lo que hemos leído. Un resumen es un enunciado breve: no tiene más de unas pocas oraciones, y sigue un orden lógico.

Para resumir la ficción

- di qué sucede en el cuento
- incluye las metas de los personajes, cómo intentan alcanzarlas y si lo logran o no

Para resumir la no ficción

- di la idea principal
- piensa en la estructura del texto y en cómo está organizada la selección

La ventisca está retrasando el tránsito de la hora pico.

¡Pensemos en la lectura!

Cuando resumo, me pregunto:
- ¿De qué trata el cuento o selección?
- En ficción, ¿cuáles son las metas de los personajes? ¿Alcanzan sus metas?
- En no ficción, ¿cómo está organizada esta información?

Estructura del texto

Usamos la **estructura del texto** para buscar la manera en la que el autor ha organizado el texto; por ejemplo, causa y efecto, problema y solución, secuencia o comparación y contraste. Analiza la estructura del texto antes, durante y después de leer.

Para identificar la estructura del texto

- antes de leer: da un vistazo a los títulos, los encabezados y las ilustraciones
- mientras lees: fíjate en la organización
- después de leer: recuerda la organización y resume el texto

Primero, enséñale a tu perro a sentarse.

Después, enséñale a dar vueltas.

Finalmente, enséñale a hablar.

¡GUAU!

¡Pensemos en la lectura!

Cuando identifico la estructura del texto, me pregunto:
- ¿Qué claves proporcionan los títulos, encabezados e ilustraciones?
- ¿Cómo está organizada la información?
- ¿De qué manera la organización me ayuda a comprender?

Visualizar

Cuando leemos, **visualizamos** para
crearnos imágenes mentales. Esto
nos ayuda a verificar
nuestra comprensión.

Para visualizar

- combina lo que ya
  sabes con los detalles
  del texto para crearte
  imágenes mentales
- usa todos tus sentidos
  para entrar en el
  cuento o texto

¡LANZADO!

SE ELEVARON HASTA EL CIELO COLUMNAS DE
HUMO ANARANJADO Y AZUL. LA TIERRA RETUMBABA
COMO UN TRUENO. DE REPENTE, ¡ESTÁS VOLANDO
SOBRE LA TIERRA EN DIRECCIÓN AL
ESPACIO EXTERIOR!

¡Pensemos en la lectura!

Cuando visualizo, me pregunto:
- ¿Qué es lo que ya sé?
- ¿Qué detalles crean imágenes en mi mente?
- ¿Cómo puedo entrar en el cuento usando mis sentidos?

Autores del programa

Peter Afflerbach

Camille Blachowicz

Candy Dawson Boyd

Elena Izquierdo

Connie Juel

Edward Kame'enui

Donald Leu

Jeanne R. Paratore

P. David Pearson

Sam Sebesta

Deborah Simmons

Alfred Tatum

Sharon Vaughn

Susan Watts Taffe

Karen Kring Wixson

Autores del programa en español

Kathy C. Escamilla

Antonio Fierro

Mary Esther Huerta

Elena Izquierdo

Glenview, Illinois • Boston, Massachusetts • Chandler, Arizona
Upper Saddle River, New Jersey

Dedicamos Calle de la Lectura a

Peter Jovanovich.

*Su sabiduría, valentía
y pasión por la educación
son una inspiración para todos.*

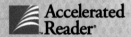
Accelerated Reader®

Acerca del ilustrador de la cubierta
El artista premiado Greg Newbold comenzó a dibujar y a pintar a los tres años de edad, y nunca ha dejado de hacerlo. Sus libros ilustrados para niños incluyen *Spring Song* (Canción de primavera) y *Winter Lullaby* (Nana de invierno). También hace ilustraciones para revistas, películas cinematográficas y productos alimenticios como salsa de tomate y gelatina. El Sr. Newbold crea sus ilustraciones en un estudio junto a su casa, al pie de las montañas Rocosas de Utah.

Acknowledgments appear on pages 482-485, which constitute an extension of this copyright page.

PEARSON

ISBN-13: 978-0-328-48429-4
ISBN-10: 0-328-48429-6
4 5 6 7 8 9 10 V063 15 14 13 12 11
CC2

Querido lector:

¿Estás preparado? Estás a punto de realizar un viaje a lo largo de una calle famosa: la *Calle de la Lectura de Scott Foresman*. Durante este viaje conocerás a personas muy interesantes, como a la astronauta Ellen Ochoa, al legendario rey Midas y a un niño que tiene un encuentro inesperado en la ventana de su cuarto. Harás viajes reales e imaginarios al fondo del mar y al centro de la Tierra.

Cuando leas las selecciones sobre pueblos fantasmas, murciélagos asombrosos e insectos que se hinchan para almacenar alimento, obtendrás información nueva y emocionante que te será útil en ciencias y estudios sociales.

Mientras disfrutas de estas emocionantes obras literarias, descubrirás que está sucediendo algo más: te estás convirtiendo en un mejor lector, al obtener destrezas nuevas y al pulir las que ya tenías.

¡Que tengas un excelente viaje! ¡Y envíanos una postal!

Cordialmente,
Los autores

Adaptación

¿Cómo se adaptan a diversas situaciones las personas y los animales?

Semana 1

¡**Pensemos** en la lectura!

texto expositivo • estudios sociales

Semana 2

Semana 3

¡Imagínalo! Manual de comprensión de lectura

¡Imagínalo! Aprendizaje visual de destrezas I•1–I•13

¡Imagínalo! Aprendizaje visual de estrategias I•15–I•25

¡PALABRAS! Manual de vocabulario P•1–P•14

Aventureros

¿Quiénes buscan la aventura y por qué lo hacen?

Semana 2

Semana 3

Semana 6

Unidad 5

¡Imagínalo! Manual de comprensión de lectura

¡Imagínalo! Aprendizaje visual de destrezas I•1–I•13

¡Imagínalo! Aprendizaje visual de estrategias I•15–I•25

¡PALABRAS! Manual de vocabulario P•1–P•14

Lo inesperado

¿Qué podemos aprender de las cosas inesperadas?

Semana 6

Unidad 6

¡Imagínalo! Manual de comprensión de lectura

Don Leu
Experto en Internet

La naturaleza de la lectura y el aprendizaje cambia ante nuestros propios ojos. La Internet y otras tecnologías crean nuevas oportunidades, nuevas soluciones y nuevos conocimientos. Para trabajar en línea hacen falta nuevas destrezas de comprensión de lectura. Estas destrezas son cada vez más importantes para nuestros estudiantes y nuestra sociedad.

Nosotros, los miembros del equipo de Calle de la Lectura, estamos aquí para ayudarte en este nuevo y emocionante viaje.

¡Míralo!

- Video de la Pregunta principal

- Video de Hablar del concepto

- Animaciones de ¡Imagínalo!

- Libritos electrónicos

¡Escúchalo!

- Selecciones electrónicas

- GramatiRitmos

saltó

zumbó

pestañeó

- Actividades de vocabulario

File   Edit   View   Favorites   Tools   Help

http://www.CalledelaLectura.com

¡Hazlo!

- Diario de palabras

- Ordenacuentos

- Actividades con destrezas del siglo XXI

- Actividades de vocabulario

- Evaluación en línea

Adaptación

Calle de la Lectura **en línea**

www.CalledelaLectura.com
• Video de la Pregunta principal
• Selecciones electrónicas
• Animaciones de ¡Imagínalo!
• Ordenacuentos

PREGUNTA PRINCIPAL

¿Cómo se adaptan a diversas situaciones las personas y los animales?

¡Pensemos en la lectura!

Un bosque para la mariposa monarca
TEXTO EXPOSITIVO

 ¿Qué obstáculos enfrentan algunos animales migratorios?

Conexión con ESTUDIOS SOCIALES

Segunda selección
Mariposa del aire y Ejemplo POESÍA

El tropezón con la cocinera
FICCIÓN REALISTA

 ¿Cómo superamos obstáculos?

Conexión con ESTUDIOS SOCIALES

Segunda selección
El baile de cuadrilla TEXTO PERSUASIVO

Hormigas que explotan
TEXTO EXPOSITIVO

 ¿Cómo se adaptan los animales para sobrevivir?

Conexión con CIENCIAS

Segunda selección
El arte del mimetismo TEXTO EXPOSITIVO

El Club de Stormi Giovanni OBRA DE TEATRO

 ¿Cómo nos adaptamos a los nuevos lugares?

Conexión con ESTUDIOS SOCIALES

Segunda selección
El Club del Crédito Extra TEXTO PERSUASIVO

El gimnasta AUTOBIOGRAFÍA

 ¿Por qué la gente intenta cambiar?

Segunda selección
Todo sobre la gimnasia artística
Conexión con CIENCIAS
FUENTES DE REFERENCIA EN LÍNEA

Objetivos

• Escuchar e interpretar los mensajes de un hablante y hacer preguntas. • Identificar la idea principal y las ideas de apoyo en el mensaje de un hablante.

Vocabulario oral

Hablemos sobre

Adaptación

- Comenta cómo te has adaptado a diversas situaciones.

- Escucha las experiencias de un compañero sobre su adaptación a diversas situaciones.

- Determina las ideas principales y las ideas de apoyo de tu compañero.

CALLE DE LA LECTURA EN LÍNEA
VIDEO DE HABLAR DEL CONCEPTO
www.CalledelaLectura.com

¡Has aprendido
1 5 0
palabras asombrosas
este año!

4000000324050

21

Objetivos

• Hacer diferentes tipos de preguntas acerca de un texto. • Verificar y ajustar la comprensión utilizando estrategias variadas.

¡Imagínalo!

Destreza

Estrategia

Destreza de comprensión

🎯 Sacar conclusiones

• Una conclusión es una decisión que tomas después de pensar en los detalles de lo que leíste.

• Tus propios conocimientos previos pueden ayudarte a sacar conclusiones. Cuando saques una conclusión, asegúrate de que tenga sentido y se apoye en lo que has leído.

• Utiliza el texto y el organizador para sacar una conclusión sobre Antenitas.

Hecho o detalle

Hecho o detalle	→	Conclusión

Conocimientos previos

Estrategia de comprensión

🎯 Preguntar

Cuando leas, es importante que hagas preguntas. Puedes tener una pregunta en mente antes de leer y tomar notas cuando halles la información que la responde. Puedes hacer una pregunta interpretativa, que te servirá para explicar algo de un cuento o de un texto. Tus respuestas pueden ayudarte a verificar y aclarar tu comprensión de un cuento.

La mariposita misteriosa

Una calurosa noche de verano la Sra. Mariposa escuchó un lloriqueo. Volaba casi a ciegas pues la luna estaba en cuarto menguante. El llanto era persistente y decidió averiguar. Vio un punto de luz en el suelo. Se acercó y allí estaba. "¡Una mariposita perdida!", pensó la Sra. Mariposa.

Cuando la Sra. Mariposa llegó a casa acompañada, su hijo Antenitas se puso celoso. ¿Por qué su mamá había traído a una mariposita tan extraña? ¿Por qué tenía las alas pequeñas? ¿Por qué brillaba en la oscuridad? Antenitas se burló de la mariposita, y ésta, muy triste, se fue sin ser vista. No se supo más de ella.

Un día, Antenitas quiso jugar en el bosque. Su mamá se lo prohibió: "Sin la luz de la luna te perderás", le dijo. Antenitas no hizo caso. Se fue solo al bosque. Tras revolotear un rato decidió volver a casa. Voló durante horas. No encontró el camino. Estaba perdido.

Entonces la mariposa extraña escuchó un lloriqueo. La noche estaba oscura como una cueva, pero la mariposita lo iluminaba todo a su paso.

"¿Antenitas?", preguntó la mariposa tomándolo de la mano. Al llegar a casa, la Sra. Mariposa no podía creer lo que veía. La mariposita extraña era ahora una brillante luciérnaga. Antenitas le pidió perdón a su mamá y prometió a su nueva amiga no burlarse más de ella.

Estrategia ¿Qué preguntas podrías hacerte sobre el principio del cuento?

Destreza Saca una conclusión acerca de por qué Antenitas estaba celoso.

Destreza Saca una conclusión acerca de lo que aprendió Antenitas cuando la mariposita extraña lo ayudó.

¡Es tu turno!

¿Necesitas repasar?
Consulta *¡Imagínalo!: Cuaderno de práctica* para obtener apoyo adicional sobre sacar conclusiones y preguntar.

Pensemos...

¡Inténtalo!
Cuando leas *Un bosque para la mariposa monarca*, usa lo que aprendiste sobre sacar conclusiones y preguntar.

23

Objetivos
• Determinar el significado de vocabulario en español con raíces del griego, del latín o de otros idiomas.

eje

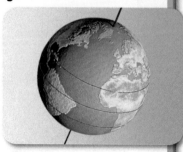

migración

monarca

migratorio
ráfaga
santuario

Estrategia de vocabulario para

Terminaciones *-ario* y *-torio/a*

Estructura de las palabras Las terminaciones *-ario* y *-torio/a* se añaden para formar adjetivos y sustantivos que indican relación con la palabra base, como *aclaratorio,* que significa "que aclara". También se añaden para señalar dónde se guarda o se coloca lo que significa la palabra base. Así, un *acuario* es un sitio donde se exhiben animales acuáticos vivos. Con ayuda de las terminaciones puedes determinar el significado de una palabra poco común.

1. Analiza la palabra poco común para ver si tiene una palabra base que conozcas.

2. Fíjate si se ha añadido la terminación *-ario* o *-torio/a* a una palabra base.

3. Vuelve a leer la oración y asegúrate de que la palabra indica relación con la palabra base.

4. Determina cómo la terminación cambia el significado de la palabra base.

5. Prueba si ese significado tiene sentido en la oración.

Lee "Migraciones animales" en la página 25. Busca palabras que terminen con *-ario* y *-torio/a*. Usa las terminaciones como ayuda para determinar el significado.

Palabras para escribir Vuelve a leer "Migraciones animales". Imagina que estás en un santuario para la mariposa monarca. Describe lo que ves. Al escribir, usa palabras de la lista de *Palabras para aprender*.

Migraciones animales

Muchas especies de animales se desplazan de un hábitat a otro. Este desplazamiento se denomina migración. No sólo los insectos migran, también lo hacen algunos peces, mamíferos y aves.

Las golondrinas, por ejemplo, viven en Europa durante el verano y migran a África en invierno.

Cuando escasean los alimentos, las langostas migran hacia zonas húmedas buscando vegetación fresca, en grandes enjambres que se desplazan con frecuencia empujados por una ráfaga de viento. A veces ocasionan graves daños a los campos cultivados.

Los salmones van desde los ríos de agua dulce al mar, donde se alimentan y crecen. Después de varios años, los adultos regresan a los mismos ríos donde nacieron.

Diferentes clases de mamíferos recorren el mundo para adaptarse al medio ambiente. Por ejemplo, la ballena franca austral regresa cada año al mismo lugar para reproducirse. En algunos países, se protege ese lugar, pues las ballenas necesitan un santuario para no estar expuestas a peligro de extinción.

El comportamiento migratorio de algunos animales sigue siendo un misterio, como el de la mariposa monarca: ¿cómo hace esta especie para ser capaz de volver a los mismos sitios tras varias generaciones de individuos?

Quizás el eje, o la esencia, de las migraciones de los animales esté en su necesidad de sobrevivir.

¡Es tu turno!

 ¿Necesitas repasar?
Para más práctica sobre las terminaciones *-ario*, *-torio* y *-toria*, consulta *¡Palabras!*

 ¡Inténtalo! Usa lo que has aprendido cuando leas *Un bosque para la mariposa monarca*.

Un bosque

para la

mariposa

monarca

por Emma Romeu

Género Un **texto expositivo** da información sobre una persona, una cosa o una idea. Fíjate en cómo la autora presenta el viaje que realizan las mariposas monarca.

26

Pregunta de la semana

¿Qué obstáculos enfrentan algunos animales migratorios?

¡Pensemos en la lectura!

Mariposa monarca:
Danaus plexippus

Pensemos...

¿De qué manera las fotografías te ayudan a comprender el texto?

Visualizar

Un oyamel se mueve con el viento; es el abeto más alto del bosque y desde lejos se acerca una multitud de mariposas. Son las visitantes de cada invierno que pronto vestirán de anaranjado a todos los oyameles. ¡Es hora de recibir a las mariposas monarca!

Durante cinco meses, estas mariposas viajeras ocuparán el bosque. Millares de ellas se posarán en los árboles, tapizarán los troncos y harán que las ramas se doblen por tanto peso.

Estas mariposas hacen el viaje más largo de ida y vuelta entre muchas especies de insectos. Su migración es uno de los hechos más interesantes de la biología. Apenas llegan los primeros fríos de octubre, las mariposas inician su vuelo migratorio para alejarse del invierno de las regiones del sur de Canadá y el norte de Estados Unidos, donde habitan durante el verano.

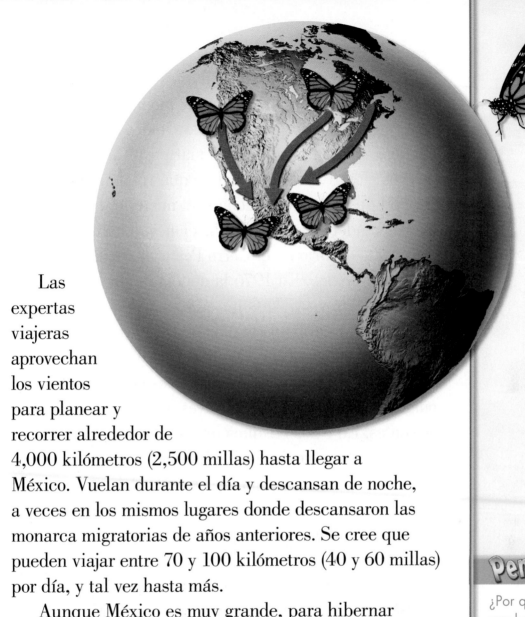

Las expertas viajeras aprovechan los vientos para planear y recorrer alrededor de 4,000 kilómetros (2,500 millas) hasta llegar a México. Vuelan durante el día y descansan de noche, a veces en los mismos lugares donde descansaron las monarca migratorias de años anteriores. Se cree que pueden viajar entre 70 y 100 kilómetros (40 y 60 millas) por día, y tal vez hasta más.

Aunque México es muy grande, para hibernar estas mariposas sólo escogen ciertos bosques del centro del país, que están en las altas montañas del eje neovolcánico, en el Estado de México y Michoacán. A esos bosques se les llama santuarios y en ellos no se debe molestar a las mariposas. Son bosques de árboles sanos y fuertes, donde las monarca forman sus colonias de hibernación a más de 3,000 metros (9,800 pies) de altura sobre el nivel del mar. Allí hace suficiente frío para que permanezcan en inactividad, pero no tanto como para que se congelen.

Pensemos...

¿Por qué crees que los árboles de los bosques donde hibernan las mariposas monarca deben ser sanos?

🔵 **Preguntar**

Hace menos de treinta años los bosques donde hibernan las mariposas monarca no eran conocidos en el mundo y todos querían saber adónde se dirigían las grandes mariposas anaranjadas. Algunos científicos sospechaban que volaban hacia México y se dedicaron a aclarar el misterio. Por fin, después de décadas de investigaciones, localizaron el primer santuario en el Cerro Pelón, ubicado en el Estado de México. En 1976 la noticia dio la vuelta al planeta en la revista *National Geographic*.

En los santuarios de la monarca los árboles de oyamel se elevan a 20 ó 30 metros (60 ó 100 pies) del suelo. Allí viven también animales como coyotes, comadrejas, conejos, ardillas, aves, ranas, lagartijas y serpientes. En estos bosques hay hermosas cañadas, manantiales, arroyos y riachuelos donde las mariposas bajan a beber cuando asoman los rayos del sol. El agua que se infiltra en la tierra de los bosques santuarios alimenta ríos importantes como el Balsas y el Cutzamala.

Aún es un misterio por qué las mariposas viajeras regresan cada año a los mismos bosques de México. Algunos científicos piensan que se orientan por fenómenos magnéticos, mientras que otros aseguran que se guían por la posición del Sol. Lo cierto es que se dirigen a los santuarios siguiendo una conducta que se les ha transmitido genéticamente. Se calcula que cada noviembre llegan a los bosques de México alrededor de cien millones de mariposas monarca.

Pensemos...

¿Cómo saben las mariposas monarca hacia dónde dirigirse cuando emigran?
Verificar y aclarar

30

Pensemos...

¿De qué manera te ayuda esta fotografía a darte una idea de la cantidad de mariposas que emigran cada año hacia sus santuarios? **Visualizar**

31

Durante la temporada en que ocupan los santuarios, las mariposas monarca no necesitan comer, pues en el viaje se alimentaron bastante para acumular grasa y poder usar esa energía durante la hibernación.

En los santuarios, los árboles las protegen bien del frío y de la lluvia. Allí tienen temperatura fresca y, generalmente, no soplan vientos demasiado fuertes que las arrastren, ni hay grandes cambios en el clima que las perjudiquen, por lo que están mucho tiempo posadas en los árboles sin moverse. Se desplazan dentro del bosque para beber, y cuando es necesario toda la colonia puede cambiar de lugar para buscar la temperatura, la humedad y la velocidad del viento que requieran. No hay nada tan especial como el ruido de su aleteo cada vez que levantan el vuelo a la vez.

Los santuarios están protegidos por las leyes mexicanas. La Reserva de la Biosfera de la Mariposa Monarca tiene 56,259 hectáreas (217 millas cuadradas) —poco menos que el tamaño de la ciudad de Chicago— y comprende a los cinco santuarios más importantes y sus alrededores. Los santuarios se llaman Cerro Altamirano, Sierra Chincua, Sierra el Campanario, Chivatí-Huacal y Cerro Pelón. También se han encontrado colonias de monarcas en otros bosques que aún no están protegidos.

Pensemos...

¿Por qué es importante proteger los santuarios de las mariposas monarca? **Ideas importantes**

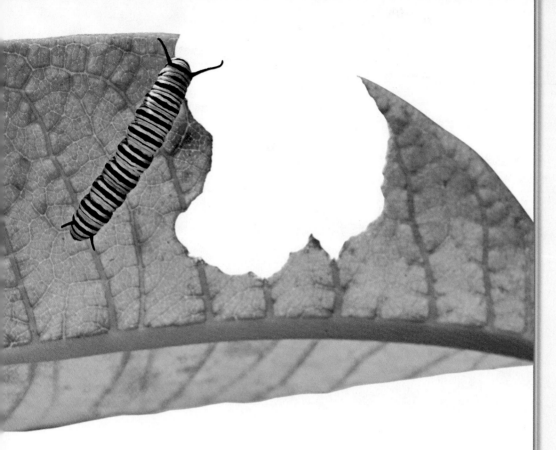

Se sabe que las mariposas monarca migratorias viven alrededor de siete u ocho meses, de los cuales pasan cuatro o cinco en México (llegan entre noviembre y diciembre, y permanecen en sus bosques hasta marzo). Antes de partir se aparean y luego inician el regreso hacia el Norte; pero éstas sólo llegan hasta el sur de Estados Unidos, donde mueren. Antes de morir, deben poner sus huevecillos en unas plantas llamadas asclepias, que se encuentran en su camino. Sus descendientes se encargarán de continuar el viaje.

Al cabo de unos días, de los huevos salen las larvas, que se alimentan del propio cascarón del huevo y después de las hojas de las asclepias donde nacieron. Estas hojas son tóxicas, de manera que protegen a las larvas de los depredadores, pero sin hacerles daño a ellas. Tras varias semanas de devorar esas hojas, la

Pensemos...

¿Cómo es el inicio del ciclo de vida de las mariposas monarca?
Estructura del texto

Pensemos...

¿Cómo es la metamorfosis de las mariposas monarca?

Verificar y aclarar

larva se hace cada vez más grande y tiene que mudar de piel varias veces, porque ya no cabe en ella.

Después de mudar de piel por última vez, la larva se cuelga de cabeza en una planta y forma un capullo a su alrededor, que tiene el aspecto de un estuche verde con una corona de puntos dorados. En esta etapa se le llama crisálida. Dentro del capullo ocurre la metamorfosis: la larva se convierte en mariposa y llega el momento de salir del capullo. Es un hermoso insecto de alas anaranjadas, amarillentas y moteadas de blanco, con las venas y los bordes negros, listo para volar.

Las mariposas que nacen en el sur de Estados Unidos continúan el viaje de sus padres hacia el Norte y también se reproducen y ponen sus huevecillos en el camino; y las hijas de éstas hacen lo mismo. Así,

nacen tres o cuatro generaciones de mariposas durante la primavera y el verano, que viven menos que las migratorias pero siempre avanzan hacia su destino, hasta que la última de esas generaciones —ya en los territorios del Norte— puede emigrar a México.

Las mariposas adultas tienen en algunas partes del cuerpo ciertas toxinas —sustancias que actúan como veneno— a causa de haberse alimentado, cuando todavía eran larvas, de aquellas plantas tóxicas. La mayoría de las aves, las ranas, los roedores y otros depredadores prefieren dejarlas pasar sin atacarlas. Sin embargo, hay aves que las capturan en las ramas o en pleno vuelo y también puede ser que algún ratón se las coma si las encuentra en tierra.

Pensemos...

¿Cuántas generaciones de mariposas monarca se necesitan para cubrir un ciclo migratorio? **Ideas importantes**

35

A veces las mariposas monarca tienen accidentes. Una ráfaga de viento las puede hacer caer al suelo. Si caen en lugares muy fríos mueren sin poder levantar el vuelo. Las tormentas y nevadas en los santuarios pueden ser muy peligrosas para las livianas mariposas.

Hay que cuidar que no se corten los árboles de los santuarios, pues si faltan muchos el clima del lugar ya no será igual. Entonces las viajeras tendrían que alejarse en busca de otro bosque con las condiciones que necesitan. A veces las mariposas van de unos bosques a otros, por lo que es necesario mantener sana toda la región.

Otro peligro son los incendios forestales, que ocurren por causas naturales, como los rayos, o por imprudencia de personas que provocan una llama en el bosque.

Muchas personas visitan cada año los santuarios de la monarca. Es un gran espectáculo ver a las mariposas reunidas en los árboles. En los caminos hay carteles que alertan para no aplastarlas al caminar:

Pensemos...

¿Cuáles son los peligros a los que se enfrentan las mariposas monarca en sus bosques?
Verificar y aclarar

SIGA EL SENDERO

No moleste a las mariposas

CUIDADO, ZONA DE CRUCE DE LA MARIPOSA MONARCA

Indispensable llevar guía

Prohibido llevarse mariposas del santuario

Durante su viaje a México, o de regreso a Estados Unidos, las monarca pasan por muchos lugares. Una tarde de sol y un poco de viento, el profesor de Educación Física de una escuela en Austin, Texas, no pudo controlar a su clase. Un alumno descubrió dos mariposas monarca volando en el patio y todos corrieron a verlas. En el programa de radio del colegio se escuchó la gran noticia: "Llegan a nuestra escuela dos mariposas viajeras que vuelan hacia el Norte. Seguramente mañana seguirán su viaje. Hasta mediados de junio, las mariposas migratorias alcanzarán sus territorios en Canadá".

Así van y vienen cada año a lo largo de América del Norte las grandes viajeras, dejando atrás con donaire los territorios que ocupan.

Pensemos...

¿Por qué es importante que los medios de comunicación informen al público sobre lo que ocurre? **Ideas importantes**

CALLE DE LA LECTURA EN LÍNEA
ORDENACUENTOS
www.CalledelaLectura.com

Piensa críticamente

1. ¿Te gustaría observar el comportamiento de los insectos en la naturaleza? Usa detalles del texto para respaldar tu opinión. **El texto y tú**

2. *Un bosque para la mariposa monarca* se trata de la migración de la mariposa monarca. La autora también da información sobre los santuarios de este insecto. ¿Por qué crees que la autora quiere informarte sobre los santuarios? **Pensar como un autor**

3. Imagina que nunca has leído *Un bosque para la mariposa monarca*. Mira las ilustraciones de principio a fin. Luego saca conclusiones sobre las migraciones de las mariposas. Usa ejemplos de las ilustraciones para respaldar tus conclusiones. **Sacar conclusiones**

4. Formula una pregunta general sobre la mariposa monarca que se pueda contestar con detalles del texto. Responde la pregunta. **Preguntar**

5. **Mira de nuevo y escribe** Vuelve a leer el último párrafo de la página 36. La última oración habla de los carteles que alertan a los visitantes en los caminos del santuario de la mariposa monarca. ¿Por qué crees que son necesarios estos carteles? ¿Qué ocurriría si no hubiera carteles que alertaran a los visitantes en los caminos? ¿Qué otros peligros enfrenta la mariposa monarca? Escribe una explicación para responder estas preguntas. Fundamenta tus respuestas con el texto.

PRÁCTICA PARA EL EXAMEN | **Respuesta desarrollada**

Emma Romeu

E mma Romeu nació en La Habana. Estudió geografía en la Universidad de La Habana, y realizó estudios de ecología, oceanología y periodismo. Antes de dedicarse por completo al periodismo científico y a la literatura juvenil, hizo un sinnúmero de expediciones científicas en las aguas del archipiélago cubano. Romeu emigró a México en los años noventa y adoptó la ciudadanía mexicana.

Su obra como divulgadora científica ha sido publicada en revistas internacionales de la talla de *National Geographic*, entre otras publicaciones, y su obra literaria, en su mayoría novelas de aventuras, ha recibido una gran acogida entre el público juvenil. Buena parte de sus novelas, entre las que podemos citar *Gregorio y el mar*, *Naufragio en las Filipinas*, *Mi amigo el manatí* y *A Mississippi por el mar*, presentan el mar como escenario.

Otros libros sobre la mariposa monarca:

Registro de lecturas

Usa el *Cuaderno de lectores y escritores* para anotar tus lecturas independientes.

39

¡Escribamos!

Aspectos principales de un libro ilustrado

- puede contar un cuento o describir un suceso verdadero
- a menudo contiene diálogos
- incluye ilustraciones o imágenes

CALLE DE LA LECTURA EN LÍNEA
GRAMATIRITMOS
www.CalledelaLectura.com

Libro ilustrado

Un **libro ilustrado** cuenta una historia a través de palabras y dibujos. Puede ser una historia real sobre algo que haya sucedido o puede ser un cuento de ficción. El modelo del estudiante de la próxima página es un ejemplo de un libro ilustrado.

Instrucciones En *Un bosque para la mariposa monarca*, la autora nos explica el sorprendente viaje que realiza esta especie de mariposa: en invierno migran desde Canadá y Estados Unidos hacia México. Piensa en algún animal que conozcas que presente un comportamiento migratorio. Ahora escribe un libro ilustrado, con tus propios dibujos, sobre ese animal.

Lista del escritor

Recuerda que debes...

☑ escribir un cuento para incluir en un libro ilustrado, con un enfoque claramente definido.

☑ incluir diálogos que desarrollen la historia.

☑ usar la puntuación correcta en los diálogos indicados con guiones largos.

☑ ilustrar tu cuento.

Si te esfuerzas al máximo, ¡lo lograrás!

Máximo, mi hermano mayor, es fuerte y atlético. Le gustaba jugar al básquetbol. Pero como **él** era pequeño, los demás jugadores del equipo no **le** permitían destacarse. **Ellos** eran más grandes y mejores en pasar y lanzar el balón.

Un día, Máximo dijo: —**Yo** quiero ir a clases de gimnasia.

—¿Por qué? —**le** pregunté a Máximo.

—Porque creo que **yo** seré bueno en gimnasia —respondió Máximo.

Así que Máximo tomó clases de gimnasia. Al principio, algunos de los niños se rieron un poco de él. Pero Máximo fue perseverante. Asistió a la clase de gimnasia año tras año. Ahora, ninguno de ellos se ríe de él. Máximo es uno de los mejores gimnastas del distrito.

Característica de la escritura Enfoque/Ideas El párrafo introductorio proporciona un enfoque claramente definido.

Los **pronombres sujeto y complemento** están usados de manera correcta.

Género: Los **libros ilustrados** siempre tienen dibujos.

Normas

Pronombres sujeto y complemento

Recuerda Los pronombres personales reemplazan a sustantivos. *Yo, él* y *ellos* son ejemplos de **pronombres sujeto** (reemplazan al sujeto de la oración). *Me, le* y *les* son ejemplos de **pronombres complemento** (reemplazan al objeto directo o indirecto).

Estudios Sociales en Lectura

Género
Poesía

- La poesía trata de atraer los sentidos, las emociones o la mente.

- En un poema, las palabras sensoriales permiten al lector entender lo que el escritor huele, ve o siente.

- A veces, el poeta usa efectos de sonido, como la aliteración o la rima, para reforzar el significado de un poema.

- Lee los poemas de estas dos páginas. ¿Qué efectos de sonido usan los poetas? ¿De qué manera permiten estos efectos reforzar el significado de los poemas?

Mariposa
del aire

por Federico García Lorca

Mariposa del aire,
qué hermosa eres,
mariposa del aire
dorada y verde.
Luz del candil,
mariposa del aire,
¡quédate ahí, ahí, ahí!

No te quieres parar,
pararte no quieres.
Mariposa del aire,
dorada y verde.
Luz del candil,
mariposa del aire,
¡quédate ahí, ahí, ahí!

¡Quédate ahí!
Mariposa, ¿estás ahí?

Ejemplo

por Octavio Paz
ilustrado por María Monescillo

La mariposa volaba entre los autos.
Marie José me dijo: ha de ser Chuang Tzu,
de paso por Nueva York.
    Pero la mariposa
no sabía que era una mariposa
que soñaba ser Chuang Tzu
    o Chuang Tzu
que soñaba ser una mariposa.
La mariposa no dudaba:
    volaba.

Pensemos...

El primero de estos poemas tiene rima y usa la aliteración. ¿De qué manera refuerzan estos efectos el significado del poema?
Poesía

Pensemos...

Relacionar Lecturas
Pregúntate en qué se parece y en qué se diferencia el vuelo de las mariposas en los poemas y en la migración de *Un bosque para la mariposa monarca*.

Escribir variedad de textos Escribe un poema sobre los bosques de mariposas que a tu parecer podría haber escrito un turista.

Objetivos
• Leer textos adecuados al nivel del grado y comprender la lectura. • Determinar el significado de vocabulario en español con raíces del griego, del latín o de otros idiomas. • Escuchar e interpretar los mensajes de un hablante y hacer preguntas. • Seguir, volver a decir y dar instrucciones orales. • Dar presentaciones organizadas que comunican tus ideas efectivamente. • Participar en conversaciones, pidiendo y considerando las sugerencias de otros miembros del grupo e identificando puntos de acuerdo y desacuerdo.

¡Aprendamos!

CALLE DE LA LECTURA EN LÍNEA
LIBRO DEL ESTUDIANTE EN LÍNEA
www.CalledelaLectura.com

Vocabulario

Sufijos –ario, –torio/a

Estructura de las palabras Puedes usar la estructura de las palabras para aprender más sobre el significado de una palabra.

Las terminaciones –ario, –torio/a se añaden a la raíz para señalar el lugar relacionado con lo que denota la raíz. *Acuario*: "Lugar donde se exhiben animales acuáticos vivos". *Observatorio*: "Lugar donde se guarda lo necesario para la observación científica, astronómica y meteorológica".

¡Practícalo! Busca tres palabras en *Un bosque para la mariposa monarca* que terminen en –ario, –torio/a. ¿Cómo te ayuda comprender las terminaciones a comprender las palabras?

Fluidez

Fraseo apropiado/Signos de puntuación

Al leer, el fraseo y los signos de puntuación te ayudan a interpretar el significado y a saber dónde hay pausas.

¡Practícalo! Con un compañero, practica leer *Un bosque para la mariposa monarca*. Lean uno a la vez. Usen el fraseo y los signos de puntuación para interpretar el significado. Hablen sobre las diferencias en la lectura de cada uno.

44

Escuchar y hablar

Cuando demuestres una destreza, haz contacto visual con tu público para comunicarte de manera eficaz.

Demostración de instrucciones

En una demostración de instrucciones, muestras cómo hacer algo, paso a paso. Al mismo tiempo, explicas qué haces en cada paso.

¡Practícalo!

Con un compañero, haz una demostración ante la clase de las instrucciones para hacer un cartel. Escoge uno de los carteles que hay en los caminos de los santuarios de las mariposas, en la página 37. Asegúrate de tener todos los materiales que necesitarás para tu demostración. Divide tu demostración en pasos y prepara una explicación para cada uno. Practica tu demostración. Después preséntala ante la clase.

Sugerencias

Al escuchar...
- Pon atención y concéntrate en el mensaje y en las instrucciones.
- Haz preguntas conforme sigues las instrucciones orales.

Al hablar...
- Mira de frente al público, habla en voz alta y articula bien.
- Sostén en alto tu material visual y haz gestos apropiados cuando expliques cada uno de los pasos del proceso.

Trabajo en equipo...
- Comenta la demostración con tu compañero.
- Haz preguntas y toma en cuenta sus sugerencias e ideas.

45

Vocabulario oral

Hablemos sobre

Superar obstáculos

- Comenta experiencias sobre cuándo y cómo superaste obstáculos.

- Escucha las experiencias de un compañero sobre superar obstáculos.

- Haz preguntas a tu compañero sobre sus experiencias.

CALLE DE LA LECTURA EN LÍNEA
VIDEO DE HABLAR DEL CONCEPTO
www.CalledelaLectura.com

46

Objetivos

• Hacer inferencias sobre un texto y usar evidencia textual para apoyar la comprensión.

¡Imagínalo!

Destreza

Estrategia

Destreza de comprensión

Generalizar

• Generalizar es hacer una afirmación o regla amplia que se aplica a varios ejemplos.

• Cuando leen, los lectores activos hacen generalizaciones sobre los personajes del cuento. Fundamentan sus generalizaciones con datos extraídos del texto y con su propio conocimiento del contexto.

• Usa un organizador gráfico como el siguiente para escribir una generalización sobre el personaje de Víctor y extraer datos del texto que fundamenten lo que has aprendido.

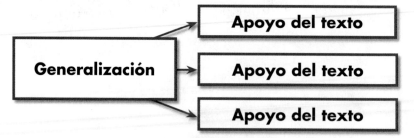

Estrategia de comprensión

Predecir y establecer propósitos

Al leer, es importante hacer predicciones. Puedes comprobar tus predicciones durante la lectura y después de leer. Tus predicciones te ayudarán a establecer tu propósito para leer, ya que lees para determinar si estabas en lo correcto. Esto te ayudará a recordar y comprender lo que lees.

El baile escolar

Víctor se miró en el espejo. Llevaba puesta una chaqueta deportiva y un par de zapatos nuevos. "Creo que me veo bien, pero... ¿y si los otros chicos creen que me veo mal?", pensó.

Víctor iba a ir al baile de otoño de la escuela. Tenía muchas ganas de ver a sus amigos, pero estaba un poco nervioso por el baile. "¿Y si parezco tonto bailando?", pensó Víctor con preocupación.

Víctor le había hecho esas preguntas a su mamá. —Te va a ir bien —le respondió su madre—. Simplemente ve y diviértete.

En el gimnasio, Víctor vio que todos los estudiantes estaban de pie, apoyados contra las paredes del gran salón. Había música, pero nadie bailaba. De hecho, la mayoría de los niños fijaba la vista en sus zapatos. Entonces Víctor divisó a Nadia, su vecina. ¡Conocía a Nadia desde que estaban en segundo grado! En ese momento, Nadia corrió hacia Víctor y le dijo: —¡Vamos a bailar! Alguien tiene que empezar el baile.

Víctor se sentía raro, pero, de todas maneras, él y Nadia empezaron a bailar en el medio del salón. Poco a poco, también otros niños salieron a bailar. Pronto, todos estaban riendo y divirtiéndose.

Destreza ¿Qué generalización puedes hacer sobre Víctor a partir de lo que dice?

Estrategia ¿Qué predices que le sucederá a Víctor en el baile?

Destreza ¿Qué puedes decir sobre los otros niños por cómo actúan?

¡Es tu turno!

⏸ ¿Necesitas repasar?
Consulta *¡Imagínalo!: Cuaderno de práctica* para obtener apoyo adicional sobre generalizar y predecir.

▶ ¡Inténtalo!
Cuando leas *El tropezón con la cocinera*, usa lo que has aprendido.

parlante

trampolín

volantes

aptitud

esguince

Estrategia de vocabulario para

Palabras poco comunes

Claves del contexto A veces, los autores se aseguran de que comprendas una palabra poco común proporcionando otras palabras que conoces en la misma oración. Los autores también pueden dar una explicación en las oraciones que están antes o después de la oración donde aparece la palabra poco común. Estas claves del contexto te ayudan a determinar el significado de una palabra poco común.

1. Lee las palabras y oraciones que rodean a la palabra poco común. ¿Hay palabras o frases que te ayuden a comprender la palabra poco común?

2. Para encontrar las claves del contexto, puedes buscar palabras escritas entre comas. También busca ejemplos, comparaciones o contrastes que sugieran el significado de la palabra.

3. Combina las claves y determina qué crees que significa la palabra.

4. Si no puedes encontrar el significado rápidamente, busca la palabra en un diccionario.

Lee "Desfile de perros" en la página 51. Busca claves del contexto que te ayuden a determinar y aclarar los significados de palabras poco comunes.

Palabras para escribir Vuelve a leer "Desfile de perros". Imagina que estás escribiendo una entrada en tu diario sobre la exhibición de perros. En la entrada en tu diario, usa palabras de la lista de *Palabras para aprender*.

Desfile de perros

"Hola a todos y bienvenidos a la Tercera Exhibición de perros de Westown de este año. Soy Manchas, el dálmata parlante, el locutor de este programa de radio. Como podrán suponer, me llamo así porque soy un perro blanco cubierto de manchas negras. Yo suelo competir en la exhibición de perros. Pero justo la semana pasada salté desde un sofá y me lastimé la pata. El veterinario dice que tengo un esguince, una torcedura dolorosa. Quizás por eso mis dueños me dijeron que me alejara de los muebles y dejara de usar el sofá como trampolín. De todas maneras, hoy estoy aquí para transmitirles toda la acción de este espectáculo.

¡Empezamos! Los perros han entrado al edificio caminando en fila alrededor del círculo. Se ven magníficos. Demuestran aptitud y elegancia.

El primer perro es mi amiga Dot. Se ha presentado en mi lugar. Debido a mi pata, necesitaba un sustituto, alguien que tomara mi lugar mientras se cura mi esguince. Detrás de ella está Sandy, la cocker spaniel. ¡Se ve tan bonita con ese collar de volantes! ¡Un lazo de cinta blanca con pliegues puede hacer maravillas!

Vamos a ir a un corte comercial. ¡No se vayan, regresaré con ustedes en sesenta segundos!

¡Es tu turno!

⏸ ¿Necesitas repasar? Para más práctica sobre las claves del contexto, consulta *¡Palabras!*

▶ ¡Inténtalo! Usa lo que has aprendido cuando leas *El tropezón con la cocinera,* en las páginas 52–67.

el tropezón

Pregunta de la semana
¿Cómo superamos obstáculos?

Una **ficción realista** trata de personajes y acciones que parecen reales pero que surgen de la imaginación del autor, con frecuencia de manera humorística. Mientras lees, fíjate en cómo la autora hace que el ambiente y los personajes humorísticos cobren vida.

con **la cocinera**

por Angela Johnson

Jamás seré una gimnasta.

¿Conocen ese dicho que afirma que algunas personas no pueden caminar y mascar chicle al mismo tiempo? Pues sí, se refiere a mí.

Me caigo por las escaleras y ruedo de la cama al piso. Se me caen cosas sobre los dedos de los pies y me quedo encerrada en los roperos. Me he roto el brazo haciendo galletas. No me pregunten cómo. Incluso, una vez me quedé encerrada en mi propio casillero de la escuela. Quería ver cómo era por dentro y tuve que quedarme allí hasta el final del día, hasta que me rescató el portero.

¿Saben lo vergonzoso que es que te encuentren atrapada en un casillero?

Pregúntenme a mí.

En particular, no soy buena con mis pies *despegados* del piso. Le estaba diciendo justamente al maestro Deimeister que ayer salí volando del trampolín sobre la cabeza de Tony Friedman y lo asusté tanto (él no me estaba mirando, sino que hablaba con Gus Jackson acerca de lo que iban a hacer al salir de la escuela) que se tragó la goma de mascar que no debía tener en la boca.

Justo en el momento en que le estaban haciendo a Tony la maniobra de Heimlich y Gus estaba gritando que aplicaran presión directa (por suerte, habíamos tenido una clase de primeros auxilios justo antes de la clase de gimnasia), me di cuenta de que el apodo con el que todos me llaman probablemente sea apropiado para mí.

"Salada".

Así es como todos me llaman. Hasta mis propios padres.

Mamá piensa que es simpático. Mi tío Jeff comenzó a llamarme Salada cuando de bebé empecé a gatear hacia atrás y me quedaba atascada en cajas, debajo de las mesas y, según cuentan, hasta dentro de un par de botas de mi papá.

Papá me da palmaditas en la cabeza como si fuera una vieja mofeta callejera y dice que el tío Jeff era exactamente como yo.

Sí, claro.

El tío Jeff conduce un Porsche y vive en una cabaña en el bosque que tiene una tina de agua caliente.

54

Creo que jamás tendré la destreza necesaria para conducir un coche, y estoy segura de que una tina de agua caliente para mí sólo representa un grave accidente por suceder. De todos modos, me encanta el tío Jeff. Supongo que en otras épocas habrá sido un salado. Pero, oigan, con la edad dejó de serlo, lo cual no significa necesariamente que a mí me vaya a pasar lo mismo.

Jamás seré capaz de mantener mis pies juntos y salir volando perfectamente del trampolín. Jamás seré capaz de encestar una pelota sin romperle a alguien los huesos (debo admitir que los doctores hicieron un muy buen trabajo con la nariz del maestro Deimeister). Nunca voy a correr como mi hermana ni patear una pelota de fútbol como mi hermano, sin caer ni vomitar ni causar un tirón muscular en mí o en alguien más. Mi papá ni siquiera me deja utilizar un cuchillo de cortar carne. Todavía tengo que cortar con una de esas cosas de plástico que se usan en los picnics y que se asemejan a un cuchillo.

Pero hace un tiempo todo cambió, mi vida entera cambió, gracias a un programa que vi en el canal de folclore. Un par de días después, una fotografía que encontré en un álbum me confirmó que todo encajaba perfectamente.

Sí, damas y caballeros, niños y niñas, personas a las que alguna vez atropellé, pisé o con las que me tropecé e hice caer... Seré una estrella del baile de cuadrilla.

En la televisión, los bailarines flotaban sobre el piso, tomados del brazo. Sonreían, reían y ninguno se caía sobre el otro ni se torcía nada. Todos se veían tan felices, y hasta parecía que se llevaban muy bien. Y después vi a esa mujer que se parecía tanto a mi mamá. Podría haber sido mi madre de lo parecida que era. Luego, en medio de un giro, miró directamente a la cámara y me sonrió. De verdad, fue como si mirara directamente hacia mí para decirme: "Tú podrías ser como yo, y mira, puedo hacer esto".

¡Qué bien!

Un par de días después, una fotografía cayó de un álbum de fotos que se me acababa de caer en la pecera (salvé todo bastante rápido, pero ahora nuestro pececito dorado se esconde cuando me acerco a la pecera). En el álbum había una colorida fotografía de mi mamá tomada del brazo de una niña que tenía el cabello hasta la cintura: baile de cuadrilla.

Estaba en mis genes.

Entonces supe que era mi destino.

Y no sólo seré una estrella: seré la campeona mundial del baile de cuadrilla de la clase de gimnasia de quinto grado. Y nadie podrá detenerme . . . ¡ay!

Es difícil lograr que las personas cambien de opinión sobre cómo deben hacerse las cosas y conseguir que hagan algo distinto.

Así es como me fue con el maestro Deimeister cuando fui a su despacho y le conté lo que podría ser la cosa más maravillosa desde la invención de las rodilleras y las vendas.

—¿Qué? —dijo echándose un poco hacia atrás para alejarse de mí, como siempre lo hace.

—Baile de cuadrilla, maestro Deimeister. Baile de cuadrilla. Es divertido y es un buen ejercicio para todos. Lo vi en el canal de folclore y practiqué con un inmenso oso de peluche.

—¿Qué?

—Era fascinante ver cómo los chicos hacían girar a las chicas y todos saltaban y daban vueltas por el salón. Creo que será bueno para todos nosotros aprender una destreza nueva, aprender a bailar con un compañero (porque, generalmente, los niños no quieren hacerlo) y hacer un buen ejercicio físico.

—¿Qué?

—No hará falta que usemos vestidos con volantes ni corbatas de moño como hicieron en la televisión. Creo que nuestra ropa habitual de gimnasia estaría bien. ¿Cree que tienen música de baile de cuadrilla en el salón de la banda?

—¿Qué?

Creo que unas pocas reuniones más con el maestro Deimeister lo convencerán de las bondades del baile de cuadrilla. Así que, más tarde ese mismo día, le dejé en su oficina algo de música para el baile de cuadrilla. El maestro no estaba allí y por accidente se me cayó de su escritorio una pesa de diez libras, que fue a dar contra una caña de pescar que se cayó al piso. Me di cuenta de que había un pez disecado colgado en la pared detrás del escritorio.

Aterrador.

Pensé que para hoy ya estaríamos bailando, pero, unos días después de mi reunión con el maestro Deimeister, aún seguimos saltando en el trampolín, objeto que ha decidido, desde hace mucho tiempo, que yo no soy de su agrado. Funesto, este trampolín es funesto. Y ni siquiera será capaz de apiadarse de mis pobres compañeros, que están obligados a seguir atrapándome y a empujarme de regreso hacia él.

El maestro Deimeister continúa gritando: —¡En posición, Salada, en posición!

Me siento como un soldado torpe con tanto grito de "en posición". Y pienso en lo feliz que sería si mis pies estuvieran a salvo sobre el piso de madera. El baile de cuadrilla me salvaría.

Yo sería la mejor bailarina de baile de cuadrilla del mundo. Tal vez podría incluso detener las guerras y el hambre con el baile de cuadrilla. Iría a otros países a bailar con mi grupo, en el cual no tendrían cabida quienes dan un paso atrás cuando utilizo un tenedor en el comedor o extienden los brazos para atraparme cuando subo las escaleras para ir a la clase de arte.

A lo mejor reciba algún premio por poner fin a la infelicidad del mundo mediante la difusión del amor al baile de cuadrilla en todo el planeta.

A lo mejor cambie el ancho mund…

"*¡Solo de Salada!*"

A lo mejor lo haga al volver de la enfermería.

—Realmente no quiero hacer el baile de cuadrilla, Salada.

Victoria es mi mejor amiga y contaba con ella para que me ayudara en la campaña a favor del baile de cuadrilla durante la clase de gimnasia. Al fin y al cabo, Victoria es una buena bailarina y no le ha roto la nariz al maestro Deimeister.

—Vamos, Vic. Tienes que estar conmigo en esto. Estoy harta de jugar a esquivar la pelota y al voleibol. Rompí la mitad de los vidrios del gimnasio y tumbé a dos personas antes de que el maestro Deimeister me sentara en el banco a mirar el reloj.

—Aun así, no quiero hacer el baile de cuadrilla, Salada. Nos veremos ridículas. Los niños no querrán hacerlo y todas las niñas terminaremos bailando juntas mientras los niños se ríen de nosotras.

Victoria tira de sus trenzas hacia atrás e infla una burbuja gigante. La señora Smith se acerca y le da palmaditas en la espalda.

—No se permite masticar chicle en la clase de español. ¿Cómo se puede aprender un idioma con la boca llena de Superchicle?

Cuando Vic se traga el chicle, la señora Smith hace una mueca y procede a enseñarnos cómo preguntar en español dónde está el baño.

—¿Y qué importa si se ríen? Será divertido. Nuestros pies estarán en tierra y no habrá pelotas redondas y duras que tumben a nadie ni rompan nada. Ayúdame. Esto podría ser grandioso.

Mi mejor amiga por siempre, eso será Vic.

Va a ir al gimnasio durante nuestro período libre para practicar conmigo.

Seremos las campeonas mundiales del baile de cuadrilla cuando terminemos de practicar.

Baile de cuadrilla por siempre.

Le llevaré a Vic sus libros al salón de clases durante algunas semanas.

Sin embargo, el yeso que le pusieron en el pie es muy bonito, de color violeta brillante, y ya me dejó dibujarle margaritas anaranjadas por todos lados. ¡Todos son tan metiches en esta escuela! En minutos todos sabían que estábamos practicando el baile de cuadrilla bajo el aro de básquetbol cuando pasó lo del pie roto. Seguramente pensarán que lo sucedido me haría cambiar de opinión sobre el baile de cuadrilla, excepto que, técnicamente fue culpa de Vic.

Lo estábamos haciendo muy bien hasta que Vic oyó que entraba gente por las puertas del gimnasio y se dio vuelta para salir corriendo.

Su pie se enredó en el mío. A pesar de todo, todavía me siento mal por ella.

¡Oh! ¡Ser una bailarina de cuadrilla!

Pero tengo un plan.

Imprimí quinientos volantes que dicen "BAILE DE CUADRILLA" y los pegué por toda la escuela para que se entusiasmaran con la idea. Pero al día siguiente todos parecían confundidos cuando los leían, inclusive el maestro Deimeister, quien se limitó a sacudir la cabeza y a mirarme fijamente. Y nada evitó que mis pies volaran y que el trampolín se estampara contra mi cara.

Ya estoy muy acostumbrada a golpearme la cara con el trampolín.

Anoche soñé que todos los de la Escuela Primaria Warren Harding estaban practicando el baile de cuadrilla por las calles. Todo el mundo se movía rítmicamente en pasos de do-si-do. Se bailaba una alemanda en las esquinas, y luego todos se tomaban de la mano y hacían un círculo por la izquierda.

Cuando desperté, estaba acostada en el suelo con el brazo adolorido, quizá por hacer girar a mi compañero mientras dormía. Creo que mis sueños de ser una estrella de la clase de educación física en el baile de cuadrilla se han hecho añicos ahora que toda la escuela sabe cómo Vic se rompió el pie.

Mis amigos y enemigos se pasan toda la clase de educación física saltando alrededor de mí hasta que el señor Deimeister les advierte: "El siguiente que salte alrededor de Salada va a correr cien vueltas".

Rebote,
rebote,
rebote,
en el trampolín funesto.
Mi mamá dice que debo darme por vencida.
Mi papá sólo se ríe.

Mi hermanita me saca la lengua y me llama boba.

Así que he estado pensando —quizá sólo pensando—: quizá el baile de cuadrilla no sea la solución. Quizá pueda llevar la paz al mundo, y procurarme menos moretones, con otra cosa. Quizá saltando la cuerda o jugando matatena en educación física sería suficiente.

Pero entonces, en educación física, el Sr. Deimeister dice que quiere hablar conmigo después de la clase.

¿De qué se trata esta vez? No he lastimado a nadie en varios días, e incluso la enfermera me preguntó hoy en el pasillo si había estado ausente.

En todo caso, a fin de cuentas no llego a hablar con el Sr. Deimeister porque está demasiado ocupado tratando de sacar a un chico de la canasta de baloncesto, quien no para de gritar: "Sólo era una apuesta, sólo era una apuesta".

Hoy comí todo mi almuerzo porque corría el rumor de que no habría trampolín en la clase de gimnasia. En general no como mucho los días de gimnasia. No lo hago desde ese día terrible en que me indigesté con el atún. (También existió ese desafortunado accidente en que me tropecé con la señora que servía el almuerzo y aterricé en el picadillo con salsa… pero no entremos en detalles). Sólo galletitas saladas el día en que tengo clase de gimnasia; ésa es mi regla.

Lo que sucedió hoy fue mejor que no tener trampolín.

Fue mejor que no tener que jugar a esquivar la pelota, mejor que no jugar al voleibol. Fue mejor que no tener que ir de excursión al Mundo del Patinaje sobre Hielo ni trepar la pared del Centro de Aptitud Física. La única cosa mejor que cualquiera de éstas era no tener al maestro Deimeister para que nos llevara a todos esos lugares.

La cuestión es que sufrió un feo accidente de pesca durante el fin de semana y no regresará hasta dentro de un par de semanas.

Es mejor que la suma de Halloween y las vacaciones de verano. Es mejor que tres postres y no tener hora límite para regresar a casa. Es mejor que la ruptura de la tubería principal del agua en la escuela o que una nevada que dure una semana.

Lo que es realmente grandioso es que tampoco hay un maestro suplente. Todos iremos a trabajar con nuestros grupos de estudio. No hay ningún maestro de gimnasia suplente para seguir la práctica en el funesto trampolín.

La vida es buena, hasta que en la quinta clase averiguo que todo es mentira y que voy a tener que ponerme ropa deportiva e ir al gimnasio como todos los días anteriores, y que habrá un maestro suplente que seguirá los planes de clase que dejó el maestro Deimeister.

Vic, cuyo pie todavía se está sanando, cojea detrás de mí.

—Lo lamento, Salada. Sé que esperabas trabajar con el grupo de estudio.

—Sí, eso pensé. Pero estaré bien. Ya he saltado en el trampolín otras veces. Al menos este maestro no me ha visto hacerlo antes.

Pero entonces comencé a oír algo.

Se escuchaba muy bajo mientras me acercaba a la puerta del gimnasio. Después lo escuché un poco más alto. Caminé más rápido que nunca para llegar a la clase de gimnasia.

Salía música del gimnasio. Salía música de *mi* clase de gimnasia.

Era música de baile de cuadrilla que salía de mi clase de gimnasia. Y junto al parlante de donde salía esa música, ¡había una maestra de gimnasia completamente nueva a quien yo nunca le había roto la nariz!

Todo iba a ser diferente. Ese pequeño accidente con Vic no significaba nada. Sería la campeona mundial de quinto grado. Sólo yo. Yo sola.

Todo lo que pude hacer fue sonreír mientras la maestra suplente explicaba cómo nos alinearíamos y de qué mano debíamos tomarnos para bailar. Ni siquiera recuerdo su nombre, el de esa maravillosa maestra que nos trajo el baile de cuadrilla.

Puso música de nuevo y todos comenzamos a movernos siguiendo sus instrucciones. Lo único que recuerdo es a Josh corriendo hacia mí para hacerme girar . . .

Unos instantes después, no recordé nada más durante un buen rato.

Dicen que tengo una conmoción cerebral y un esguince en el tobillo. Josh sólo tiene un gran moretón en la frente.

Tuve que quedarme en el hospital durante dos días. Pero recibí muchas visitas. La mayoría de mis compañeros de la clase de gimnasia vinieron a verme el segundo día y me trajeron música de baile de cuadrilla.

Las enfermeras no estaban contentas.

Incluso me vino a visitar el maestro Deimeister, que estaba en el tercer piso y bajó en su silla de ruedas para verme. Sonrió cuando entró a mi habitación y escuchó la música.

—Creí que tenías una conmoción cerebral, niña —dijo mirando mi pie vendado.

Me encogí de hombros.

—¿Cómo se lastimó *pescando*?

Él también se encogió de hombros.

—No sabía que el carrete de mi caña de pescar se partiría. Lo debo haber roto sin darme cuenta. Estaba enrollando el sedal para subir un pez grande y me caí por la borda. Sólo un par de costillas rotas y algunas heridas, así como una conmoción cerebral y un pulmón colapsado. Estoy bien. ¿Qué tal estuvo?

—¿Qué tal estuvo qué? —pregunté.

—El baile de cuadrilla. Llamé a la maestra suplente para sugerírselo. Supongo que fuiste tú quien me dejó la música en mi oficina.

—¡Ah, sí! Fui yo.

—Bueno, parece que te perdiste el baile de cuadrilla. Lo lamento. Creí que estarías a salvo del trampolín durante mi ausencia.

—Maestro Deimeister, no llegué aquí por culpa del trampolín.

La expresión del pobre maestro Deimeister me hizo reír tanto que casi me caigo de la cama. Vino la enfermera y dijo que creía que ya había tenido suficientes visitas, pero seguí riéndome, porque en ese momento me di cuenta de que nunca iba a convertirme en una campeona del baile de cuadrilla.

Entonces, ¿qué otra cosa podía hacer sino reírme?

Objetivos
• Describir sucesos específicos del cuento o de la novela que conducen a o sugieren sucesos futuros. • Leer en forma independiente por algún período de tiempo y parafrasear la lectura, incluyendo el orden en que ocurren los sucesos.

¡Imagínalo! Volver a contar

CALLE DE LA LECTURA EN LÍNEA
ORDENACUENTOS
www.CalledelaLectura.com

Piensa críticamente

1. Al personaje principal su familia le dice "Salada". Quizás hayas leído otros cuentos o visto alguna película sobre alguien que, como Salada, tiene un apodo. ¿Te gustaría que te llamaran con un apodo? ¿Por qué? **El texto y tú**

2. ¿Por qué crees que la autora decidió presentar la historia a través de la voz de Salada, el personaje principal? ¿Crees que fue una buena elección? ¿Por qué? **Pensar como un autor**

3. Haz una generalización sobre cómo se siente Salada, el personaje principal, respecto de sí misma. Usa detalles del cuento para apoyar tus ideas. **Generalizar**

4. En la página 56, Salada dice que será una estrella del baile de cuadrilla. Basándote en lo que has leído, ¿cuáles predices que son las posibilidades de que esto suceda? **Predecir y establecer propósitos**

5. Mira de nuevo y escribe Vuelve a leer las páginas 59–60 y las páginas 66–67. ¿Cómo están relacionados los sucesos descritos en las páginas 59–60 y en las páginas 66–67? Fundamenta tu respuesta con detalles del cuento.

PRÁCTICA PARA EL EXAMEN | Respuesta desarrollada

Conoce a la autora

Angela Johnson

Angela Johnson nació en Tuskegee, Alabama. Es la autora de más de 40 libros para niños, muchos de ellos premiados. Con frecuencia, sus libros muestran cómo los buenos amigos ayudan a las personas a enfrentar momentos difíciles.

Durante la niñez de Angela Johnson, los cuentos fueron una parte importante de su vida. Tanto su padre como su abuelo eran cuentistas, y a Angela siempre le encantó leer y que le leyeran. En la universidad escribió cuentos cortos y poesías, pero sólo se dio cuenta de que su futuro estaba en la escritura de cuentos para niños cuando empezó a cuidar al hijo de una escritora de literatura infantil.

Angela Johnson ha ganado muchos premios por sus libros. En 2003, se reconoció su importancia como escritora cuando se le otorgó el premio "galardón a la creatividad" de la Fundación MacArthur. El premio fue una sorpresa para Johnson, pero no para aquéllos que conocían sus libros.

Otros libros sobre aprender de los errores:

Días de clase

Una niña llamada Helen Keller

Registro de lecturas

Usa el *Cuaderno de lectores y escritores* para anotar tus lecturas independientes.

69

¡Escribamos!

Aspectos principales de una carta amistosa

● está escrita a alguien que conoces bien

● comunica las ideas con un lenguaje informal

● tiene un tono familiar

● contiene una fecha, un saludo y una despedida

Carta amistosa

Una **carta amistosa** es una carta escrita a alguien que conoces bien. Utiliza un lenguaje informal y tiene un tono familiar. El modelo del estudiante de la próxima página es un ejemplo de una carta amistosa.

Instrucciones Escribe una carta que escribiría un personaje de *El tropezón con la cocinera* a otro personaje del mismo cuento.

Lista del escritor

Recuerda que debes...

 usar correctamente las normas del lenguaje escrito para las cartas informales.

 comunicar tus ideas con un lenguaje informal.

 utilizar en tu carta tanto oraciones simples como compuestas, y hacer que los pronombres concuerden con sus antecedentes.

70

6 de noviembre de 20__

¡Hola, Vic!

El baile de cuadrilla durante la clase de gimnasia no anduvo muy bien. Ahora tengo una idea todavía mejor: ¡vamos a jugar al bádminton! Parece ser el más seguro de los deportes que hay por ahí, incluso para alguien tan propensa a sufrir accidentes como yo.

Además, el **bádminton** es un deporte divertido. **Lo** jugué el fin de semana pasado cuando fui con mi familia a la fiesta de cumpleaños de mi tío. Mis primos y yo jugamos al bádminton al aire libre, sobre el césped, y nos divertimos muchísimo. El **césped** es suave y mullido. ¿Cómo podría lastimarse alguien jugando sobre **él**?

Vic, ¿me darás tu apoyo cuando le presente esta idea al **maestro Deimeister**? Temo que a **él** no le agradará esta **idea**, aunque yo **la** encuentro genial. Así que necesito tu apoyo. ¿Harás esto por mí, por favor?

Tu amiga,
Salada

Característica de la escritura
Las **oraciones** simples y compuestas contribuyen a darle un tono amistoso e informal a la carta.

Los **pronombres y antecedentes** están usados de manera correcta.

Género
Las cartas amistosas transmiten la información de una manera informal.

Normas

Pronombres y antecedentes

Recuerda Un **pronombre** ocupa el lugar de un sustantivo. Un **antecedente** es la palabra a la que hace referencia un pronombre. Por ejemplo: "El **bádminton** es un deporte divertido. **Lo** jugué el fin de semana pasado".

Objetivos
• Identificar el punto de vista o la posición del autor y explicar la relación entre las ideas en el argumento.
• Reconocer los enunciados exagerados, contradictorios y confusos en el texto. • Hacer conexiones entre y a través de textos.

Estudios Sociales en Lectura

Género
Texto persuasivo

- Un texto persuasivo intenta convencer al lector de hacer o pensar algo.

- El autor de un texto persuasivo tiene un punto de vista definido y una posición clara. En ocasiones, el autor repetirá palabras o frases para apoyar su argumento.

- El texto persuasivo puede contener enunciados exagerados, contradictorios o engañosos.

- Lee "El baile de cuadrilla: Bueno para el corazón y la mente". Busca los elementos que hacen de esta selección un texto persuasivo. ¿Cuál es la posición o el punto de vista de la autora?

El baile de cuadrilla:
Bueno para el corazón y la mente
por Victoria Barrett

En todo el país, hay personas de todas las edades que participan en el mejor baile de todos los tiempos: ¡el baile de cuadrilla! El baile de cuadrilla es sinónimo de buena música. El baile de cuadrilla es sinónimo de buen ejercicio. El baile de cuadrilla es sinónimo de pasarla genial con familiares y amigos.

¿En dónde más puedes girar en brazos de tu pareja con el acompañamiento de un violín? ¿En dónde más puedes aprender el paso de baile do-si-do? Éstas son sólo algunas de las razones por las que el baile de cuadrilla es el mejor de los bailes.

El baile de cuadrilla tiene una larga e interesante historia. Cuando los primeros colonos europeos vinieron a América del Norte, trajeron consigo sus bailes. Después de trabajar la tierra durante todo el día, los colonos se reunían en los establos o en los campos para divertirse. Con el tiempo, sus bailes incluyeron pasos nuevos.

Con el paso de los años, el baile de cuadrilla se fue

desplazando hacia el Oeste. En lugares como Texas, el baile de cuadrilla se popularizó. En la actualidad, las personas pueden tomar clases o asociarse a clubes de baile de cuadrilla. El baile de cuadrilla es tan popular en Texas que, en 1991, se convirtió en el baile oficial del estado. ¿Alguna vez has intentado bailarlo? Si no lo has intentado, aquí hay una lista de motivos para hacerlo:

☆ **Es un buen ejercicio.** El baile de cuadrilla requiere que los bailarines giren, se volteen y muevan los pies. Todos esos movimientos ayudan a mantener el corazón y los músculos en buen estado. Los médicos estarán de acuerdo en que el baile de cuadrilla es muy bueno para la salud. ¡Sí lo es!

☆ **Es bueno para tu memoria.** Círculo a la izquierda, inclinación hacia el rincón, círculo hacia la derecha, inclinación hacia tu pareja. ¿Puedes recordar todo eso? Hay docenas de bailes de cuadrilla distintos y cada baile tiene sus propios pasos y movimientos. Recordar todos los pasos es un ejercicio excelente para tu mente.

☆ **¡Es divertido!** Los bailes de cuadrilla son ocasiones fantásticas para conocer gente nueva. Puedes ir a los bailes de cuadrilla con tus amigos y familiares. Puedes conocer a otras personas a quienes también les gusta bailar. Si nunca has bailado el baile de cuadrilla, tienes la posibilidad de probar algo nuevo.

Las personas deberían practicar el baile de cuadrilla por muchas razones. Es un buen ejercicio, mejora la memoria y casi todos pueden bailarlo. ¡El baile de cuadrilla es la mayor diversión que tendrás en toda tu vida! Todo lo que necesitas es una pista de baile y un poco de música, ¡y estarás bailando el paso do-si-do antes de darte cuenta!

Pensemos...

¿Cómo usa la autora la causa y el efecto en su argumento?
Texto persuasivo

Pensemos...

¿Qué oraciones del texto son exageradas, contradictorias o engañosas?
Texto persuasivo

Pensemos...

Relacionar lecturas
¿Son algunas de las razones que Salada le da al maestro Deimeister para realizar un baile de cuadrilla semejantes a las razones expuestas en este artículo?

Escribir variedad de textos Diseña un volante sobre el baile de cuadrilla realizado en la escuela de Salada, en el que incluyas los motivos para asistir al baile.

CALLE DE LA LECTURA EN LÍNEA
LIBRO DEL ESTUDIANTE EN LÍNEA
www.CalledelaLectura.com

Vocabulario

Palabras poco comunes

Claves del contexto Una manera de determinar el significado de palabras poco comunes es por medio de las claves del contexto. A veces los autores proporcionan una explicación. Lee las palabras y las frases que están antes y después de la palabra poco común. Busca palabras o frases que te ayuden a entenderla.

¡Practícalo! Observa la palabra *volantes*, en la página 59 de *El tropezón con la cocinera*. ¿Qué palabras cercanas te dicen qué son los *volantes*? Basándote en estas pistas, ¿qué crees que significa *volantes*?

Fluidez

Precisión

La precisión implica ser capaz de leer y comprender sin tener que detenerte para entender las palabras. Un modo de mejorar la precisión es volver a leer. Lee un texto varias veces y descubrirás que mejorarás y comprenderás más cada vez que lo leas. También puedes volver a leer en voz alta para mejorar tu fluidez.

¡Practícalo! Practica con tu compañero la lectura en voz alta de *El tropezón con la cocinera*. Practiquen primero la pronunciación de todas las palabras difíciles. Luego lean los párrafos en voz alta tres veces. Túrnense para leer en voz alta y corríjanse mutuamente.

Escuchar y hablar

Cuando sugieras una solución para un problema, asegúrate de explicar tanto el problema como la solución.

Discurso persuasivo

Un discurso es una exposición formal que se da con un propósito específico. Un propósito del discurso es persuadir a los oyentes a hacer algo.

¡Practícalo! Prepara un discurso para persuadir a los oyentes de realizar un cambio en la escuela. Comienza por explicar qué crees que debería cambiar. Luego proporciona razones que justifiquen el cambio. Asegúrate de apoyar cada razón con hechos y ejemplos.

Sugerencias

Al escuchar...

- Presta atención y concéntrate en lo que dice cada hablante.
- Identifica los detalles de apoyo cuando el hablante explica sus ideas principales.

Al hablar...

- Usa tarjetas de apuntes para organizar tus ideas.
- Usa un lenguaje que te ayude a persuadir.
- Establece contacto visual con tu público.

Trabajo en equipo...

- Escucha las opiniones de los demás. Di en qué aspectos coincides y en cuáles, no.
- Pide sugerencias sobre tu tema a los demás estudiantes de tu clase y toma en cuenta sus ideas.

Vocabulario oral

Hablemos sobre

Adaptaciones

- Comenta lo que sabes sobre cómo los animales se adaptan a su entorno.

- Escucha e interpreta lo que sabe un compañero sobre las adaptaciones.

- Determina las ideas principales y las ideas de apoyo del mensaje de tu compañero.

CALLE DE LA LECTURA EN LÍNEA
VIDEO DE HABLAR DEL CONCEPTO
www.CalledelaLectura.com

76

Objetivos
• Usar características de un texto y los gráficos para obtener un vistazo del texto y localizar información. • Interpretar información presentada en mapas, tablas, ilustraciones, gráficos, líneas cronológicas, cuadros y diagramas.

¡Imagínalo!

Destreza

Estrategia

Destreza de comprensión

Fuentes gráficas

• Una fuente gráfica, como una imagen, un diagrama o una tabla, organiza la información y permite visualizarla fácilmente. Las fuentes gráficas te ayudan a comprender lo que lees.

• Antes de leer una selección, echa un vistazo a las fuentes gráficas para comprender sobre lo que leerás.

• Al leer, compara la información del texto con la fuente gráfica.

• Usa un organizador gráfico como el siguiente para registrar información relacionada con la fuente gráfica de la página 79 y obtener una visión general sobre "Datos sobre las hormigas".

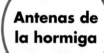

Antenas de la hormiga

Estrategia de comprensión

Ideas importantes

Al leer una selección, siempre debes tratar de identificar las ideas importantes. Las ideas importantes son la información esencial, los datos y detalles principales, que te ayudan a comprender sobre qué está escribiendo un autor.

Datos sobre las hormigas

¿Alguna vez has observado a una hormiga cruzar lentamente una acera arrastrando alimento de regreso a su colonia? Para ti, ese alimento es un pedacito sumamente diminuto. Pero para la hormiga, su tamaño y su peso son tremendos. Las hormigas pueden transportar objetos que pesan varias veces más que ellas. Ése es sólo uno de los muchos datos asombrosos sobre las hormigas.

El cuerpo de una hormiga está dividido en tres secciones: la cabeza, el tórax y el abdomen. La cabeza de una hormiga es grande y tiene dos antenas, que la hormiga usa para oler y sentir. Su boca tiene dos pares de mandíbulas. Un par le sirve para transportar los alimentos. El otro le sirve para masticar. El tórax es la parte media de la hormiga. Está conectado al abdomen por una sección estrecha, como una cintura. El abdomen es grande y tiene forma ovalada.

Destreza Da un vistazo al título y al diagrama. ¿Te ayudan a darte una idea de sobre lo que se tratará el artículo?

Estrategia ¿Cuáles son algunas de las ideas importantes de este párrafo y cómo se relacionan con el tema del artículo?

Destreza ¿De qué manera este diagrama te ayuda a ubicar la información? ¿Qué datos puedes interpretar a partir de este diagrama?

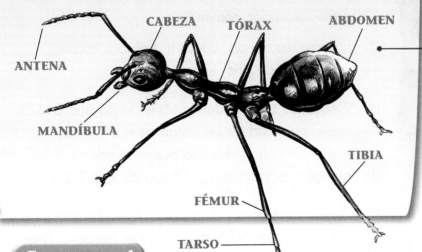

CABEZA TÓRAX ABDOMEN
ANTENA
MANDÍBULA
TIBIA
FÉMUR
TARSO

¡Es tu turno!

⏸ ¿Necesitas repasar?
Consulta ¡Imagínalo!: Cuaderno de práctica para obtener apoyo adicional.

▶ ¡Inténtalo!
Cuando leas Hormigas que explotan, usa lo que has aprendido sobre las fuentes gráficas y las ideas importantes.

Objetivos
• Determinar el significado de las palabras poco comunes o de varios significados mediante el contexto de la oración. • Escribir analogías usando antónimos y sinónimos que conoces. • Usar un diccionario, un glosario o un diccionario de sinónimos para hallar información acerca de las palabras.

¡Imagínalo! | Palabras para aprender

especializan

estallar

esterilizado

críticos
escasean
mucosidades

Estrategia de vocabulario para

Sinónimos

Claves del contexto Los sinónimos son palabras distintas que tienen un significado muy parecido. Por ejemplo, en la analogía *frío* es a *helado* lo que *caliente* es a *candente*, las palabras *frío* y *helado* son sinónimos. *Caliente* y *candente* también son sinónimos. Usa una palabra de *Palabras para aprender* para completar esta analogía: *explotar* es a *estallar* lo que *faltan* es a _____ .

Los sinónimos son buenas claves para determinar o aclarar el significado de una palabra poco común.

1. Lee las palabras y oraciones que rodean a la palabra poco común. ¿Hay un sinónimo o una analogía?

2. Usa el sinónimo en lugar de la palabra poco común. ¿Tiene sentido la oración? ¿Te ayuda el sinónimo a determinar o aclarar el significado de la palabra poco común?

3. Si necesitas ayuda, busca la palabra en un diccionario de sinónimos.

Lee "Pequeñas pero poderosas", en la página 81. Analiza el contexto de las palabras que no conoces. Fíjate si un sinónimo cercano puede ayudarte a determinar o aclarar el significado de la palabra.

Palabras para escribir Vuelve a leer "Pequeñas pero poderosas". Escribe algunas de las características de las bacterias y cómo se adaptan. Al escribir, usa palabras de la lista de *Palabras para aprender* y un diccionario para buscar opciones alternativas de palabras que hagan que tu escritura sea expresiva.

Pequeñas pero poderosas

Las bacterias están compuestas por una sola célula. Se adaptan como todos los seres vivos. Al ser diminutas, se adaptan muy rápido. Hay medicinas para matar a las bacterias dañinas. Pero las bacterias han cambiado y son resistentes a muchas medicinas. Ya escasean, o son limitadas, las medicinas que funcionan para combatirlas. Los doctores usan estas medicinas con menor frecuencia, así las bacterias no "aprenden" a convivir con ellas.

Las bacterias se especializan en diferentes tareas. Unas viven en tu estómago y ayudan a digerir los alimentos. Otras son elementos críticos, o importantes, en la formación del suelo. Descomponen la materia muerta de plantas y animales.

La mayoría de las bacterias son útiles, pero algunas pueden perjudicarnos. Hay bacterias que pueden hacer estallar una crisis de salud. Las bacterias se reproducen muy rápido dentro del cuerpo y despiden toxinas. Para defenderse, el cuerpo eleva su temperatura y produce más mucosidades. Así protege las membranas de los órganos. En los hospitales se mantiene esterilizado el ambiente, en especial los quirófanos donde se realizan operaciones.

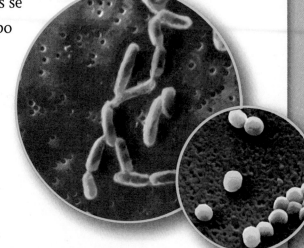

¡Es tu turno!

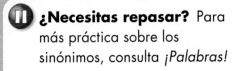 **¿Necesitas repasar?** Para más práctica sobre los sinónimos, consulta ¡Palabras!

 **¡Inténtalo!** Lee *Hormigas que explotan*, en las páginas 82–93.

Hormigas que explotan

por Joanne Settel, Ph.D.

Datos asombrosos sobre cómo se adaptan los animales

Género

Los **textos expositivos** explican qué son ciertas cosas y cómo llegaron a ser o a actuar así. Mientras lees, observa cómo la organización del texto ayuda a explicar el comportamiento de los insectos.

Pregunta de la semana

¿Cómo se adaptan los animales para sobrevivir?

¿Por qué los animales hacen cosas repelentes?

Los animales a menudo hacen cosas que nos parecen repelentes. Comen alimentos que a la gente le parecerían nauseabundos. Viven en lugares repugnantes y se alimentan de mocos y de sangre. Se hinchan o hacen explotar partes de su cuerpo.

Aunque esos comportamientos parezcan desagradables, son críticos para la vida en la Tierra. Permiten que muchos seres vivos encuentren alimento, refugio y se mantengan fuera de peligro. Las distintas especies ocupan todos los lugares y devoran toda migaja de comida nutritiva en el mundo natural. Si todas las especies de animales comieran lo mismo o vivieran en el mismo lugar, no habría suficiente para todos. Sería imposible que todas las especies sobrevivieran. Por

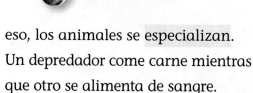

eso, los animales se especializan. Un depredador come carne mientras que otro se alimenta de sangre.

Nada se desperdicia. Casi todo el cuerpo de un animal, desde la piel hasta los excrementos y las mucosidades, sirven de alimento para otras especies. Todas esas partes contienen nutrientes. Un animal con los órganos digestivos o las sustancias químicas apropiados puede descomponerlas fácilmente.

Al buscar refugio, los animales se valen de cualquier hoyo o espacio. Los huecos y órganos babosos y de olor desagradable dentro del cuerpo de un animal más grande pueden servir de vivienda cálida y protectora para animales más pequeños, como los insectos.

A veces, los animales hacen buen uso de las distintas partes de su cuerpo. Los animales no tienen ni bolsas donde llevar objetos, ni herramientas para abrir lo que está cerrado, ni cuchillos para cortar, ni armas para defenderse. Usan su cuerpo en formas que nos parecen repelentes. Al estirarse, inflarse y explotar, engañan a los depredadores, almacenan comida, tragan grandes bocados y defienden su nido.

Cuerpos que se inflan, que se expanden y que explotan

Frascos de miel vivientes

Los sacos repletos de néctar que cuelgan de los nidos de las hormigas mieleras son en realidad seres vivos. Son los cuerpos gordos de las hormigas que se han convertido en frascos de miel vivientes.

Estos "frascos de miel" son hormigas obreras que almacenan comida y se conocen como *repletas*. Las repletas pasan la vida colgadas patas arriba del techo del hormiguero esperando comer o que coman de ellas. Su cuerpo es un envase de comida esterilizado y hermético.

Las hormigas repletas se alimentan cuando la colonia tiene mucha comida de sobra. Cada una recibe alimento regurgitado, o sea vomitado, por cientos de hormigas obreras comunes. Este alimento es un líquido dorado, lleno de una mezcla ya digerida de partes de termitas y néctar de plantas.

A medida que comen, las repletas se van inflando. Pronto, la parte trasera, o sea el abdomen, se vuelve del tamaño de una uva pequeña. Las hormigas infladas se trepan al techo del hormiguero y siguen comiendo. Cuelgan de las patas durante meses sin moverse. Si una repleta se cae, las obreras la arrastran, inflada como un globo, nuevamente al techo.

Cuando afuera hay menos comida, las repletas alimentan a las demás. Las otras residentes del hormiguero se reúnen a comer. Tocan con sus antenas las de una repleta, y ésta regurgita grandes gotas de miel dorada.

La comida adicional de las repletas es importante para la supervivencia de la colonia. Las hormigas mieleras viven en grandes colonias en las regiones desérticas de América del Norte, África y Australia, donde escasean los alimentos. Almacenarlos en sus frascos de miel vivientes permite a la colonia pasar las temporadas más calurosas y secas del desierto.

La "miel" dulce de las repletas sirve de alimento no sólo para otras hormigas sino también para algunas personas. A los aborígenes de Australia les encantan las hormigas mieleras hinchadas y se las comen como si fueran caramelos.

Hormigas que explotan

Las hormigas soldado de la especie *camponotus saundersi* tienen la facilidad de explotar a voluntad. Hacen esto para defender a la colonia de insectos invasores. Cuando las hormigas explotan, echan una sustancia química pegajosa que mata al enemigo o lo deja pegado en su sitio.

Las hormigas *camponotus* fabrican estas sustancias mortales dentro de su propio cuerpo. Guardan las sustancias en dos sacos grandes llamados *glándulas mandibulares*. Estas glándulas ocupan la mayor parte de la abertura del cuerpo del insecto, justo debajo de las mandíbulas.

GLÁNDULAS
MANDIBULARES

ABDOMEN QUE
EXPLOTA

Cuando se acerca un intruso, la hormiga *camponotus* despide pequeñas cantidades de la sustancia venenosa como advertencia para espantar al invasor; pero si el invasor ataca, la hormiga contrae, o aprieta, los músculos violentamente hasta que revienta, y al estallar expulsa sustancias químicas mortales.

Las hormigas *camponotus* no son los únicos insectos con este comportamiento extraño. Los soldados de la especie de termitas *globitermes sulfureus* también explotan. Cuando están amenazados, explotan y rocían a su enemigo con un líquido pegajoso amarillo.

89

¡A engullir!

Una bola de huesos

Cada noche, antes de salir de cacería, la lechuza escupe unas pelotitas de piel y huesos. Esas pelotitas, o bolo, son lo que queda de su última comida. La lechuza caza animales pequeños como ratones, topos, pájaros e insectos. Cuando el depredador emplumado captura su presa, no pierde tiempo en matarla y escoger las partes carnosas nutritivas. Se traga a la víctima entera. La lechuza digiere toda la materia blanda, los músculos y los órganos. Lo demás, es decir, piel, plumas, dientes y huesos, son desechos. La lechuza se deshace de ellos regurgitando un bolo.

La lechuza normalmente devuelve dos bolos al día. Con el tiempo, los bolos se acumulan y forman grandes pilas debajo de las ramas donde la lechuza se posa, o descansa. Los científicos examinan

BOLOS DE LECHUZA

estos bolos para aprender sobre la dieta de la lechuza. Por ejemplo, un bolo de la lechuza común en general contiene los esqueletos completos de dos o tres mamíferos, gran cantidad de piel y partes de insectos. Eso significa que la lechuza devora unos seis mamíferos pequeños al día.

Seis mamíferos pequeños, de dos a seis onzas cada uno, parecen mucha carne para un ave que pesa menos de una libra. Pero la lechuza de doce onzas no engorda. La mayor parte de lo que come es piel y huesos que luego escupe en forma de bolos.

Bocados grandes

Tragarse un cerdo o un pollo entero parecería imposible para una serpiente. Pero no es gran cosa para una pitón de veinte pies de largo. De hecho, muchas serpientes tragan alimentos que son mucho más grandes que su propia cabeza. Hasta las culebras más pequeñas se alimentan de ratones, ratas, pájaros, ranas y huevos enteros.

Esta capacidad de tragar presas grandes se debe a la estructura especial de la quijada. Los huesos de la boca están unidos al cráneo, pero de manera floja. Las dos mitades de la mandíbula de abajo se unen con tejido elástico llamado *ligamento*.

Cuando la culebra traga la comida, puede abrir y estirar muchísimo la boca. Los huesos de la quijada inferior se separan y cada hueso se mueve por separado para llevarse la presa a la boca.

Las serpientes por lo general tratan de comerse primero la cabeza de la presa. De esta manera,

las patas de la presa quedan dobladas hacia atrás mientras la culebra traga. Los afilados dientes de la culebra con la punta hacia atrás impiden que la presa, al patalear, se escape. A medida que la serpiente hace que baje el alimento por la garganta, echa su tráquea fuera de la boca. Así no tiene que dejar de respirar mientras traga.

Como sus presas son tan grandes, las serpientes no tienen que comer todos los días. A la mayoría les basta con una comida a la semana. Otras sólo comen una vez al mes. La gran serpiente pitón es la que impone la marca. Después de engullir un cerdo o un pollo, ¡puede durar más de un año sin comer!

¡Imagínalo! | Volver a contar

CALLE DE LA LECTURA EN LÍNEA
ORDENACUENTOS
www.CalledelaLectura.com

Piensa críticamente

1. Piensa en programas sobre la naturaleza que quizás hayas visto en televisión. ¿De qué manera la presentación visual y escrita de los datos en *Hormigas que explotan* se compara con las imágenes visuales que has visto en la televisión? **El texto y tú**

2. *Hormigas que explotan* comienza con una idea general: "¿Por qué los animales hacen cosas repelentes?". Después la autora da ejemplos específicos para mostrar por qué lo dice. ¿Organizarías de este modo una selección como ésta o se te ocurren otras ideas? **Pensar como un autor**

3. El título de la selección incluye las palabras "Datos asombrosos sobre cómo se adaptan los animales". Observa las ilustraciones y comenta cómo explican el título. **Fuentes gráficas**

4. Vuelve a leer la sección "¡A engullir!", en las páginas 90—93. Identifica tres ideas importantes de esta sección y luego explica por qué esas ideas son importantes y cómo están relacionadas. **Ideas importantes**

5. Mira de nuevo y escribe Repasa los datos presentados en las páginas 88—89. ¿Cómo actúan exactamente las hormigas soldado? Fundamenta tu respuesta con el texto.

PRÁCTICA PARA EL EXAMEN | **Respuesta desarrollada**

Conoce a la autora

Joanne Settel

¿Cómo llegó la Dra. Joanne Settel a escribir *Hormigas que explotan*? La autora lo explica así: "Soy bióloga, con una especialización en zoología. Desde hace más de 30 años he estado coleccionando artículos periodísticos con datos interesantes sobre los animales. Cada cierta cantidad de años separo los más interesantes y los recopilo en un libro. En esta ocasión, estaba buscando en particular artículos que tuvieran un factor de asombro; cosas que produjeran un '¡Oh!', '¡Vaya!' o '¡Súper!' en los niños. Quería un libro que se diferenciara del resto".

Otros libros sobre los animales:

La autora comenta que seleccionar las fotos resultó la parte más difícil al escribir este libro, pero que también fue la más divertida. Usó la Internet para buscar a los investigadores.

La Dra. Settel dice: "Me encanta hacer que la ciencia resulte emocionante y accesible a los demás. Hay tantas cosas asombrosas que suceden en el mundo natural. Me resulta muy divertido transmitírselas a las personas".

Su consejo para los jóvenes que están interesados en escribir es que se guíen por su propia pasión. Dice: "Hablen con los expertos en la materia. Ellos les contarán detalles poco conocidos y valiosos que harán interesante lo que escriban".

Registro de lecturas

Usa el *Cuaderno de lectores y escritores* para anotar tus lecturas independientes.

95

Objetivos

• Escribir cartas que comuniquen ideas, incluyan información importante, contengan una conclusión y utilicen un formato y un estilo correcto.

¡Escribamos!

Aspectos principales de una carta formal

● tiene un propósito, como por ejemplo, pedir información

● incluye una fecha, un saludo y una despedida

● incluye la dirección del remitente y la dirección del destinatario

● utiliza un lenguaje cortés y respetuoso

CALLE DE LA LECTURA EN LÍNEA
GRAMATIRITMOS
www.CalledelaLectura.com

Escritura expositiva

Carta formal

Una **carta formal** es un tipo de carta que tiene un tono cortés y respetuoso y suele estar dirigida a alguien que no conoces. Frecuentemente, en las cartas formales se solicita información o servicios; muchas cartas formales son cartas de negocios. El modelo del estudiante de la próxima página es un ejemplo de una carta formal.

Instrucciones Piensa en un animal interesante sobre el que te gustaría aprender más. Escribe una carta al bibliotecario local para preguntarle dónde podrías hallar más información sobre ese animal.

Lista del escritor

Recuerda que debes...

☑ usar correctamente las normas del lenguaje escrito para las cartas formales.

☑ comunicar tus ideas con un lenguaje formal.

☑ incluir la información importante.

☑ incluir una oración que sirva de despedida.

96

Calle Willow 127

Houston, TX 77073

3 de octubre de 20__

Sra. Chávez

Escuela Intermedia Otis

Bulevar Thorne 12476

Houston, TX 77073

Estimada Sra. Chávez:

Estoy escribiendo un informe de investigación sobre los perros de las praderas; he leído el **suyo** y necesito algunos consejos.

Me gustaría leer un libro de no ficción sobre el perro de las praderas y su hábitat. Algo que vi en su informe y que me gustaría incluir en el **mío** es un modelo o un dibujo de una colonia de perros de las praderas. Por lo tanto, me gustaría ubicar por lo menos un recurso con fotos o un diagrama de una colonia de perros de las praderas. ¿Me podría ayudar?

Gracias por su opinión y consejo.

Atentamente,

Mikalah

Característica de la escritura
Las **normas** requieren incluir la dirección, la fecha y el saludo.

Los **pronombres posesivos** están usados de manera correcta.

Género
Las **cartas formales** suelen solicitar ayuda o información.

Normas

Pronombres posesivos

Recuerda Un **pronombre posesivo** indica posesión o pertenencia y concuerda en género y número con el sustantivo que reemplaza.

Objetivos

• Analizar cómo la organización de un texto influye en la manera en que están relacionadas las ideas. • Usar características de un texto y los gráficos para obtener un vistazo del texto y localizar información. • Hacer conexiones entre las ideas dentro de un texto o a través de dos o tres textos.

Ciencias en Lectura

Género
Texto expositivo

- Un texto expositivo contiene datos e información sobre diferentes temas.

- Algunos autores de textos expositivos usan patrones de causa y efecto para explicar las relaciones entre las ideas.

- Algunos autores de textos expositivos utilizan gráficas para ilustrar información que presentan. Un vistazo a esas gráficas puede proporcionarte una idea general del contenido del texto.

- Lee el artículo "El arte del mimetismo". Piensa en cómo los patrones de causa y efecto influyen en las relaciones entre las ideas del texto.

El arte del mimetismo

por Robert Kausal

Mantis

¿Alguna vez imitaste la manera de hablar de alguien famoso o de un amigo? O quizás puedes imitar a tu tío cuando se queda dormido viendo la televisión. En la naturaleza, a la acción de imitar se le llama mimetismo. Cuando hacemos una imitación, generalmente lo hacemos para hacer reír a otras personas. Pero cuando los animales hacen mimetismo, a menudo es una cuestión de supervivencia.

Muchos animales saben que la mejor manera de evitar convertirse en el almuerzo de un depredador es tener el aspecto más peligroso o menos apetecible que sea posible. Quizás te sorprenda saber que hay muchos animales que se especializan en el arte de la imitación o el mimetismo.

Palos y piedras

Hay una diferencia crucial entre los animales que usan el camuflaje y los animales que se mimetizan. Los animales que usan camuflaje intentan "confundirse" con el medio ambiente que los rodea para evitar a los depredadores. Los insectos son particularmente buenos para esto. Hay insectos que parecen palos, hojas, espinas, piedras ¡y hasta excremento de aves!

Los animales que se mimetizan toman como modelo a los objetos o a otros animales de su entorno. Los insectos son los mejores para mimetizarse en la naturaleza. Muchos se han adaptado y han conseguido parecerse a otros objetos del medio ambiente en el que viven. Imitan sonidos, movimientos o comportamientos de cosas o animales de su medio ambiente. Veamos algunos animales que se mimetizan.

Un maestro del disfraz

En aguas tropicales de Indonesia vive el pulpo mimo. Es un maestro del disfraz. La mayoría de los pulpos se esconden en corales o áreas rocosas, pero el hábitat del pulpo mimo es fangoso y arenoso. Como hay pocos sitios para esconderse, el pulpo mimo ha aprendido a engañar a los depredadores haciéndoles creer que es otro tipo de pez.

Este lenguado usa el camuflaje para confundirse con la arena del lecho marino.

Los peces planos son uno de los disfraces más exitosos del pulpo mimo. El pulpo mimo puede modificar su apariencia y deslizarse por el lecho del océano igual que los peces planos. Para la mayoría de los depredadores marinos, los peces planos son desagradables. El pulpo mimo también puede imitar a un pez león venenoso y a una serpiente de mar. Algunos buzos creen que el pulpo mimo tiene también otros disfraces.

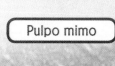

Pulpo mimo

Pensemos...

¿Por qué se mimetizan los animales? Extrae una razón de la primera página de este artículo.
Texto expositivo

Pensemos...

¿De qué manera las ilustraciones de esta página te ayudan a comprender la información de este artículo?
Texto expositivo

99

¡Es un perro! ¡No, es un avión! ¡No, es un ave lira!

Mientras que muchos animales se mimetizan para engañar a sus depredadores, el ave lira macho de Australia emite sonidos para atraer a las hembras de su especie. Esta pequeña ave de color pardo hace un claro en el bosque, extiende las complejas plumas de su cola y empieza un concierto de sonidos que asombra y engaña a cualquier oyente.

Ave lira

Además de imitar a más de veinte tipos de especies, el ave lira imita sonidos poco comunes: una motosierra, una cámara, el llanto de un bebé, un perro, la alarma de un carro, ¡hasta instrumentos musicales! ¡Esta ave es como un hombre orquesta!

Un disfraz de siseo

Las víboras pueden resultarnos aterradoras, pero incluso ellas necesitan ayuda para mantener alejados a los enemigos. La serpiente de hocico de cerdo es una víbora inofensiva que habita en todo el territorio de los Estados Unidos. Su patrón irregular de puntos oscuros hace que parezca una venenosa serpiente de cascabel. Cuando se siente amenazada, la serpiente de hocico de cerdo imita el comportamiento de una serpiente de cascabel. Se enrolla, sisea ruidosamente y enfrenta a su depredador;

Serpiente de hocico de cerdo

pero es un acto fingido: la serpiente de hocico de cerdo no tiene colmillos ni es venenosa.

Si hacerse pasar por una serpiente venenosa no funciona, la serpiente de hocico de cerdo girará sobre su cuerpo, sacará la lengua, emanará un olor fétido y fingirá estar muerta. Por lo tanto, no cometas el error de intentar levantar una serpiente de hocico de cerdo muerta. ¡No está libre de gérmenes!

El último recurso

En ocasiones, en el reino animal se debe recurrir a una táctica extrema de supervivencia: hacerse el muerto. Muchos animales, como los murciélagos, las lagartijas, las arañas y los sapos fingen estar muertos para engañar a sus depredadores. Esta estrategia funciona bien. Muchos depredadores no comen animales muertos. Esto puede deberse a que se pierde la emoción de la cacería (o, en el caso del sapo, porque el cuerpo del animal está cubierto de mucosidades).

No solamente los animales débiles o pequeños practican este mimetismo. Los depredadores también lo hacen: algunas arañas se comportan y huelen como hormigas. Un tipo de araña incluso coloca una hormiga sobre su espalda para camuflarse, como un lobo con piel de cordero.

Muchos animales han aprendido a sobrevivir practicando el arte del mimetismo. Esta forma de engaño no les reportará un premio a su actuación, pero puede ayudarlos a vivir un día más.

¿Araña?

Pensemos...

¿Por qué algunos animales se hacen los muertos? Busca razones en esta página.
Texto expositivo

Pensemos...

Relacionar lecturas ¿Qué pueden aprender los lectores de *Hormigas que explotan* y "El arte del mimetismo" sobre las maneras en que se adaptan los animales? ¿Qué pueden aprender al leer estos dos textos y después "Pequeñas pero poderosas"?

Escribir variedad de textos Escribe un párrafo para explicar cuál de estas adaptaciones crees que es la más útil y por qué.

Objetivos

- Leer textos adecuados al nivel del grado y comprender la lectura. • Determinar el significado de las palabras poco comunes o de varios significados mediante el contexto de la oración. • Escribir analogías usando antónimos y sinónimos que conoces. • Escuchar e interpretar los mensajes de un hablante y hacer preguntas. • Identificar la idea principal y las ideas de apoyo en el mensaje de un hablante. • Dar presentaciones organizadas que comunican tus ideas efectivamente. • Usar un diccionario, un glosario o un diccionario de sinónimos para hallar información acerca de las palabras.

¡Aprendamos!

CALLE DE LA LECTURA EN LÍNEA
LIBRO DEL ESTUDIANTE EN LÍNEA
www.CalledelaLectura.com

Vocabulario

Sinónimos

Claves del contexto Puedes deducir el significado de las palabras poco comunes si buscas pistas en las palabras que están a su alrededor. Un tipo de pista es un *sinónimo*, es decir, una palabra que tiene el mismo significado. Una vez que encuentres un sinónimo, intenta reemplazar la palabra poco común con el sinónimo, o intenta usar una analogía para ver si la oración tiene sentido.

¡Practícalo! Busca tres palabras de vocabulario resaltadas en *Hormigas que explotan*. Busca sinónimos para las tres palabras. Luego vuelve a escribir las oraciones en las que aparecen esas palabras y reemplaza cada palabra resaltada con el sinónimo. Usa un diccionario de sinónimos si necesitas ayuda.

Fluidez

Ritmo

Puedes leer a diferentes ritmos o velocidades, según el tipo de texto que estés leyendo. En una lectura que contenga mucha información, quizás tengas que disminuir la velocidad cuando te encuentres con palabras desconocidas, como términos científicos o números.

¡Practícalo! Practica con un compañero la lectura de *Hormigas que explotan*. Lean los párrafos en voz alta y observen cómo disminuyen la velocidad si la información es complicada. Túrnense para corregirse mutuamente.

102

Escuchar y hablar

Prepárate para la escuela intermedia

En una descripción, enfócate en palabras sensoriales expresivas.

Descripción

Una descripción es una representación oral de una persona, un lugar, una cosa o un suceso. Una descripción tiene palabras sensoriales que indican cómo es, cómo suena y cómo se siente la cosa descrita.

¡Practícalo!

Con un compañero, haz una descripción de un animal poco común. Estudia fotos de tu animal y haz una lluvia de ideas para describir las características físicas y otros aspectos interesantes del animal. Escoge palabras que creen imágenes expresivas.

Sugerencias

Al escuchar...

- Visualiza lo que el hablante está describiendo.
- Haz preguntas que te ayuden a aclarar las dudas.

Al hablar...

- Usa una gramática y un lenguaje correctos que te ayuden a crear imágenes vívidas.
- Habla lentamente y con claridad.

Trabajo en equipo...

- Anima a todos los miembros del grupo a aportar sugerencias.
- Comenta tus ideas con los demás miembros del grupo.

Vocabulario oral

Hablemos sobre

Adaptarse a un lugar nuevo

- Comenta tus experiencias de adaptarte a un lugar nuevo.

- Escucha e interpreta el mensaje de un compañero sobre cómo se adaptó a un lugar nuevo.

- Determina las ideas principales y las ideas de apoyo del mensaje de tu compañero.

CALLE DE LA LECTURA EN LÍNEA
VIDEO DE HABLAR DEL CONCEPTO
www.CalledelaLectura.com

¡Has aprendido **180** palabras asombrosas este año!

Objetivos
- Explicar los papeles o las funciones de los personajes, incluyendo sus relaciones y sus conflictos.

¡Imagínalo!

Destreza

Estrategia

Destreza de comprensión

🎯 Generalizar

- Generalizar es hacer una afirmación o regla amplia que se aplica a varios ejemplos.

- Cuando leen, los lectores activos ponen mucha atención a lo que los autores dicen sobre los personajes del cuento y generalizan sobre esos personajes.

- Una generalización debe fundamentarse con el texto.

- Usa un organizador gráfico como el siguiente para hacer una generalización sobre Abril. Respalda tu generalización con el cuento.

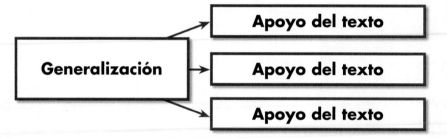

Estrategia de comprensión

🎯 Estructura del cuento

Los lectores activos se fijan en la estructura del cuento. Notan el problema al que se enfrentan los personajes, y la complicación de la acción, el clímax y la solución. Generalmente, los autores muestran el problema, o conflicto, al principio. Los personajes se enfrentan al conflicto a medida que la complicación se intensifica, en el medio del cuento, y luego lo resuelven durante la solución.

El primer
día sin Sara

La soleada mañana le parecía sombría a Abril. El día anterior, Sara se había mudado de la casa de al lado. Abril se sentía muy infeliz al imaginar su primer día de escuela sin Sara.

Sara y Abril habían sido inseparables. Habían estudiado juntas, caminado juntas a la escuela y almorzado juntas. Hoy, Abril caminó sola a la escuela. ¿Almorzaría sola?

En la escuela, la maestra presentó a una niña nueva llamada Lola. Cuando sonó la campana del almuerzo, los estudiantes salieron rápidamente del salón. Abril fue la última en salir. Sentía que sus pies le pesaban mientras caminaba hacia la cafetería.

Todos en la cafetería comían con un amigo. ¿Dónde comería Abril? Divisó a Lola sola cerca de la puerta. "Debe sentirse muy sola", pensó Abril.

—¿Quieres almorzar conmigo, Lola? —preguntó Abril. El rostro de Lola se iluminó y se sentaron juntas.

—¿Dónde vives? —le preguntó Abril.

—Vivo en Calle de los Robles, número 128 —respondió Lola.

—¡Es en mi misma calle!

Después de la escuela, Abril caminó de regreso a casa con Lola. —¡Qué día soleado tan espléndido! —exclamó Abril.

Destreza
Haz una generalización sobre Abril. ¿En qué se fundamenta tu generalización?

Estrategia
¿Cuál es el problema del personaje? ¿Cómo crees que se resolverá el problema?

Destreza
Generaliza sobre los estudiantes de la escuela de Abril. ¿En qué se fundamenta tu generalización?

¡Es tu turno!

⏸ ¿Necesitas repasar? Consulta *¡Imagínalo!: Cuaderno de práctica* para obtener apoyo adicional.

▶ ¡Inténtalo! Cuando leas *El club de Stormi Giovanni*, usa lo que has aprendido.

Objetivos

• Determinar el significado de las palabras poco comunes o de varios significados mediante el contexto de la oración.

caries

episodio

estricto

combinación
demostración
perfil

Estrategia de vocabulario para

Palabras poco comunes

Claves del contexto A veces, cuando estás leyendo, puedes encontrarte con una palabra poco común. Usando el contexto, o las palabras y oraciones que rodean a la palabra, puedes encontrar claves que te ayuden a determinar y aclarar el significado de una palabra.

1. Vuelve a leer la oración en la que aparece la palabra poco común. ¿Te da el autor alguna clave, por ejemplo, un sinónimo?

2. Si no es así, lee las oraciones que rodean a la oración donde está la palabra poco común. ¿Te da el autor claves como ejemplos o explicaciones?

3. Combina las claves y determina el significado de la palabra.

4. Prueba con ese significado en la oración. ¿Tiene sentido?

Lee "El problema de la televisión", en la página 109. Busca claves del contexto para determinar y aclarar el significado de las palabras poco comunes.

Palabras para escribir Vuelve a leer "El problema de la televisión". Escribe una carta a tu personaje preferido de televisión sobre la manera en que resuelve un problema. ¿Son realistas los problemas del personaje? Enuncia tus opiniones y da razones para fundamentarlas. Al escribir, usa palabras de la lista de *Palabras para aprender*.

¿Puede un programa de televisión enseñarnos a hacer amigos en el mundo real? La mayoría de las comedias de televisión resuelven los problemas de sus personajes en treinta minutos, menos unos ocho minutos de comerciales. Presentan una visión del mundo extremadamente simple y tranquilizadora. Un único episodio puede ser una demostración de cómo enseñarle a un abusón el valor de la amabilidad o cómo superar nuestros peores miedos. Los jóvenes de aspecto agradable tienen un perfil destacado en estos programas, y casi siempre resuelven sus problemas hacia el final del episodio. Además, los comerciales te enseñan cosas como la manera de evitar las caries y blanquear tus dientes. Estos mensajes publicitarios afirman que pueden salvarte del deterioro de tus dientes y te prometen mucho más. Con sólo comprar la ropa adecuada y escoger el teléfono celular apropiado, todos te querrán y serás feliz.

En el mundo real, los problemas no se resuelven tan fácilmente. Las cosas que no te gustan, como tener un maestro estricto, en realidad pueden ser buenas para ti. Todos tenemos problemas. Algunos son tan simples como olvidar la combinación de un casillero, pero otros son graves. Por ejemplo, no puedes simplemente pedir un deseo y ver cómo desaparece una mala calificación. Para resolver los problemas del mundo real, debes ser honesto y estar dispuesto a esforzarte, a veces durante mucho tiempo.

¡Es tu turno!

 ¿Necesitas repasar? Para más práctica sobre las claves del contexto, consulta *¡Palabras!*

 ¡Inténtalo! Lee *El club de Stormi Giovanni*, en las páginas 110–125.

El club de Stormi Giovanni

de

Stormi Giovanni

por **Lydia R. Diamond**
ilustrado por **R. Gregory Christie**

Género

Una **obra de teatro** es una historia escrita para representarse ante una audiencia. A medida que leas, imagina a los actores diciendo los diálogos y representando la acción.

¿Cómo nos adaptamos a los nuevos lugares?

Personajes

David

**Stormi
Giovanni Green**

Hannah

**Papá y
Mamá**

Marsha

Ajitha

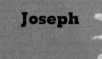

Joseph

Penélope

La maestra Moon

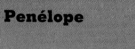

La clase/El público

AMBIENTES: *El escenario aparece dividido en tres áreas. (1) La nueva casa de Stormi. (2) La nueva escuela de Stormi: el salón de clases, el casillero de Stormi, la cafetería. (3) Chicago, donde viven los antiguos amigos de Stormi. Cada área tiene una mesa, sillas y una computadora.*

112

ESCENA I

AMBIENTE: *La nueva casa de Stormi. Por todos lados se ven cajas sin desempacar.* MAMÁ *sostiene la mochila de Stormi.*

MAMÁ: Stormi, apúrate.

STORMI *(desde detrás del escenario):* Ya voy, Ma.

MAMÁ: No deberías llegar tarde el primer día de clase.

STORMI *(entrando a escena):* Claro que no. *(al* PÚBLICO*)* Preferiría no ir en absoluto.

MAMÁ: No refunfuñes, querida. No es la primera vez que vas a una nueva escuela. Ya verás que te irá bien.

STORMI: Sí. *(al* PÚBLICO*)* Igual de bien que cuando hay que entregar un informe sobre un libro que no has leído. Igual de bien que una visita al dentista con cinco caries. Igual de bien que caminar sobre carbones calientes con los pies descalzos.

*(*MAMÁ *le da la mochila a* STORMI *y sale).*

ESCENA II

AMBIENTE: *La nueva escuela de Stormi.* STORMI *está en el salón de clases.* MAMÁ *está a su lado. En Chicago,* DAVID, PENÉLOPE *y* MARSHA *están de pie alrededor de la mesa.*

STORMI *(al* PÚBLICO*):* Hola. Me llamo Stormi Giovanni Green. Me llamo así en honor a la famosa poeta Nikki Giovanni. Y no soy muy feliz que digamos. Mamá y Papá tienen que mudarse a menudo a causa de sus trabajos, y como yo soy sólo una niña, tengo que mudarme también. Ellos son profesores en la universidad. Papá enseña filosofía. Los filósofos tratan de investigar cómo se sabe lo que es verdad y lo que no, y por qué algunas cosas son correctas y otras no. Yo apenas lo entiendo. Mamá les enseña a enseñar a los maestros. ¡Uy, perdí el hilo de lo que estaba diciendo! Mamá dice que estoy cometiendo una indiscreción...

MAMÁ: No, Stormi: una digresión.

*(*MAMÁ *sale).*

STORMI: Verdad, digresión. Salirse del tema. Listo. Me mudé recientemente de Chicago, donde tenía magníficos amigos, jugaba al básquetbol y estaba en el equipo de debate. Mudarse es para los pájaros. Así que esta vez no haré más amigos. De hecho, no haré nada de lo que vuelva a tener que despedirme algún día. A partir de ahora no habrá más que el club de Stormi Giovanni, y yo seré su única miembro. Cuando les dije a Marsha y a Penélope que me mudaba, las dos dijeron:

MARSHA Y PENÉLOPE: ¡¡¡NNNOOOOO!!!

STORMI: Y yo dije: "Sí". Y ellas:

MARSHA Y PENÉLOPE: ¡¡¡NNNOOOOO!!!

STORMI: Y yo dije: "Sí". Y ellas:

MARSHA Y PENÉLOPE: ¡¡¡NNNOOOOO!!!

STORMI: Y David dijo:

DAVID: ¡Paren! No digan "no". Todo saldrá bien.

MARSHA: Claro, podemos escribirnos correos electrónicos.

PENÉLOPE: Y llamarnos por teléfono.

DAVID: Y enviarnos cartas.

PENÉLOPE: ¡Pero no va a ser lo mismo!

STORMI (*al* PÚBLICO): Eso no me hizo sentir mejor.

(*En Chicago,* DAVID *y* MARSHA *salen. En el salón de clases, entra la maestra* MOON).

STORMI: Así que aquí estoy, en el salón de clases, el primer día, tratando de mantener un perfil bajo.

MAESTRA MOON: Bienvenida, Stormi. Por favor, dinos algo sobre ti.

STORMI: (*a la* CLASE): Soy Stormi Giovanni. De Chicago.

MAESTRA MOON: Cuéntanos cómo es Chicago.

STORMI: Se la conoce como la Ciudad de los Vientos (*pausa*) porque hay mucho viento.

MAESTRA MOON: Bien. A ver, clase, démosle la bienvenida a Stormi Giovanni. Uno, dos, tres...

(*La maestra* MOON *hace un gesto para que la clase hable*).

LA CLASE: ¡BIENVENIDA, STORMI GIOVANNI!

(*La maestra* MOON *sale del salón.* STORMI *se sienta frente a una computadora*).

STORMI: Bueno, sobreviví el salón de clases. Todo iba bien hasta que entré en línea para revisar mis mensajes.

(En Chicago, PENÉLOPE está sentada frente a la computadora, escribiendo).

PENÉLOPE: Querida Stormi, no sabes cuánto te extraño. El quinto grado es definitivamente mejor que el cuarto. Todos te mandan saludos. Escríbeme sobre tus nuevos amigos. Cariños, Penélope.

(En Chicago, PENÉLOPE sale. En el salón de clases, entra HANNAH y se para detrás de STORMI. Lleva bolígrafos en el cabello, detrás de las orejas y en una cuerda colgada al cuello).

STORMI *(escribiendo):* Querida Penélope. Para que sepas, no pienso hacer nuevos amigos. Cariños, Stormi G.

HANNAH *(dándole unos golpecitos en el hombro a STORMI):* ¿Tienes una pluma? ¿O un marcador, o un bolígrafo? ¿Azul o negro? No me gustan los colorinches, ya sabes, verdes o rosados.

STORMI: Déjame ver.

(STORMI busca en su mochila).

HANNAH: No está permitido que usemos las computadoras de la escuela para mandar correo electrónico. El maestro Morgan es muy estricto en eso. *(pausa)* Un portaminas me da igual.

STORMI: Tengo un lápiz amarillo número 2.

HANNAH *(examina el lápiz de Stormi y frunce el ceño):* No, gracias. *(mientras le devuelve el lápiz)* ¿Así que tú eres la chica nueva?

STORMI: Eso parece.

HANNAH: ¿Y qué te trae por aquí?

STORMI: Prefiero ni hablar de eso.

HANNAH: Está bien. *(pausa)* Mis amigos, Ajitha y Joseph, y yo siempre nos sentamos juntos para el almuerzo. Si quieres, mañana puedes...

STORMI: Siempre traigo un libro.

HANNAH: Ah. No dejes que el maestro Morgan te vea usando el correo electrónico. Te mandará a la dirección seguro.

STORMI: Gracias. Me tengo que ir.

ESCENA III

AMBIENTE: *La nueva casa de STORMI. En Chicago, MARSHA está frente a la computadora y DAVID, detrás, mira por encima de su hombro.*

STORMI *(al PÚBLICO):* Bueno, ya pasé el primer día. Nunca hay mucha tarea el primer día, así que leí un cuento en la clase de escritura creativa y diseñé las portadas de un libro. Marsha me enseñó una manera genial de hacer portadas divertidas con distintos tipos de papeles. Cuando terminé fui a ver mis mensajes de correo electrónico. Puedo quedarme en línea una hora después de hacer la tarea, siempre y cuando deje a Mamá revisar primero sus mensajes.

MARSHA *(escribiendo):* Querida Stormi: El almuerzo fue muy aburrido sin ti. Pero David nos contó un chiste tonto y al rato estábamos todos riendo de todos modos. ¡Espera! David quiere saludarte.

DAVID *(escribiendo):* Hola. ¿A que no sabes cómo se le llama a la mezcla de un televisor y una pizza? Una idea verdaderamente mala. Puedes hacerla con dos cosas cualesquiera. Gracioso, ¿no? ¿Lo entendiste? *(MARSHA le da una palmada en el hombro a DAVID).*

MARSHA *(escribiendo):* Soy yo otra vez. ¿No es de lo más tonto? Apuesto a que estás haciendo un montón de nuevos amigos. Bueno, hasta luego.

(MARSHA y DAVID salen).

STORMI *(escribiendo):* Hola, chicos. Los extraño. La escuela está bien. *(al PÚBLICO)* Igual de bien que olvidarte de hacer firmar un permiso y perderte una excursión. Igual de bien que cuando tu papá quiere ver un partido en la tele la misma noche en que pasan un episodio de tu serie favorita. Igual de bien que un pastel de carne vegetariano. *(escribiendo)* No tengo mucho más que contarles. Chao.

(STORMI apaga la computadora y se sienta en el suelo, con las piernas cruzadas; se ve triste y sola).

STORMI: En mi antigua casa había un cuartito debajo de las escaleras. Como un armario, pero inclinado, así que casi no cabía nada. Allí tenía colgada una linterna y había puesto una alfombra en el suelo y unos cojines que hice. Solía meterme allí cada vez que me sentía triste o si necesitaba pensar. Aquí sólo tengo mi cuarto.

(Entra PAPÁ).

PAPÁ: ¿Qué tal la escuela?

STORMI: Bien, supongo. *(al PÚBLICO)* Igual de bien que... no importa. Ya me entienden. De bien, nada.

PAPÁ: ¿Hiciste algún nuevo amigo?

STORMI: No.

PAPÁ: ¿Tratarías de hacer aunque fuera un solo nuevo amigo? ¿Por mí?

STORMI: Tú deberías hacer tus propios amigos, Pa.

PAPÁ *(riendo):* Entonces, ¿tratarías de hacer aunque fuera un solo nuevo amigo? ¿Por ti?

STORMI: No te prometo nada. ¿Tratarías de aumentar mi mesada?

PAPÁ: No te prometo nada, corazón.

(PAPÁ empieza a salir).

PAPÁ: ¿Por qué no le echas un vistazo al balconcito de la sala? Tal vez podríamos colgar una cortina del techo y que ése sea tu propio espacio.

STORMI: Gracias, Papá. Me fijaré.

(PAPÁ sale).

AMBIENTES: *El casillero de* STORMI, *en el pasillo de su nueva escuela. Más tarde, la cafetería de la escuela.*

STORMI *(al* PÚBLICO, *mientras saca cosas de su mochila):* El segundo día fue peor que el primero. Se me perdió el papelito donde tenía escrito el número de mi casillero y tuve que ir a la oficina a buscar otro. Después tuve que sacar todo lo que llevaba en la mochila para encontrar el otro papelito donde tenía escrita la combinación. Después tuve que ingeniármelas para saber cómo funcionaba la combinación del candado.

(Entran HANNAH, JOSEPH Y AJITHA*).*

HANNAH: ¿Siempre hablas sola?

STORMI: No estaba hablando sola. Estaba...

HANNAH: No importa. Quería presentarte a Joseph. Él también habla solo.

STORMI: Hola.

JOSEPH: Hola. Te presento a Ajitha. Ajitha, te presento a Stormi Giovanni.

AJITHA: ¿Como la poeta?

STORMI *(sorprendida):* Exacto.

AJITHA: ¿Tienes problemas para abrir el casillero?

STORMI: No usábamos candados en mi otra escuela.

AJITHA: No tienes que cerrarlo. Yo al mío le puse cinta adhesiva en la puerta, para mantenerlo abierto. Así.

(AJITHA le muestra a STORMI).

STORMI: ¡Qué bien! Hannah, ¿conseguiste el bolígrafo?

HANNAH: Encontré unos cuantos bastante interesantes.

JOSEPH: Hannah colecciona bolígrafos.

HANNAH: Estoy buscando el bolígrafo perfecto.

STORMI: ¿Por qué?

HANNAH: Cuando yo era pequeña mi abuelo me regaló una pluma fuente de plata. No debía sacarla de la casa, pero una vez lo hice, y la perdí. Sigo pensando que alguna vez encontraré una tan genial como ésa. Es mi pasión.

STORMI: ¡Genial! Tengo una amiga que colecciona unicornios.

JOSEPH: Es la hora de almuerzo. Si quieren...

STORMI: Yo me traje un libro.

(Sale STORMI).

121

AJITHA: Eso fue audaz. *(pausa)* Y grosero y maleducado.

HANNAH: A mí me cae bien.

JOSEPH: Debe de ser duro empezar en una escuela nueva.

AJITHA: Ése no es motivo para ser grosera. Sólo tratábamos de ser amistosos y hospitalarios.

JOSEPH: Yo sólo trataba de ser amable.

(Se sientan en una mesa de la cafetería de la escuela y empiezan a almorzar. Entra STORMI).

STORMI *(al PÚBLICO):* El almuerzo en una nueva escuela es lo peor. Está ese difícil momento en que tienes la bandeja en la mano y tienes que decidir dónde te vas a sentar. Un libro siempre ayuda. Me siento sola y hago como si estuviera leyendo. Tengo que actuar, porque la verdad es que es difícil leer en medio de tanto ruido. Pero hoy mi plan no funcionó. La cafetería estaba repleta.

AJITHA: Stormi, puedes sentarte con nosotros.

JOSEPH: ¿Qué estás leyendo?

STORMI: *Una arruga en el tiempo.*

AJITHA: Ciertamente embelesa ese libro.

HANNAH: No le hagas caso. Le encanta usar palabras complicadas. Pero no está tratando de hacerte sentir mal.

STORMI *(a AJITHA):* ¿Tú escribes cuentos?

(AJITHA saca un diccionario).

AJITHA: Trato de aprender una nueva palabra por día *(leyendo el diccionario)* Embelesar: Suspender, arrebatar, cautivar los sentidos.

JOSEPH: ¿*Una arruga en el tiempo* es cautivador?

HANNAH: Puedes sentarte aquí y leer si quieres.

(STORMI se sienta).

JOSEPH: Creo que me voy a presentar para la obra de teatro.

HANNAH: Si tú te presentas, yo también.

(STORMI simula estar leyendo pero se siente atraída por la conversación).

HANNAH: ¿Es *El mago de Oz,* verdad?

STORMI: Hicimos esa obra en mi otra escuela. Yo quería ser el león, pero el disfraz me quedaba demasiado grande. Así que terminé diseñando los escenarios.

AJITHA: A mí me encantaría hacer eso.

JOSEPH: Yo quiero ser el espantapájaros.

(JOSEPH afloja las rodillas y bambolea la cabeza imitando a un espantapájaros).

STORMI (al PÚBLICO): El almuerzo fue casi tan divertido como escuchar los chistes tontos de David. Así que estuve pensando. ¿Sabes cómo es cuando te lastimas un dedo? Por ejemplo, el índice de la mano con que escribes. (STORMI alza el dedo índice como demostración). De pronto empiezas a darte cuenta de todas las cosas que haces con ese dedo. Te pones un guante y te duele. Le sacas punta al lápiz y te duele. Te atas los cordones de los zapatos y te duele. Entonces piensas: "seguramente me sentiré mejor cuando se me cure el dedo". Pero luego un día notas que el dedo se ha curado. Casi no puedes ni recordar cuándo dejó de dolerte. No lo notaste. Cuando te mudas es igual. Nunca sabes cuándo vas a dejar de extrañar tu antigua casa, de tanto que duele, pero tampoco puedes dejar de atarte los zapatos. ¡Caramba! ¿No suena un tanto filosófico? Mi papá se sentiría orgulloso.

(HANNAH se adelanta).

HANNAH: Mira eso.

STORMI (señalando al PÚBLICO): Estoy hablando.

(HANNAH ve al PÚBLICO por primera vez).

HANNAH: Hola.

EL PÚBLICO: Hola.

HANNAH: Miren. (Muestra un bolígrafo). Una edición limitada, de 2001; bolígrafo de cuatro colores, con tinta de gel; un objeto hermoso y extraño...

(STORMI se sienta frente a la computadora de la escuela).

STORMI *(escribiendo):* Hola, chicos. Me disculpo por no haber tenido mucho que contarles. Es tonto, pero pensé que me sentiría mejor si no hacía nuevos amigos. Pero me sentí peor y creo que todos pensaron que yo era antipática. De todos modos, conocí a algunas personas bastante interesantes. David, te gustaría conocer a Joseph. Tiene un sentido del humor muy especial y le gusta actuar en obras de teatro. También está esta chica bastante rara que creo que es la que mejor me cae. Colecciona bolígrafos. Como tus unicornios, Penélope... Y Ajitha usa un montón de palabras complicadas, aunque no es que sea pretenciosa ni nada. *(al PÚBLICO)* Así que dejé entrar a otros miembros al club de Stormi Giovanni. Y, la verdad, me parece mejor así.

 Fin

Objetivos

• Presentar evidencia del texto para demostrar tu comprensión. • Leer en forma independiente por algún período de tiempo y parafrasear la lectura, incluyendo el orden en que ocurren los sucesos.

¡Imagínalo! | Volver a contar

Piensa críticamente

1. ¿Alguna vez te has sentido como un recién llegado? ¿En qué se parecen tus sentimientos a los de Stormi? **El texto y tú**

2. Escoge una escena e imagina que representas a un personaje. Decide si el diálogo creado por la dramaturga te facilita "convertirte" en el personaje que estás representando. **Pensar como un autor**

3. Haz una generalización sugerida por la obra de teatro sobre los recién llegados. Después busca detalles en el texto que apoyen esta generalización. 🎯 **Generalizar**

4. Stormi actúa de una manera al comienzo de la obra y de otra diferente al final. Comenta cómo resuelve los problemas a medida que se le presentan. 🎯 **Estructura del cuento**

5. Mira de nuevo y escribe Vuelve a leer las páginas 120–121 de la Escena IV. ¿Cuál es la pasión de Hannah y por qué? Fundamenta tu respuesta con el texto.

PRÁCTICA PARA EL EXAMEN | **Respuesta desarrollada**

Lydia Diamond y R. Gregory Christie

La dramaturga Lydia R. Diamond dijo: "Creo que los niños a veces son más valientes que los adultos". Se refería a su época escolar, cuando se mudó muchas veces. La mudanza de Misisipi a Massachusetts fue particularmente dura. "Hacía frío en Massachusetts y calor en Misisipi, y eso era extraño. Sin embargo, rápidamente hice nuevos amigos. No tenía miedo". En la actualidad, cuando se muda a un lugar nuevo, con su marido y su bebé, es diferente. "Es más duro dejar a los amigos cuando eres adulto. Pero mi personaje Stormi Giovanni me ha enseñado a tener más fe en que haré nuevos amigos y todo estará bien".

Las obras de teatro de Lydia Diamond se han representado en muchas ciudades de los Estados Unidos, desde Nueva York hasta California. Una de ellas, *Here I Am...See Can You Handle It* (Aquí estoy, a ver si puedes con esto), está basada en los escritos de Nikki Giovanni. La señora Diamond vive en Massachusetts con su marido y su hijo.

El ilustrador R. Gregory Christie ha obtenido premios por su trabajo en libros de ficción y de poesía para jóvenes. Un crítico ha dicho que sus ilustraciones sin igual, que combinan realismo y exageración, "crean armonía con las palabras".

Otros libros sobre mudarse:

Registro de lecturas

Usa el *Cuaderno de lectores y escritores* para anotar tus lecturas independientes.

127

¡Escribamos!

Aspectos principales de la poesía narrativa

- cuenta una historia
- a menudo utiliza detalles sensoriales
- puede incluir elementos gráficos

CALLE DE LA LECTURA EN LÍNEA
GRAMATIRITMOS
www.CalledelaLectura.com

Poesía narrativa

La **poesía narrativa** es el género que incluye a los poemas que cuentan una historia. El modelo del estudiante de la próxima página es un ejemplo de un poema narrativo.

Instrucciones El personaje principal de *El club de Stormi Giovanni* lucha por adaptarse a una escuela nueva. Piensa en una situación que podría ocurrirle a un estudiante en una escuela u otro lugar nuevos. Escribe un poema narrativo acerca de esta situación.

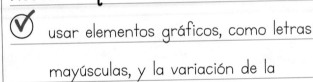

Lista del escritor

Recuerda que debes...

✓ usar elementos gráficos, como letras mayúsculas, y la variación de la longitud de los versos.

✓ incluir detalles sensoriales.

✓ usar lenguaje figurado, como símiles y metáforas.

✓ usar y comprender los pronombres indefinidos y reflexivos.

En mi nueva escuela

El primer día en mi nueva escuela,

me dije que no estaba a gusto porque

no era amiga ni de un arbusto.

El segundo día en mi nueva escuela,

me sentí atrapada en un laberinto.

Olvidé dónde estaba el comedor.

No recordaba **nada** a mi alrededor.

El tercer día en mi nueva escuela,

se me puso la cara verde.

Sentía envidia de **cualquiera**

que pudiera estar a gusto en la escuela.

El cuarto día en mi nueva escuela,

me sentí más feliz. ¡Un amigo me hizo reír!

Y así llegamos al fin.

Característica de la escritura
Los detalles sensoriales se expresan a través de un **lenguaje** figurado.

Los **pronombres indefinidos y reflexivos** están usados de manera correcta.

Género
Un **poema narrativo** cuenta un cuento.

Normas

Pronombres indefinidos y reflexivos

Recuerda Los **pronombres indefinidos,** como *alguien, algunos, cualquiera* y *nada,* se refieren a personas, lugares o cosas de una manera general, no específica. Los **pronombres reflexivos** *(me, te, se* y *nos)* son parte de un verbo reflexivo o de un verbo pronominal. Indican que la acción del verbo recae sobre el sujeto.

Estudios Sociales en Lectura

Género
Texto persuasivo

- Un texto persuasivo intenta convencer al lector de que haga o piense algo.

- El autor de un texto persuasivo tiene una posición clara y un punto de vista bien definido.

- Un texto persuasivo puede contener enunciados exagerados, contradictorios o engañosos. El autor también puede repetir frases.

- Lee el texto persuasivo "El Club del Crédito Extra". Al leer, piensa en el punto de vista o la posición del autor. Busca todos los enunciados exagerados, contradictorios o engañosos.

El Club del Crédito Extra

El Club del Crédito Extra es el mejor club de la escuela.

Este folleto te explicará todo lo que ofrece el Club del Crédito Extra.

¡Asóciate ahora!

MIDDLETON HEIGHTS ELEMENTARY

¡Búscanos en el salón B-208 después de clases!

Como presidente y fundador del Club del Crédito Extra, espero que te conviertas en uno de sus miembros. El Club del Crédito Extra es un club para los niños que quieren obtener buenas calificaciones. Unos compañeros necesitaban ayuda en algunas materias, así que fundé el Club del Crédito Extra. Si te asocias al Club del Crédito Extra, te comprometes a esforzarte en la escuela.

El Club del Crédito Extra es como un Club de Ajedrez, pero hacemos tarea en vez de jugar ajedrez. Con el apoyo de tus compañeros del Club del Crédito

130

100% de los miembros del Club del Crédito Extra obtienen *¡buenas calificaciones!*

Extra alcanzarás tus metas. En las reuniones del club, nos ayudamos unos a otros. Si necesitas ayuda en Matemáticas, un miembro del club al que le encantan las Matemáticas (¡yo!) será tu tutor. Si eres bueno en Ciencias, puedes ser tutor de un miembro que necesita ayuda con las Ciencias. Nos ayudamos unos a otros a obtener buenas calificaciones. ¡Garantizado!

Además de fundador y presidente del Club del Crédito Extra, soy miembro. Ésta es mi tarjeta de membresía. Desde que me asocié, he obtenido buenas calificaciones. Todos los miembros han obtenido buenas calificaciones desde que se asociaron. Mira mi tabla. El club tiene diez miembros. Todos están de acuerdo en que el Club del Crédito Extra es lo mejor que les ha ocurrido jamás.

El **Club** del **Crédito** Extra

Nombre: *Eduardo Cabrera*

MIEMBRO Nº: *000001*

Eduardo Cabrera,
CLUB DEL CRÉDITO EXTRA
Presidente y fundador

Pensemos...

¿Cuál es el punto de vista o posición del autor sobre el Club del Crédito Extra y cómo respalda esta posición?
Texto persuasivo

Pensemos...

¿Cómo utiliza Eduardo la causa y el efecto para vincular las ideas en su argumento sobre su club?
Texto persuasivo

Pensemos...

¿Puedes encontrar en el texto un enunciado que suene contradictorio o engañoso? ¿Qué es contradictorio o engañoso en el enunciado que escogiste?

Texto persuasivo

¡100%!

¡El Club del Crédito Extra es más que un club! Es un estilo de vida. Has dado un excelente primer paso con leer hasta aquí. Eres un niño curioso con sed de conocimientos. Eres perfecto para el Club del Crédito Extra. El club te garantizará un buen boletín de calificaciones. ¡Y mucho más! En el Club del Crédito Extra, los miembros hacen tareas por las que reciben un crédito adicional. Elaboramos proyectos difíciles y trabajamos juntos para realizarlos. El año pasado, un miembro (yo) intentó construir un cohete. Quería fabricar un cohete que llegara a Marte. Requirió mucha investigación y trabajo arduo en el garaje. La madre lo descubrió y le impidió seguir. Lo importante es que los miembros del Club del Crédito Extra apuntan muy alto, a las estrellas. En mi caso, más allá de las estrellas. ¿Te unirás al club?

Los miembros del Club del Crédito Extra colaboran con la sociedad. Tenemos proyectos comunitarios. Visitamos hogares de ancianos y les leemos. Somos voluntarios en jardines de niños. Les enseñamos a leer a los niños pequeños. Los miembros del Club del Crédito Extra se comprometen a tener un buen estado físico. Un antiguo filósofo griego escribió: "Mente sana en cuerpo sano". Mantenerse en forma es importante para un estilo de vida saludable. Por eso los miembros del Club del Crédito Extra se reúnen en mi casa a las 6:30 a.m. Corremos tres millas diarias.

En resumen, **el Club del Crédito Extra**:

- Te garantizará un buen boletín de calificaciones.

- Te ayudará a colaborar con la comunidad.

- Te mantendrá en excelente estado físico.

Completa el formulario de inscripción y entrégaselo a Eduardo Cabrera antes del fin de semana.

- -

NOMBRE: _____

GRADO: _____

INTERESES: _____

_____

MATERIA(S): _____

Pensemos...

¿Puedes encontrar un enunciado exagerado en el texto? ¿Por qué es exagerado ese enunciado?

Texto persuasivo

Pensemos...

Relacionar lecturas Vuelve a leer El club de Stormi Giovanni y "El Club del Crédito Extra". Compara y contrasta los dos clubes.

Escribir variedad de textos Usa detalles de El club de Stormi Giovanni y de "El Club del Crédito Extra" para crear tu propio club. Escribe una carta a tus amigos invitándolos a asociarse a tu club.

Objetivos
• Leer textos adecuados al nivel del grado y comprender la lectura. • Determinar el significado de las palabras poco comunes o de varios significados mediante el contexto de la oración. • Escribir analogías usando antónimos y sinónimos que conoces. • Utilizar y comprender la función de los pronombres indefinidos. • Escuchar e interpretar los mensajes de un hablante y hacer preguntas. • Dar presentaciones organizadas que comunican tus ideas efectivamente.

¡Aprendamos!

CALLE DE LA LECTURA EN LÍNEA
LIBRO DEL ESTUDIANTE EN LÍNEA
www.CalledelaLectura.com

Vocabulario

Palabras poco comunes

Claves del contexto Puedes usar las claves del contexto y la información de las palabras y oraciones cercanas para determinar el significado de las palabras poco comunes. Las claves pueden incluir sinónimos, analogías o explicaciones de la palabra.

¡Practícalo! Vuelve a leer "El primer día sin Sara" en la página 107. Busca palabras poco comunes. Usa las claves del contexto para deducir qué significan estas palabras. Luego comprueba tus definiciones en un diccionario o en un diccionario de sinónimos.

Fluidez

Expresión

Cuando leas en voz alta, presta atención a cómo cambia tu tono de voz para reflejar los sentimientos o la personalidad de cada personaje. Observa cómo cambia tu voz cuando lees preguntas y exclamaciones.

¡Practícalo! Con tu compañero, túrnense para leer en voz alta una página de *El club de Stormi Giovanni*. Usen distintos tonos de voz para representar cómo se sienten los personajes. Presten atención a los distintos tipos de oraciones.

Escuchar y hablar

Prepárate para la escuela intermedia

Cuando des un consejo, recuerda tus propias experiencias.

Dar consejos

Cuando das consejos, haces sugerencias sobre cómo actuar en una situación dada. El consejo suele basarse en la experiencia. Puede sugerir maneras de resolver problemas.

¡Practícalo!

Prepara un discurso para los estudiantes nuevos. Dales consejos sobre cómo adaptarse a un lugar o una situación nuevos. Para que tus consejos sean fáciles de recordar, piensa en ejemplos y experiencias de tu propia vida.

Sugerencias

Al escuchar...

- Escucha atentamente el consejo.
- Haz preguntas para aclarar el propósito del hablante.

Al hablar...

- Articula tus palabras y habla lentamente y con claridad.
- Usa pronombres indefinidos, como *alguien, algunos, cualquiera* y *nada.*

Trabajo en equipo...

- Identifica puntos de acuerdo y de desacuerdo con los demás estudiantes.
- Pide y escucha las sugerencias de los demás estudiantes.

135

Hablemos sobre

Mejorarnos a nosotros mismos

- Comenta tus experiencias sobre mejorarte a ti mismo.

- Escucha e interpreta las ideas de un compañero sobre mejorarnos a nosotros mismos.

- Determina las ideas principales y las ideas de apoyo del mensaje de tu compañero.

CALLE DE LA LECTURA EN LÍNEA
VIDEO DE HABLAR DEL CONCEPTO
www.CalledelaLectura.com

Objetivos
- Sacar conclusiones acerca de los textos y evaluar con qué eficacia se logró el propósito del autor.

¡Imagínalo!

Destreza

Estrategia

Destreza de comprensión

Sacar conclusiones

- Una conclusión es una decisión razonable a la que llegas después de pensar en los hechos o detalles que leíste.

- A sacar conclusiones también se le llama inferir.

- Usa tus conocimientos previos para sacar conclusiones.

- Usa un organizador gráfico como el siguiente para sacar conclusiones sobre la información que presenta el autor en "Historia de la gimnasia".

Estrategia de comprensión

Visualizar

Los lectores activos visualizan lo que leen. Se forman imágenes mentales al leer. Visualizar puede ayudarte a comprender el texto. Al leer, busca los detalles que te ayudarán a visualizar lo que está sucediendo.

Historia
de la
gimnasia

Destreza
¿Qué conclusión puedes sacar sobre lo que los griegos pensaban acerca de sí mismos y de sus cuerpos?

Los antiguos maestros griegos fueron los primeros en enseñar gimnasia, tanto a los atletas como a todos los demás. Hace más de tres mil años, todos los estudiantes griegos practicaban gimnasia. Se creía que el ejercicio enseñaba a que el cuerpo y la mente funcionaran juntos.

Estrategia
¿De qué manera los detalles de este párrafo te ayudan a visualizar la información presentada?

Los griegos enseñaban tres tipos diferentes de gimnasia. Un tipo de gimnasia contribuía a que se mantuvieran fuertes y en buen estado físico. Otro los hacía fuertes y aptos para los deportes. Un tercer tipo se usaba para entrenar a los hombres para el servicio militar. Los soldados romanos también practicaban gimnasia.

Con el transcurso del tiempo, las personas que vivían en Europa empezaron a aprender y a disfrutar hacer gimnasia. Durante la década de 1970, las personas de todo el mundo vieron las Olimpíadas.

Destreza ¿Por qué crees que la gimnasia se empezó a hacer popular durante la década de 1970? Explica tu conclusión.

Al principio, los estadounidenses no disfrutaban la gimnasia tanto como los europeos. Sin embargo, a principios de la década de 1970, la gimnasia se volvió popular también en los Estados Unidos.

¡Es tu turno!

 ¿Necesitas repasar? Consulta *¡Imagínalo!: Cuaderno de práctica* para obtener apoyo adicional.

 ¡Inténtalo! Cuando leas *El gimnasta*, usa lo que has aprendido sobre sacar conclusiones y visualizar.

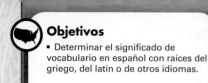

Objetivos

• Determinar el significado de vocabulario en español con raíces del griego, del latín o de otros idiomas.

¡Imagínalo! | Palabras para aprender

derrapar

foco

mortal

amoratados	latían
gimnasia	mueca
lateral	titubear

Estrategia de vocabulario para

🎯 Sufijo -al

Estructura de las palabras Un sufijo es una parte de la palabra añadida al final de una palabra base que modifica el significado de esa palabra base. La ortografía de la palabra base también puede cambiar cuando se añade el sufijo. Por ejemplo, cuando al sustantivo *lado* le agregamos el sufijo *-al,* que significa "referencia, pertenencia y relación", su ortografía cambia y formamos el adjetivo *lateral,* que significa "situado al lado de una cosa". Cuando agregamos el sufijo *-al* al sustantivo *muerte,* formamos el adjetivo *mortal,* que significa "que puede provocar la muerte". Fíjate que al añadir el sufijo *-al* cambió la ortografía del sustantivo *muerte.* Reconocer un sufijo puede ayudarte a determinar el significado de una palabra poco común.

1. Observa la palabra poco común. Fíjate si puedes reconocer una palabra base en ella.

2. Fíjate si se ha añadido el sufijo *-al* a la palabra base.

3. Pregúntate de qué manera el sufijo modifica el significado de la palabra base.

4. Prueba con ese significado en la oración, para ver si tiene sentido.

Lee "Es más fácil en las fantasías", en la página 141. Busca palabras que terminen con sufijos. Analiza las palabras base y los sufijos para determinar el significado de las palabras.

Palabras para escribir Vuelve a leer "Es más fácil en las fantasías". Imagina que eres un periodista deportivo. Escribe un párrafo sobre un evento deportivo que hayas visto recientemente. En tu párrafo, usa palabras de la lista de *Palabras para aprender.*

Es más fácil en las fantasías

Me encanta ver a los gimnastas olímpicos. De hecho, espero ser uno de ellos algún día. En mis fantasías, ya soy una estrella. El público me aclama cuando aparezco bajo el foco principal del gimnasio. Sin titubear, hago un salto mortal hacia atrás y luego atravieso todo el gimnasio con volteretas. Me desplazo con una gracia tremenda y a toda velocidad. Los jueces sonríen asintiendo y levantan sus carteles con un 10.0 perfecto en cada uno de ellos.

Por eso entenderán mi disgusto ante lo que sucedió. Me inscribí en una clase de gimnasia que se ofrecía en el gimnasio del distrito. La maestra nos estaba enseñando cómo hacer una voltereta lateral. "¡Es fácil!", pensé, así que no puse atención. Cuando fue mi turno, corrí hacia la colchoneta, cerré los ojos y me lancé. Después, no supe más nada, hasta que me encontré tirada de espaldas. Me latían la cabeza y las rodillas con un dolor punzante. No pude evitar hacer una mueca de dolor cuando me levanté. En el siguiente intento, perdí el valor y frené. Empecé a derrapar hasta dar contra una pared y me golpeé el hombro. Tengo el hombro y las rodillas amoratados. Esos moretones me recuerdan que me queda un largo camino por recorrer hasta llegar a las Olimpíadas.

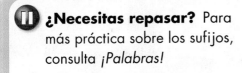

¡Es tu turno!

¿Necesitas repasar? Para más práctica sobre los sufijos, consulta *¡Palabras!*

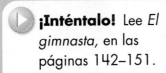

¡Inténtalo! Lee *El gimnasta*, en las páginas 142–151.

142

El gimnasta

por Gary Soto

Una **autobiografía** es la narración de la vida de una persona, o de un acontecimiento de su vida, contado por la persona que lo vivió. A medida que leas, observa cómo el autor habla sobre sí mismo con humor.

En mi verano número once, mi madre se pasó tres días hablando sin parar sobre mi primo Isaac, que estaba tomando clases de gimnasia artística. Una tarde, parada en la cocina mientras preparaba carne asada y frijoles refritos, la oí decir que estaba muy orgullosa de él. Yo estaba celoso porque había visto *El mundo de los deportes* las veces suficientes para saber que la gente admiraba a un atleta que podía hacer un salto mortal sin lastimarse. Así que dejé mi juego de damas chinas y me pasé unos cuantos minutos dando volteretas en el patio hasta quedar totalmente mareado y cubierto de pasto.

Ese sábado fui a la casa de Isaac, donde comí ciruelas, y sentado bajo una pérgola de aluminio, observé a mi primo en shorts y una camiseta de gimnasia hacer volteretas laterales y vueltas de carnero en el patio, mientras explicaba haciéndose el experto:

—Esto se hace así.

Tomó una bocanada de aire fresco, saltó en el aire y cayó sonriendo, con los dientes más perfectos del mundo.

Lo seguí hasta el jardín de adelante. Cuando pasó un coche hizo un salto mortal hacia atrás y miró de reojo para ver si los pasajeros del coche lo estaban mirando. Algunos señalaron, mientras otros continuaron con la mirada fija en el camino.

Me pasé unos cuantos minutos dando volteretas en el patio hasta quedar totalmente mareado y cubierto de pasto.

Pero a la primera voltereta lateral
los zapatos salieron volando por el aire,
junto con la venda adhesiva.

Mi primo era un fanfarrón, pero no me importó que fuera el foco de atención: el único espectador era un perro que miraba con curiosidad. Sentía envidia de él y de sus zapatos de gimnasia. Me gustaba cómo eran: delgados, negros, elegantes. Parecían especiales, algo que a mí nunca me quedaría bien.

Me comí las ciruelas y seguí observándolo hasta que estuvo cubierto de sudor y sin aliento. Cuando terminó, le rogué que me dejara usar sus zapatos. Gotas de sudor caían a sus pies. Me miró con desprecio y se secó la cara y el cuello con una toalla amarilla. Se quitó de las muñecas la venda adhesiva blanca. Lo de la venda adhesiva también me gustó. Traté de ponérmela en las muñecas. Él se lavó las manos. Le pregunté sobre el polvo blanco y me dijo que lo ayudaba a mantener las manos secas. Le pregunté por qué necesitaba tener las manos secas para hacer volteretas laterales y saltos mortales hacia atrás. Me dijo que todos los gimnastas debían mantener las manos secas; luego tomó un sorbo de una botella con agua color verduzco que, según dijo, tenía muchos nutrientes.

Le pregunté otra vez si podía usar sus zapatos. Se los sacó y me dijo: "Está bien, pero sólo por un rato".

Los zapatos me quedaban grandes, pero me gustaban. Me fui al jardín de adelante con la venda adhesiva colgando de las muñecas y las manos blancas como guantes. Sonreí con disimulo y pensé que me veía bien. Pero a la primera voltereta lateral, los zapatos salieron volando por el aire, junto con la venda adhesiva y oí a mi primo gritar y patear contra el césped.

Estaba contento de volver a casa. Estaba celoso y deprimido, pero al día siguiente encontré un par de pantuflas viejas de vinilo en el armario que se parecían un poco a los zapatos de gimnasia. Metí los pies a los tirones con una mueca de dolor en la cara, porque eran demasiado pequeñas. Di unos pasos, admirando mis pies, hinchados como bombitas de agua, y salí al jardín de adelante para hacer volteretas laterales. Un amigo hizo derrapar su bicicleta de un frenazo. Tenía uno de sus cachetes lleno de semillas de girasol. Dejó de masticar y me preguntó por qué estaba usando pantuflas si hacía tanto calor. Le hice una mueca y le expliqué que no eran pantuflas sino zapatos de gimnasia. Me miró hacer volteretas laterales durante un rato y luego se fue levantando la rueda delantera.

Volví a entrar. Busqué venda para vendarme las muñecas, pero en el botiquín sólo pude encontrar curitas redondas. Metí las manos en harina para mantenerlas secas y volví a salir a hacer volteretas y, finalmente, después de mucho titubear, di un salto mortal hacia atrás que casi me cuesta la vida porque aterricé de cabeza. Me arrastré hasta la sombra, con punzadas de dolor latiéndome en los hombros y el cuello.

Mi hermano pasó deslizándose en su bicicleta, suave como un papalote. Me miró y me preguntó por qué llevaba pantuflas. No le contesté. Aún me dolía el cuello. Me preguntó sobre la harina en mis manos y le dije que me dejara en paz. Abrí la manguera y bebí agua fresca.

…y, finalmente, después de mucho titubear, di un salto mortal hacia atrás que casi me cuesta la vida…

Los dedos de los pies se refrescaron sobre el césped de verano.

Caminé hasta la plaza donde jugaba a las damas chinas y me preguntaron más de una docena de veces por qué llevaba pantuflas. "Estoy tomando un curso de gimnasia artística", mentí, "y éste es el tipo de zapatos que se usan".

Cuando un chico me preguntó por qué tenía polvo blanco en las manos y en el cabello, abandoné el juego de damas chinas y regresé a casa. Los pies me latían. Pero antes de entrar, me saqué las pantuflas. Los dedos de los pies se refrescaron sobre el césped de verano. Me mojé con la manguera los pies y los tobillos amoratados y un escalofrío me corrió por la espalda.

En diez minutos devoré la cena como una piraña y en otros treinta minutos lavé los platos. Una vez que había terminado, volví al patio, donde una vez más metí los pies en las pantuflas e hice docenas de volteretas laterales. Después de un rato empezaron a resultarme más fáciles. Sentí que podía avanzar. Aspiré el aroma del verano junto con el humo de una barbacoa lejana, e intenté un salto hacia atrás. Volví a caer sobre el cuello, y esta vez vi una explosión de color naranja detrás de mis ojos. Quedé tendido en el pasto, cansado y sudoroso, con los pies aprisionados en las garras de unas crueles pantuflas.

Observé cómo caía el sol y las primeras estrellas, pequeños y tristes puntos de luz, se enredaban en los cables del teléfono. Comí una ciruela e imaginé a mi primo, que probablemente estaría haciendo volteretas laterales ante un público compuesto por un perro dormido.

Objetivos

• Presentar evidencia del texto para demostrar tu comprensión. • Leer en forma independiente por algún período de tiempo y parafrasear la lectura, incluyendo el orden en que ocurren los sucesos.

¡Imagínalo! | Volver a contar

CALLE DE LA LECTURA EN LÍNEA
ORDENACUENTOS
www.CalledelaLectura.com

Piensa críticamente

1. La narración que acabas de leer es una autobiografía. Piensa en otras autobiografías o biografías que hayas leído este año. ¿En qué se parecen a *El gimnasta*? ¿En qué difieren las otras autobiografías de *El gimnasta*?

De texto a texto

2. Gary Soto ha tomado un episodio de su niñez y ha escrito una autobiografía sobre ese episodio. ¿Por qué crees que escribió *El gimnasta*? ¿Cuál fue su propósito al escribirlo? Proporciona ejemplos del texto. **Pensar como un autor**

3. El joven Gary saca la conclusión de que su primo Isaac es un fanfarrón. Busca detalles de la selección que apoyan esta conclusión.
Sacar conclusiones

4. Busca pasajes del texto que describan cómo se ve Gary con su ropa de gimnasia y cómo se ve su primo con su ropa de gimnasia. Comenta cómo los detalles visuales ayudan a hacer de Gary y de su primo dos personas muy diferentes. **Visualizar**

5. Mira de nuevo y escribe El perro de *El gimnasta* hace de público. Busca el perro en las páginas 147 y 151. ¿Por qué crees que cambia la reacción del perro? ¿Por qué esos detalles son importantes para comprender *El gimnasta*? Fundamenta tu respuesta con el texto.

PRÁCTICA PARA EL EXAMEN | **Respuesta desarrollada**

152

Conoce al autor

Gary Soto

Gary Soto nació en una comunidad méxico-estadounidense de Fresno, California. Si bien su escritura se deriva de sus experiencias durante su niñez en esta comunidad, no todos sus cuentos se basan en sucesos reales. Sus libros muestran lo que significa para un méxico-estadounidense crecer en el Valle Central de California.

A Gary no le fue muy bien en la escuela. Terminó la secundaria con "un promedio de 1.6 puntos o algo así". Sin embargo, fue durante la escuela secundaria que descubrió que quería tomar en serio la escritura. Las obras de los poetas lo fascinaron y, con el tiempo, él mismo se convirtió en poeta. Su poesía ha ganado varios premios y galardones importantes.

Gary cree que leer es una parte fundamental de la tarea de un escritor. Está convencido de que si alguien desea ser escritor, debe leer los libros escritos por los autores contemporáneos y por los "viejos maestros".

Otros libros de Gary Soto:

Registro de lecturas

Usa el *Cuaderno de lectores y escritores* para anotar tus lecturas independientes.

Aspectos principales de un bosquejo autobiográfico

- describe un suceso de la vida del autor

- puede revelar la personalidad del autor

- a menudo está escrito en primera persona

CALLE DE LA LECTURA EN LÍNEA
GRAMATIRITMOS
www.CalledelaLectura.com

Escritura narrativa

Bosquejo autobiográfico

Un **bosquejo autobiográfico** cuenta una historia verdadera sobre la vida del escritor. El modelo del estudiante de la próxima página es un ejemplo de un bosquejo autobiográfico.

Instrucciones "El gimnasta" es parte de la autobiografía de Gary Soto. Piensa en un momento importante de tu vida. Escribe un bosquejo autobiográfico sobre esa experiencia.

Lista del escritor

Recuerda que debes...

✓ escribir en primera persona.

✓ contar una experiencia de tu vida.

✓ comunicar tus pensamientos y

sentimientos sobre esa experiencia.

¿Una promesa olímpica?

Después de ver los clavados de 10 metros de altura en las Olimpíadas, decidí que quería aprender a hacer clavados. Pero como no había plataformas de 10 metros en mi ciudad, me conformé con el trampolín de 3 metros que estaba en una balsa en medio del lago Mystic.

En mi primera visita al lago Mystic, ¿a quién le pediría permiso para zambullirme desde la balsa? Por supuesto, al socorrista, **quien** me preguntó si había tomado el examen de natación en aguas profundas.

¿Un examen de natación en aguas profundas? ¡Córcholis! No sabía nadar. Antes de poder saltar al agua, debía tomar clases de natación.

Me inscribí en una clase de natación a la que asistía todos los días. Después de varias semanas, tomé el examen de aguas profundas.

Para aprobarlo, tenía que nadar hasta un muelle y regresar. Mi madre, **que** había tomado el examen cuando era joven, me dijo que a menudo las personas reprueban el examen la primera vez que lo intentan. Sin embargo, ¿a quién creen que el instructor aprobó en el primer intento? ¡A mí, por supuesto! Estaba cansado, pero feliz. Por fin podría hacer los clavados desde la balsa del lago Mystic.

Característica de la escritura
La **voz** del autor expresa sus pensamientos y sentimientos sobre una experiencia personal.

Que y quien están usados de manera correcta.

Género
Los **bosquejos autobiográficos** cuentan un suceso verdadero de la vida de una persona.

Normas

Usar *que* y *quien*

Recuerda *Que* y *quien* son pronombres relativos, por lo que siempre tienen un antecedente. *Que* puede referirse a una persona, a un animal o a una cosa. *Quien* se refiere siempre a una persona. Por ejemplo: "Mi maestro, a *quien* admiro, me enseñó a esforzarme".

Objetivos
• Explicar cómo se presentan diferentes mensajes en los variados medios de comunicación. • Analizar si los sitios Web y otros medios de comunicación digitales son formales o informales.

Destrezas del siglo XXI
EXPERTO EN INTERNET

Fuentes de referencia en línea ¿Qué es lo primero que hay que hacer en un sitio Web nuevo? Investigar quién escribió la información. Usa el botón llamado "Acerca de este sitio". ¿Puedes creerles? ¿De qué otras maneras puedes evaluar la información?

○ En Internet hay fuentes de referencia en línea como diccionarios y enciclopedias. Estas fuentes se parecen a las fuentes impresas y se organizan de manera similar.

○ Algunos sitios Web ofrecen varias fuentes de referencia distintas.

○ Lee "Todo sobre la gimnasia artística". Observa los términos de búsqueda que usó Alice para encontrar los sitios Web. ¿En qué se diferencia de la información en la televisión?

156

Todo sobre la
gimnasia
artística

Después de leer "El gimnasta" de Gary Soto, Alice decide que le gustaría practicar gimnasia artística. Así que busca una fuente de referencia en línea en un sitio Web.

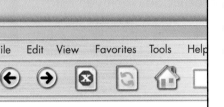

Este sitio Web tiene cuatro fuentes de referencia: un atlas, un almanaque, un diccionario y una enciclopedia. Cuando Alice escribe las palabras clave "gimnasia artística" en el motor de búsqueda y hace clic en "GO!" (¡IR!), el sitio Web le proporciona una lista de resultados que comienza de esta manera:

Search gimnasia artística GO!

Atlas
Almanaque
Diccionario
Enciclopedia

Resultados de la búsqueda: "gimnasia artística"

Gimnasia artística (Enciclopedia)
gimnasia artística o deportiva, ejercicios para el desarrollo equilibrado del cuerpo *(véase también aerobic)*.

Alice hace clic en el enlace de la enciclopedia de gimnasia artística y obtiene una entrada para la gimnasia artística que termina de esta manera:

Enciclopedia

gimnasia artística

Las mujeres compiten en el potro, ejercicios de suelo, barra de equilibrio y barras asimétricas, como también en gimnasia rítmica y salto de trampolín.

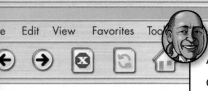

File Edit View Favorites Tool

Alice se pregunta cómo son estas competencias deportivas, así que escribe "potro" en el motor de búsqueda de Internet. Los resultados incluyen esta entrada del diccionario:

Diccionario

potro

Modalidad de gimnasia artística que consiste en efectuar giros o piruetas impulsándose con las manos sobre un aparato llamado potro con arcos.

Una búsqueda en el diccionario le permite saber que "potro con arcos" significa "aparato gimnástico con forma de cilindro alargado, con arcos cerca de su centro". Alice no puede imaginárselo, por tanto va a otro sitio de referencia en línea para buscar una imagen.

Su búsqueda de "potro con arcos" da como resultado imágenes como las siguientes:

File Edit Vie

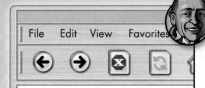

File   Edit   View   Favorites

Alice regresa al primer sitio Web y teclea "ejercicios de suelo" en el motor de búsqueda y obtiene la definición del diccionario:

Diccionario

ejercicios de suelo

En la gimnasia artística, competencia en la cual cada participante debe realizar, armoniosamente y sin ningún aparato, una rutina de volteretas y giros acrobáticos y movimientos gimnásticos, sobre una superficie especialmente delimitada, habitualmente de 12 metros cuadrados (39 pies cuadrados), con un revestimiento similar al de una colchoneta.

File   Edit   View   Favorites   Tools   Help

Alice continúa buscando hasta que encuentra todo lo que necesita saber.

para más práctica

Busca en línea
www.CalledelaLectura.com
Usa las fuentes de referencia en línea para investigar más acerca de un famoso deportista olímpico.

Actividades con destrezas del siglo XXI
Entra a Internet y sigue las instrucciones para usar las fuentes de referencia en línea para investigar más acerca de las Olimpíadas de Verano.

¡Aprendamos!

CALLE DE LA LECTURA EN LÍNEA
LIBRO DEL ESTUDIANTE EN LÍNEA
www.CalledelaLectura.com

Vocabulario

Sufijo -al

Estructura de las palabras Un sufijo es una parte de la palabra que se añade al final de la raíz de una palabra, la cual modifica el significado de esa raíz. El sufijo *-al* forma adjetivos que expresan "relación", como en *musical* (relativo a "música"). Reconocer un sufijo puede ayudarte a determinar el significado de una palabra poco común.

¡Practícalo! Haz una lluvia de ideas con un compañero para hacer una lista de palabras que terminen con el sufijo -al. Emplea lo que sabes sobre el significado de los sufijos para escribir las definiciones de las palabras. Puedes utilizar un diccionario o un glosario para buscar más palabras.

Fluidez

Fraseo apropiado/ Signos de puntuación

Los signos de puntuación te sirven para guiar tu entonación cuando lees. Prestar atención a los signos de puntuación te ayuda a comprender mejor el significado de un cuento. Recuerda que el fraseo describe cómo hacer pausas al leer para interpretar la puntuación.

¡Practícalo! Practica la lectura de los tres primeros párrafos de *El gimnasta*. Presta atención a las comas y a los puntos. Vuelve a leer tres veces la sección y presta atención al fraseo y a las pausas.

160

Escuchar y hablar

 Prepárate para la escuela intermedia

Al entrevistar a alguien, asegúrate de que tus preguntas estén organizadas y sean claras.

Entrevista a un compañero

En una entrevista, una persona le hace preguntas a otra persona sobre un tema o suceso específico. El propósito de una entrevista es averiguar qué hizo o qué sabe sobre el tema la persona entrevistada.

¡Practícalo! Realiza una entrevista con un compañero. Uno de ustedes puede ser Gary Soto mientras que el otro hace preguntas referidas a lo que leyeron en *El gimnasta*. Escribe en un cuaderno las respuestas a tus preguntas. Luego intercambien los roles y usen otro autor.

Sugerencias

Al escuchar...

- Presta atención a las palabras clave y a los detalles importantes durante la entrevista.
- Presta atención al tono de voz, a los gestos y a las expresiones faciales del hablante.

Al hablar...

- Mira a tu compañero cuando hables.
- Habla con claridad cuando hagas preguntas en la entrevista.

Trabajo en equipo...

- Responde a las preguntas detalladamente.
- Comenta tus sugerencias con un compañero.

161

Poesía

• Algunos poetas utilizan efectos de sonido, tales como la rima externa y la anáfora.

• La **rima externa** es la rima que se produce al final de dos o más versos de una estrofa. La rima externa te permite entender mejor el significado del poema, ya que dirige tu atención hacia las ideas importantes.

• La **anáfora** es la repetición de la misma palabra en un verso. Los poetas utilizan las anáforas para dar énfasis a cierta imagen del poema.

El cuando

por Elsa Bornemann
ilustrado por Ivanke & Lola

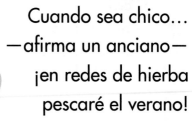

Cuando sea chica…
—dice una viejita—
¡la gran vuelta al mundo
daré en calesita!

Cuando sea chico…
—afirma un anciano—
¡en redes de hierba
pescaré el verano!

Cuando sea chica…
—dice una jirafa—
¡andaré en patines
dentro de una caja!

Cuando sea grande…
—aseguro yo—
¡haré todo aquello…
que hoy me dicen "NO"!

El pez

por Carlos Murciano
ilustrado por Cecilia Rébora

María del Mar ha traído
un pez de color naranja.

La pecera es pequeñita,
como una burbuja blanca.

Gira el pez en su burbuja,
llamea en su cárcel de agua.

Sus diminutas aletas
el cristal las agiganta.

Parece una barracuda,
un cachalote, una raya.

Y es un punto solamente
en un rincón de la casa.

Pensemos...

¿De qué manera la rima externa en "El cuando" te ayuda a entender mejor el poema?

Pensemos...

Identifica cómo están organizadas las estrofas en este poema. ¿Cuántos versos hay en cada estrofa?

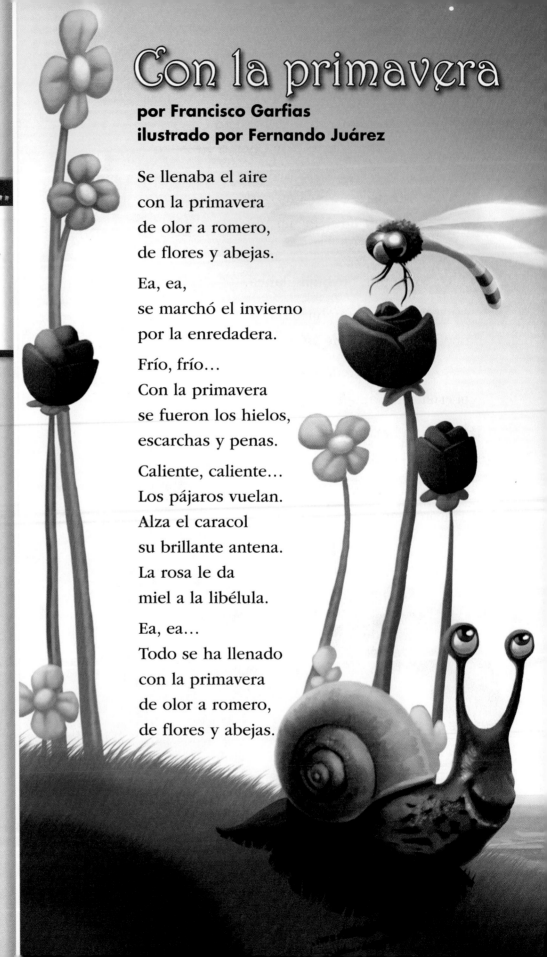

Con la primavera

por Francisco Garfias
ilustrado por Fernando Juárez

Pensemos...

¿De qué manera la anáfora en "Con la primavera" dirige tu atención hacia las imágenes importantes del poema?

Se llenaba el aire
con la primavera
de olor a romero,
de flores y abejas.

Ea, ea,
se marchó el invierno
por la enredadera.

Frío, frío…
Con la primavera
se fueron los hielos,
escarchas y penas.

Caliente, caliente…
Los pájaros vuelan.
Alza el caracol
su brillante antena.
La rosa le da
miel a la libélula.

Ea, ea…
Todo se ha llenado
con la primavera
de olor a romero,
de flores y abejas.

Historia de las ranas

por Alberto Forcada

Las ranas eran aves de cuatro alas
que volaban más alto que las nubes.
Su largo plumaje era la envidia de los faisanes
y su canto un hechizo para las mariposas; sin embargo
    eran infelices
pues deseaban sumergirse en el reflejo de la luna
y crear burbujas con su aliento.
Una noche, una rana muy valiente
se despidió de las estrellas y de un clavado inició su
    vuelo bajo el agua.
Todas sus amigas la siguieron, entusiastas,
y fue así como las ranas se volvieron expertas en
    los secretos de los pozos
y en el arte de pintar la superficie con pececillos de colores.
Por desgracia, la humedad las enfermó
y pronto comenzaron a estornudar y a perder las plumas.
Su hermosa voz se volvió ronca
y de tanto sonarse se les cayó el pico
y se volvieron verdes y pegajosas.
Su gran logro: respirar bajo el agua, no les bastó
    como consuelo.
Aún hoy miran durante horas el cielo y sollozan.

Pensemos...

Vuelve a leer "El pez", "Con la primavera" e "Historia de las ranas". ¿En qué se parecen estos tres poemas? ¿En qué se diferencian?

Pensemos...

En "Historia de las ranas", ¿puedes identificar palabras que riman? ¿Cómo lo sabes?

¡Pensemos en poesía!

Aventureros

PREGUNTA PRINCIPAL

¿Quiénes buscan la aventura y por qué lo hacen?

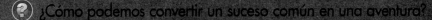

¡Pensemos en la lectura!

Vocabulario oral

Hablemos sobre

Aventuras cotidianas

- Describe las aventuras que tienes todos los días.
- Escucha hablar a los demás sobre sus aventuras cotidianas.
- Haz preguntas para aclarar los mensajes de tus compañeros.

CALLE DE LA LECTURA EN LÍNEA
VIDEO DE HABLAR DEL CONCEPTO
www.CalledelaLectura.com

¡Has aprendido
2 0 0
palabras asombrosas
este año!

Objetivos

• Explicar los papeles o las funciones de los personajes, incluyendo sus relaciones y sus conflictos.

¡Imagínalo!

Destreza

Estrategia

Destreza de comprensión

Elementos literarios: Personajes y argumento

• El argumento es la serie de sucesos de un cuento. El argumento incluye el conflicto, la complicación, el clímax y la solución.

• Los personajes son las personas o los animales del cuento. Los personajes muestran sus rasgos o cualidades mediante lo que dicen o hacen.

• Usa un organizador gráfico como el siguiente para describir las características de un personaje. Luego, explica el rol del personaje y su función en el argumento, sus relaciones y conflictos en "El día de las dos aventuras".

Estrategia de comprensión

Conocimientos previos

Los lectores activos usan lo que ya saben para comprender lo que leen. Al leer, piensa en lo que ya sabes sobre personas y sucesos de tu propia vida que sean similares a los del cuento.

EL DÍA DE LAS DOS AVENTURAS

Abuela jugaba tenis. Tenía arrugas en el ceño de tanto entornar los ojos para ver la pelota con el sol de frente. Las arrugas de Abuelo eran por sonreír. "Los juegos no son para mí", decía Abuelo.

El lunes por la mañana, Abuelo no quería subir el monte Baldy con nosotras.

—¡Será una gran aventura! —exclamó Abuela.

Era difícil seguirle el ritmo a Abuela. —A Abuelo le gusta caminar despacio y disfrutar el paisaje —jadeé.

—¡Tres horas! —dijo Abuela en la cumbre. Luego se sentó de golpe mientras empalidecía.

—¿Estás bien? —le pregunté.

—Se me agotó la energía con el ascenso, pero el almuerzo me hará sentir mejor. —Abuela abrió su mochila—. ¡Oh, no! ¡Se me olvidó nuestro almuerzo en casa!

Miré hacia el sendero y vi que Abuelo se acercaba.

—¿Cuándo saliste de casa? —le pregunté cuando llegó.

—Justo después de ustedes —respondió Abuelo—. Vi su almuerzo.

—¿A qué huele? —pregunté.

—Decidí hacer mi propia aventura —Abuelo sacó unos pastelitos de su mochila—. Nunca antes había horneado, así que traté de hacer pastelitos.

Destreza
¿De qué manera la relación entre Abuela y Abuelo contribuye al argumento del cuento?

Destreza
¿Qué aportan al conflicto del cuento las características del personaje de Abuela?

Estrategia
¿Conoces a alguien como Abuela? ¿De qué manera este conocimiento te ayuda a comprender al personaje de Abuela?

¡Es tu turno!

⏸ ¿Necesitas repasar?
Consulta *¡Imagínalo!: Cuaderno de práctica* para obtener apoyo adicional sobre personaje, argumento y conocimientos previos.

Pensemos...

▷ ¡Inténtalo!
Cuando leas *La escalera para zorrillos*, usa lo que has aprendido sobre personajes y argumento.

Objetivos
• Determinar el significado de vocabulario en español con raíces del griego, del latín o de otros idiomas.

¡Imagínalo! | Palabras para aprender

bramido

hazaña

salvaje

abandonó
cueva
inmensamente
intento

Estrategia de vocabulario para

🎯 Raíces griegas y latinas

Estructura de las palabras Las raíces griegas y latinas son palabras o partes de palabras que provienen de los idiomas griego y latín. Por ejemplo, la palabra *excavación* tiene el prefijo latino *ex-*, que significa "fuera de", la raíz *cava*, que significa "zanja, hoyo", y el sufijo latino *-ción*, que significa "acción y efecto de". *Excavación* significa "acción y efecto de hacer hoyos o zanjas en el terreno".

Observa la palabra *arqueología*. Luego, sigue los siguientes pasos:

1. Busca una raíz en la palabra. Fíjate si reconoces la raíz. ¿Conoces otra palabra que tenga esa raíz?

2. Fíjate si el significado de la raíz de la palabra conocida te da una pista sobre el significado de la palabra desconocida.

3. Luego comprueba que este significado tenga sentido en la oración.

Lee "La cueva en el acantilado", en la página 173. Busca raíces y afijos griegos y latinos que puedas usar para determinar el significado de las palabras desconocidas como *prehistórico* o *antiturista*.

Palabras para escribir Vuelve a leer "La cueva en el acantilado". Escribe un párrafo sobre el descubrimiento de una cueva. En tu párrafo, usa palabras de la lista de *Palabras para aprender*.

La cueva
en el acantilado

Ryan llegó a un saliente del acantilado y miró hacia abajo, para ver hasta qué altura había escalado. —¡Qué increíble hazaña fue esta escalada! —le dijo a su padre. Se sentía inmensamente orgulloso de sí mismo.

Luego Ryan se volteó y notó una gran cueva que se abría en un costado del acantilado. —Mira, papá. ¡Una gruta! —exclamó.

Su papá trepó hasta el saliente. —Vamos a inspeccionarla —dijo, y él y Ryan entraron en la gruta—. Veo signos de excavación cerca del fondo —comentó su papá—. Alguien estuvo excavando aquí, probablemente en un intento de hacer la cueva más profunda. Pero, aparentemente, la excavación se abandonó hace años.

—Alguien ha hecho un dibujo en la pared —dijo Ryan. Señaló un dibujo prehistórico de una bestia de aspecto salvaje.

Oyeron un fuerte bramido que subía desde el pie del acantilado. Ryan no podía distinguir cada palabra, pero supuso que era su hermano llamándolos a cenar.

Se prepararon para bajar.

—¿Le diremos a la gente sobre esta cueva? —preguntó Ryan.

—No, las personas podrían venir aquí y estropearla. No quiero ser antiturista, pero dejémosla como está —respondió su papá.

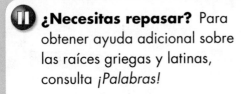

¡Es tu turno!

II ¿Necesitas repasar? Para obtener ayuda adicional sobre las raíces griegas y latinas, consulta *¡Palabras!*

 ¡Inténtalo! Lee *La escalera para zorrillos,* en las páginas 174–187.

Género

La **ficción humorística** presenta personajes y acciones que hacen reír. Al leer, fíjate cómo el autor es capaz de crear humor a partir del aburrimiento de dos niños.

174

La escalera para zorrillos

por Patrick F. McManus

ilustrado por Richard Johnson

¡Pensemos en la lectura!

Pensemos...

¿De qué manera tu conocimiento sobre aviones y submarinos hace que este párrafo te parezca gracioso?

⊙ **Conocimientos previos**

Una tarde de verano, mi amigo el Loco Eddie Muldoon y yo estábamos sentados en la cerca del corral de los Muldoon. Pensábamos en qué hacer. Esto fue después de que casi yo me ahogara en el arroyo al probar el aparato de buceo para aguas profundas que había fabricado Eddie, y después de habernos estrellado en nuestro avión casero durante el despegue desde el techo del granero de los Muldoon, y después de que nuestro submarino no lograra sacarnos a la superficie del estanque, pero antes de que el Sr. Muldoon comenzara un tratamiento médico con el doctor Mosby debido a una misteriosa enfermedad nerviosa. Recuerdo haberle mencionado a Eddie que su padre parecía terriblemente nervioso ese verano. Eddie dijo que él también lo había notado y que se preguntaba si la causa no sería que comía verduras.

Incluso mientras estábamos sentados en el cerco, el Sr. Muldoon pasó por ahí con su tractor y se detuvo para estudiarnos con recelo.

—¿Qué están tramando ustedes dos ahora? —nos preguntó.

—Nada, papá —respondió el Loco Eddie—. Sólo estábamos pensando en qué podríamos hacer.

El Sr. Muldoon se estremeció: —Cuando se les ocurra algo, me avisan antes de empezarlo, ¿me oyeron?

—Claro, papá —dijo Eddie—. Creo que lo que haremos será excavar en la tierra. Hablábamos de eso.

—Bien —dijo el Sr. Muldoon mientras ponía su tractor en marcha—. ¡Pero no construyan nada!

Después se alejó.

—¿Qué tipo de hoyo cavaremos? —le pregunté a Eddie.

Eddie miró al vacío, con el rostro iluminado por esa expresión soñadora que siempre acompañaba cada una de sus asombrosas ideas nuevas.

—Un hoyo grande —dijo—. Un hoyo realmente grande.

Pensemos...

Con lo que sabes sobre los personajes, ¿qué puedes predecir acerca de la nueva idea de Eddie? **Predecir y establecer propósitos**

177

Pensemos...

¿Por qué crees que el narrador continúa con el plan? **Preguntar**

Excavar el hoyo nos tuvo ocupados gran parte de esa semana. Uno de los problemas de excavar un hoyo grande es que es muy difícil saber cuándo es suficientemente grande y suficientemente profundo. Hay dos tipos de hoyos cavados en la tierra: 1) hoyos útiles, para postes, pozos de agua, minas, etc., y 2) hoyos porque sí. Eddie y yo excavábamos uno de estos últimos. Cuando el hoyo fue tan profundo que se nos hacía difícil arrojar paladas de tierra sobre sus bordes, Eddie juzgó que el hoyo estaba terminado.

Como Eddie había insistido en que los lados del hoyo debían ser paredes rectas, para poder salir del hoyo tuvimos que subir jalándonos de una cuerda, uno de cuyos extremos estaba atado a una pila de leños que se encontraba cerca.

La pila también servía para esconder nuestras actividades de excavación de la vista del Sr. Muldoon, que cortaba heno en un campo situado en el otro extremo de la granja. Tal como señalaba Eddie con frecuencia, cualquier tipo de hazaña de ingeniería debía ser ocultada de la vista de los padres del ingeniero. De esa manera, uno se podía concentrar en el trabajo sin tener que responder todo el tiempo a un montón de preguntas tontas.

Estábamos inmensamente orgullosos del hoyo. Creo que, hasta el día de hoy, no he visto un hoyo más lindo que ése. Era tan lindo, que Eddie abandonó su idea del hoyo como algo puramente agradable estéticamente y comenzó a buscarle un fin práctico.

—¿Sabes qué podríamos hacer con este hoyo? —dijo—. Podríamos convertirlo en una trampa para un animal salvaje, tú sabes, como hace Frank Buck en África. Podríamos cubrirlo con ramas, hojas y pasto, y los animales salvajes vendrían aquí y se caerían al hoyo. Después los podríamos entrenar y enseñarles trucos.

Eddie se veía radiante de entusiasmo a medida que su idea tomaba forma.

—Y después podríamos comenzar nuestro propio circo —continuó—. Podríamos cobrarle a la gente por pasar a ver a nuestros animales haciendo trucos. Incluso podríamos hacernos ricos. ¡Cielos! ¡Apuesto que podríamos atrapar un venado, o un alce, o un oso, o un puma, o...!

Pensemos...

¿Qué crees que harán los niños con el hoyo? **Hacer predicciones**

—O una de las vacas de tu padre —agregué.

El brillo de entusiasmo de Eddie se desvaneció y dijo:
—Sí. No lo había pensado.

Ambos nos quedamos allí de pie, en silencio. Durante
un instante imaginamos al Sr. Muldoon observando una
de sus vacas lecheras en el interior del hoyo. No era muy
agradable imaginarlo.

—Será mejor que mañana rellenemos el hoyo —dijo
Eddie.

—¿Y esta noche? Una vaca podría caerse al hoyo.

Eddie consideró esta posibilidad durante un instante.

—Ya sé —dijo—. Hay una puerta grande y vieja detrás
del granero. La arrastraremos hasta aquí y la pondremos
sobre el hoyo.

Y eso hicimos antes de dar por finalizada nuestra
jornada laboral, confiados en que la puerta nos salvaría
de la incómoda experiencia de ver a su padre atravesando
uno de sus ataques de histeria.

A la mañana siguiente, Eddie y yo nos dirigimos al
gran hoyo, preparados para comenzar la tediosa tarea de
rellenarlo. Cuando nos acercamos a la excavación, nos
llegó un olor familiar.

—Debe haber un zorrillo por aquí —dijo Eddie.

—Quizás esté en el hoyo —dije.

—Imposible. Lo cubrimos con la puerta.

Sin embargo, el zorrillo estaba en el hoyo.
Aparentemente, había encontrado un espacio abierto
bajo la puerta, se había deslizado por allí para echar un
vistazo y había caído en picada los ocho pies, o más, hasta
el fondo del hoyo. Extrañamente, no parecía tenernos

Pensemos...

¿Qué ha ocurrido
que hizo que Eddie
decidiera tapar
el hoyo con una
puerta? **Resumir**

Pensemos...

¿Qué sabes
sobre los zorrillos
que hace que
este cuento sea
humorístico?
**Conocimientos
previos**

miedo. Más extraño aún (porque no sabíamos que los zorrillos son grandes excavadores), había hecho un hueco, una inmensa cueva, al pie de uno de los lados del hoyo, en un intento de excavar un túnel para salir de allí.

—No podemos rellenar el hoyo con el zorrillo ahí adentro —dije—. ¿Cómo vamos a hacer para sacarlo?

—Quizás uno de nosotros pueda dejarse caer en el hoyo, agarrar el zorrillo rápidamente antes de que lance su líquido y después lanzarlo afuera —dijo Eddie—. Yo gritaré tan fuerte que me mirará y entonces no notará cuando tú saltes y lo agarres y...

—No me gusta la idea —dije—. Piensa en algo más.

—¡Ya sé! —exclamó Eddie, chasqueando sus dedos—. Iremos al taller de mi papá y construiremos una escalera. Después la pondremos en el hoyo y nos esconderemos en algún lugar mientras el zorrillo trepa por la escalera. Un zorrillo debe ser capaz de deducir cómo subir por una escalera.

Eddie y yo estábamos trabajando en la escalera cuando su padre entró al taller.

—Creo haberles dicho que no construyeran nada —refunfuñó—. ¿Qué es eso?

—Sólo una escalera para zorrillos —respondió el Loco Eddie.

Pensemos...

¿Crees que un zorrillo puede trepar una escalera?
Preguntar

182

—¡Ah! —dijo su padre—. Bueno, no construyan nada más antes de decírmelo.

Eddie y yo volvimos al hoyo y colocamos la escalera adentro. El zorrillo no mostraba ningún deseo de treparla y, en cambio, escogió esconderse en la cueva que había excavado. Justo entonces escuchamos al padre de Eddie que nos gritaba: —¿Qué quisieron decir con "una escalera para zorrillos"?

Nos asomamos por encima de la pila de leños y vimos que el Sr. Muldoon venía hacia nosotros, cruzando el pasto a grandes zancadas.

—Rápido —dijo Eddie—. ¡Ayúdame a poner la puerta nuevamente sobre el hoyo!

Lanzamos la puerta sobre el hoyo y lo ocultamos cuidadosamente. Antes de que pudiéramos pensar en una buena explicación para el gran montón de tierra que había en un rincón del terreno, el Sr. Muldoon arremetió.

Pensemos...

Piensa en aventuras sobre las que hayas leído o escuchado. ¿Te sorprende que el papá de Eddie reaccionara de la manera en que reaccionó?

🄞 Conocimientos previos

183

Pensemos...

¿Cómo sabes que algo inesperado está a punto de ocurrir? **Inferir**

Pensemos...

Los sucesos de esta página ocurren de una manera humorística. ¿Te recuerdan estos sucesos a otros libros que hayas leído o a algún programa de televisión que hayas visto?

🔵 **Conocimientos previos**

Pensemos...

¿Qué detalles incluirías para resumir estos sucesos? **Resumir**

—¿Y ahora qué? —gritó—. ¿De dónde salió esa tierra? ¿Qué está haciendo mi puerta acá afuera?

Se inclinó y agarró el borde de la puerta.

—¡Espera, papá! ¡No lo hagas! —gritó Eddie corriendo hacia él.

A partir de ese momento, las acciones de los participantes se volvieron borrosas. Es difícil recordar la secuencia exacta de los hechos, pero lo intentaré.

El Sr. Muldoon agarró la puerta y la deslizó hacia un lado, destapando el hoyo. Luego dijo: —Huele a zorrillo... —Y de repente desapareció. Su sombrero de paja quedó suspendido en el aire durante unas décimas de segundo. (Más tarde, deduje que el Sr. Muldoon había pisado el borde del hoyo bajo el cual el zorrillo había excavado su cueva). Una nube de polvo salió del hoyo cuando el Sr. Muldoon pegó contra el suelo. Después gritó varias barbaridades, entremezcladas con la palabra "¡ZORRILLO!". A continuación, se escucharon sonidos de tierra escarbada y el Sr. Muldoon apareció trepando por el costado del hoyo, pero la tierra cedió y él se cayó hacia atrás, mientras exclamaba algo como "¡Aaaay!".

Quizás sea importante señalar que toda esa actividad ocurrió en el transcurso de no más de cuatro segundos. Eddie, mientras tanto, se había lanzado hacia adelante gritando: "¡Papá, papá, no lo lastimes!". Eddie estaba de pie sobre el extremo de la escalera cuando el zorrillo subió corriendo por el artefacto y emergió de la nube de polvo. Sobresaltado y temiendo que el zorrillo se diera vuelta y lo rociara con su líquido, Eddie agarró al animalito por la cabeza. El zorrillo comenzó a arañarlo y morderlo, así que Eddie lo lanzó nuevamente al hoyo, donde su llegada fue recibida con un bramido salvaje del Sr. Muldoon, quien, para nuestra sorpresa, salió en ese momento del hoyo, subiendo a toda prisa por la escalera para zorrillos.

Pensemos...

¿Por qué podría enojarse la mamá de Eddie cuando se entere de la escalera para zorrillos? **Inferir**

Ésa fue la señal para que Eddie y yo comenzáramos a correr. Eso hicimos, y continuamos corriendo hasta que los sonidos atronadores de los zapatones del Sr. Muldoon se fueron desvaneciendo detrás nuestro, y seguimos corriendo hasta hallarnos a una buena distancia del fétido olor del padre de Eddie.

Después de un buen rato, Eddie volvió a su casa y se puso bajo la custodia protectora de su madre, hasta que la furia del Sr. Muldoon se aplacó y se convirtió en ese extraño tic nervioso que permanecería en su cara por varios meses.

En la confusión que tuvo lugar en la escalera para zorrillos, Eddie había recibido en la cara un chorrito del líquido que lanzó el zorrillo. Al principio, el Sr. y la Sra. Muldoon se preocuparon pensando que el líquido podría haberle afectado el cerebro, pero finalmente se convencieron de que no tendría efectos negativos duraderos. Veinte años después, sin embargo, el Loco Eddie se graduó de doctor en química.

Pensemos...

¿De qué manera tus conocimientos de química hacen que te parezca humorística la carrera que Eddie eligió?

⊙ **Conocimientos previos**

¡Imagínalo! | Volver a contar

Piensa críticamente

1. ¿Qué te pareció la solución de Eddie al problema del zorrillo que había entrado en el hoyo? ¿Alguna vez se te ocurrió una solución para un problema que luego no resultó como habías pensado? ¿Qué aprendiste de esa experiencia? **El texto y tú**

2. ¿Por qué crees que el autor incluyó en el primer párrafo algunos detalles sobre incidentes pasados? ¿De qué manera estos detalles contribuyen a explicar lo que sucede en el resto del cuento? **Pensar como un autor**

3. Describe el rol y la función del Loco Eddie en los conflictos y relaciones de *La escalera para zorrillos*. Usa evidencia del texto para apoyar tu respuesta. **Elementos literarios: Personajes y argumento**

4. Piensa en cómo los padres reaccionan ante las ideas arriesgadas de sus hijos. ¿Qué palabras o acciones del Sr. Muldoon parecen realistas? ¿Cuáles parecen exageradas? **Conocimientos previos**

5. Mira de nuevo y escribe Vuelve a leer el final del cuento, cuando los niños se alejan corriendo del padre de Eddie. ¿Crees que los niños seguirán teniendo aventuras similares a la que acaban de tener? Escribe tu opinión. Fundamenta tu respuesta con el texto.

PRÁCTICA PARA EL EXAMEN | Respuesta desarrollada

188

Conoce al autor

Patrick F. McManus

Patrick F. McManus creció en una granja de Idaho. Esta infancia en el campo fue un factor determinante al momento de escribir gran parte de sus libros. Sus aventuras al aire libre durante su niñez y su amor por la naturaleza son temas que aparecen en sus cuentos. Muchos de sus libros están llenos de humor, y sus personajes a menudo se encuentran atrapados en situaciones difíciles en medio de la naturaleza.

De niño, Patrick McManus tuvo una experiencia poco corriente en su escuela primaria. La escuela a la que asistía tenía una sola maestra: ¡su propia madre! El valle rodeado de montañas donde vivía McManus estaba tan aislado que las escuelas eran muy pequeñas y usualmente tenían sólo un salón. Él recuerda que pasaba mucho tiempo pintando y dibujando durante sus horas de escuela, lo cual le ayudó a convertirse en escritor. Dice: "No hay mucha diferencia entre pintar con pinturas y pintar con palabras, ¡excepto que cuando escribes te ensucias mucho menos!".

Patrick McManus vive en Spokane, Washington, con su esposa y sus cuatro hijas.

Otros libros sobre animales traviesos:

El perro que les tenía miedo a los gatos

Babú

Usa el *Cuaderno de lectores y escritores* para anotar tus lecturas independientes.

Registro de lecturas

Aspectos principales de un poema con rima

- contiene ritmo y rima
- suele usar lenguaje figurado, que incluye metáforas o símiles
- puede incluir detalles sensoriales o un lenguaje expresivo

CALLE DE LA LECTURA EN LÍNEA
GRAMATIRITMOS
www.CalledelaLectura.com

Escritura narrativa

Poemas con rima

Los **poemas con rima** utilizan la rima para expresar sentimientos e ideas. Los poemas con rima pueden usar lenguaje figurado, detalles sensoriales y rima para capturar un momento, una idea o una observación. El modelo del estudiante de la siguiente página es un ejemplo de un poema con rima.

Instrucciones En *La escalera para zorrillos*, una tarea común y corriente se convierte en una aventura humorística. Piensa en otras aventuras divertidas que alguien podría vivir. Escribe un poema con rima sobre ello, utilizando lenguaje figurado.

Lista del escritor

Recuerda que debes...

☑ contar una aventura divertida.

☑ incluir palabras que rimen.

☑ usar símiles y metáforas para desarrollar un lenguaje figurado y crear imágenes expresivas.

☑ usar elementos gráficos, como letras mayúsculas.

☑ usar técnicas poéticas, como aliteraciones y onomatopeyas.

De viaje con una abeja

Viajo tranquila en el asiento trasero,

hasta que una abeja entra en pleno vuelo.

Estoy amarrada como una maleta,

el miedo me invade y me pongo inquieta.

Voy a desabrocharme este cinturón.

Voy a escaparme del horrible aguijón.

"¡Ajústate el cinturón!", grita mamá,

"En la carretera es tu seguridad".

Me altero, me agito,

me remuevo, me aplasto.

¡Quiero escapar al horror!

¡Bajo la ventanilla aunque no haga calor!

La abeja atrapada ya no está furiosa,

de huir de mi lado se pone gustosa.

Ya es una manchita sobre la autopista.

¡No hay nada mejor que perderla de vista!

Característica de la escritura: Lenguaje: El ritmo y la rima expresan las ideas y la atmósfera del poema.

Las **oraciones** y **frases negativas** están usadas correctamente.

Género: Los **poemas con rima** pueden contar una historia usando un patrón de rima y un lenguaje figurado.

Normas

Oraciones y frases negativas

Recuerda Las oraciones y frases negativas son aquellas que se usan para decir que algo no es o no ocurre. A diferencia de otros idiomas, en español la doble negación no es una afirmación, sino que sigue siendo una negación. Por ejemplo: "No hay nadie en casa".

Objetivos

• Identificar el lenguaje y las herramientas que se usan en las biografías y autobiografías, incluyendo la manera en la que el autor presenta los sucesos importantes de la vida de una persona. • Hacer conexiones entre y a través de textos.

Ciencias en Lectura

Género
Autobiografía

- Una autobiografía es la historia de la vida de una persona escrita por esa misma persona.

- Las autobiografías están escritas en primera persona, usando *yo*, *mi* y *me*.

- Los sucesos de una autobiografía son sucesos y experiencias reales de la vida de una persona. El autor puede utilizar elementos literarios, como conflictos o diálogos para presentar los sucesos.

- Lee "Libros y aventuras". Busca el lenguaje literario o los elementos que usa el autor para presentar sucesos de su vida.

Libros y aventuras
por Lenny Jackson

Me llamo Lenny Jackson y nací el 28 de marzo de 1973 en Cleveland, Ohio. Mientras que la mayoría de los niños del vecindario pasaban sus veranos jugando al básquetbol o al fútbol, yo pasaba mis veranos leyendo en mi habitación. Para mí, leer sobre caballeros andantes y agentes secretos era siempre más emocionante que correr detrás de una pelota a través de un campo de juego.

Pueden imaginarse el horror que sentí cuando mis padres decidieron enviarme al campamento Caribou para que pasara allí todo un verano. Además, el campamento Caribou ni siquiera era un campamento común y corriente. El lugar no sólo estaba repleto de bosques, lagos, caminos para practicar senderismo y campos, sino que también tenía una cancha de fútbol, una de básquetbol y un trampolín. Básicamente, estaba lleno de todas las cosas que yo nunca quería hacer.

La primera persona que conocí en el campamento Caribou fue Daniel Tomzak. En ese entonces, Daniel era un niño alto, flaco, pelirrojo y pecoso. Recuerdo que tenía un mechón de cabello rojo que le colgaba sobre los ojos. Cuando entré en la cabaña, Daniel estaba de pie junto a una litera, en un rincón de la cabaña.

—Hola, soy Daniel —dijo extendiendo su mano—. Gusto en conocerte. Soy tu compañero de litera.

—Soy Lenny —respondí, y luego empecé a desempacar mi maleta. Daniel se quedó mirándome mientras yo guardaba mis pantalones y mis camisetas. Al principio, no abrí la boca. Como ya dije, yo era un niño tímido y no estaba acostumbrado a conocer gente nueva.

192

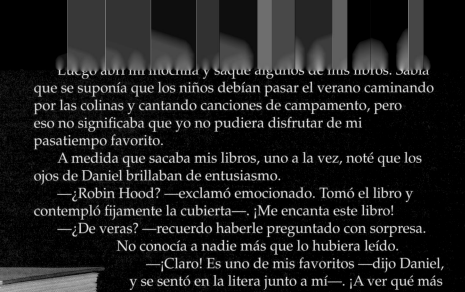

Luego abrí mi mochila y saqué algunos de mis libros. Sabía que se suponía que los niños debían pasar el verano caminando por las colinas y cantando canciones de campamento, pero eso no significaba que yo no pudiera disfrutar de mi pasatiempo favorito.

A medida que sacaba mis libros, uno a la vez, noté que los ojos de Daniel brillaban de entusiasmo.

—¿Robin Hood? —exclamó emocionado. Tomó el libro y contempló fijamente la cubierta—. ¡Me encanta este libro!

—¿De veras? —recuerdo haberle preguntado con sorpresa. No conocía a nadie más que lo hubiera leído.

—¡Claro! Es uno de mis favoritos —dijo Daniel, y se sentó en la litera junto a mí—. ¡A ver qué más has traído!

Y así empezó mi primer día en el campamento Caribou. Daniel y yo pasamos la próxima hora hablando sobre nuestros libros favoritos. Además, resultó que nos gustaban los mismos tipos de libros. A ambos nos gustaban los libros de ciencia ficción y de aventuras. El resto de los niños del campamento entraron en la habitación y desempacaron sus maletas, pero nosotros apenas si nos dimos cuenta. Daniel y yo estábamos demasiado ocupados hablando sobre aventuras espaciales, robots y espías.

Ese día también me sucedió otra cosa. Ocurrió que me hice amigo del niño más aventurero del planeta. Sin ninguna duda, a Daniel le gustaba leer, pero también le encantaba pasar horas al aire libre. Ahora que lo recuerdo, me doy cuenta de que fue Daniel quien me sacó de mi burbuja. Si ese día escuché a Daniel decir "Esto es una aventura" una vez, luego lo escuché decirlo un millón de veces ese verano.

Pensemos...

¿Qué palabras te indican que esta selección está escrita en primera persona?
Autobiografía

Pensemos...

¿Qué elementos literarios usa Lenny para presentar los sucesos principales que le ocurrieron en el campamento?
Autobiografía

Pensemos...

¿Qué lenguaje literario muestra que los sucesos descritos en el cuento ocurrieron en la realidad?
Autobiografía

Por ejemplo, una vez, Daniel me convenció de saltar al lago desde el trampolín más alto. Mis padres me habían llevado a tomar clases de natación cuando era pequeño, así que no le tenía miedo al agua. Sin embargo, sí le tenía miedo a las alturas. De sólo pensar en subirme a una escalera, por no mencionar a un trampolín alto, me temblaban las rodillas.

—Esto es una aventura —recuerdo que me dijo Daniel—. Ahora, mira. No te va a pasar nada malo.

Para probarlo, corrió hasta el extremo del trampolín, brincó una vez y se zambulló en el lago. Quizás fue mi imaginación, pero creo haber visto una gran sonrisa en su rostro justo antes de llegar al agua.

Recuerdo haber mirado hacia abajo, a la socorrista que estaba sentada en su silla. "Espero que estés poniendo atención", pensé. Unos segundos más tarde, respiré hondo y salté. Caí al agua como una bola de boliche. El agua estaba helada, pero apenas salí a la superficie me estaba riendo tanto que ya no me importaba.

Daniel y yo también vivimos muchas otras aventuras ese verano. Observamos cómo una colonia de hormigas construía un hormiguero. Fuimos de pesca al lago Anaconda y atrapamos una tortuga mordedora que casi se come la caña de pescar de Daniel. Caminamos por las colinas. Navegamos en kayak corriente abajo por el río Caribou. Cuando no estábamos al aire libre, Daniel y yo nos sentábamos en nuestras literas a leer.

Cuando se terminó el verano, Daniel y yo regresamos a nuestras casas. Nos enviamos cartas cada semana. Nos escribíamos sobre todas las cosas interesantes que aprendíamos en la escuela, sobre las películas que habíamos visto y los libros nuevos que estábamos leyendo. ¡Recuerdo haberle escrito una carta a Daniel contándole que me había ganado un lugar en el equipo de natación de mi escuela!

Eso fue hace más de veinte años. Ahora, Daniel y yo nos enviamos correos electrónicos. Nos contamos las cosas que nos suceden desde que nos conocimos aquel verano, hace tantos años. Sin embargo, la mayor parte del tiempo, recordamos aquel primer verano en el campamento, cuando los libros y las aventuras nos unieron.

Pensemos...

Relacionar lecturas Compara y contrasta *La escalera para zorrillos* y "Libros y aventuras". ¿Cómo escribió su cuento cada autor? ¿En qué son semejantes y en qué difieren las dos selecciones?

Escribir variedad de textos Imagina que Eddie Muldoon hubiera ido al campamento de Lenny. Escribe una entrada en el diario de Eddie sobre su experiencia en el campamento.

Objetivos
• Leer textos adecuados al nivel del grado y comprender la lectura. • Determinar el significado de vocabulario en español con raíces del griego, del latín o de otros idiomas. • Escuchar e interpretar los mensajes de un hablante y hacer preguntas. • Comparar y contrastar un texto original y su adaptación dramática. • Escuchar e interpretar los mensajes de un hablante y hacer preguntas. • Dar presentaciones organizadas que comunican tus ideas efectivamente.

¡Aprendamos!

CALLE DE LA LECTURA EN LÍNEA
LIBRO DEL ESTUDIANTE EN LÍNEA
www.CalledelaLectura.com

Vocabulario

Raíces griegas y latinas

Estructura de las palabras Muchas palabras del idioma español contienen raíces o partes de la palabra que provienen del griego o del latín. Puedes usar estas raíces para saber el significado de las palabras en español.

¡Practícalo! La raíz griega *dem* significa "pueblo". La raíz latina *leg* significa "ley". Trabaja con un compañero para enumerar la mayor cantidad de palabras que conozcan formadas con estas raíces. Consulten un diccionario si necesitan ayuda.

Fluidez

Expresión

Lectura en parejas

Leer con expresión puede hacer que los personajes de un cuento cobren vida. Usa tu voz para mostrar los sentimientos y las personalidades de los personajes.

¡Practícalo! Practica con tu compañero la lectura de una página de *La escalera para zorrillos*. Uno lee las líneas de Eddie y el otro lee las del narrador. Al leer, intenten mostrar cómo es cada personaje. Luego intercambien los roles y vuelvan a leer la página.

Escuchar y hablar

Cuando participes en una representación, pronuncia bien tus palabras y habla en voz alta.

Dramatización

Una dramatización es una versión de un cuento que se representa ante un público. Las dramatizaciones se centran en el uso del diálogo para mostrar qué sucede en el cuento.

¡Practícalo!

Trabaja con un grupo para dramatizar una escena de *La escalera para zorrillos*. Escriban un guión y asignen roles a los miembros del grupo. Ensayen su dramatización y luego represéntenla frente a la clase. Cuando hayan terminado, comenten con la clase las semejanzas y las diferencias entre su dramatización y el cuento original.

Sugerencias

Al escuchar...

- Escucha atentamente a cada hablante.
- Presta atención a las expresiones faciales para interpretar el mensaje del hablante.

Al hablar...

- Establece contacto visual con el público.
- Habla en voz alta y pronuncia claramente para comunicarte de manera eficaz.

Trabajo en equipo...

- Participa en los debates pidiendo sugerencias a los demás miembros de tu grupo.
- Habla acerca de las cosas con las que estás o no de acuerdo con tu grupo.

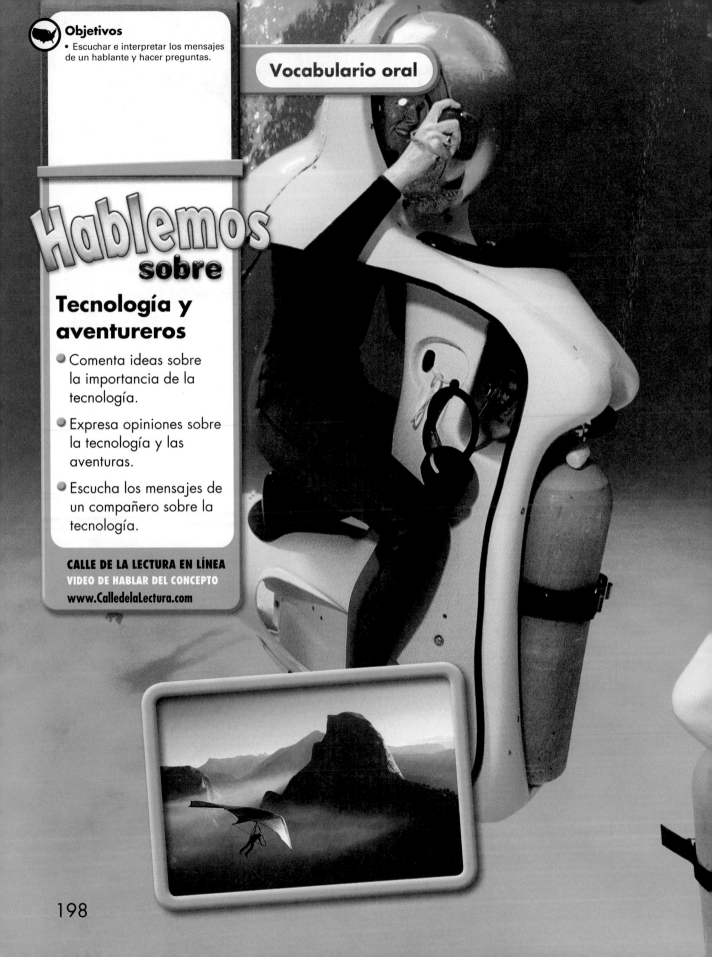

Vocabulario oral

Hablemos sobre

Tecnología y aventureros

- Comenta ideas sobre la importancia de la tecnología.

- Expresa opiniones sobre la tecnología y las aventuras.

- Escucha los mensajes de un compañero sobre la tecnología.

CALLE DE LA LECTURA EN LÍNEA
VIDEO DE HABLAR DEL CONCEPTO
www.CalledelaLectura.com

¡Has aprendido
2 1 0
palabras asombrosas
este año!

199

Objetivos

• Hacer inferencias sobre un texto y usar evidencia textual para apoyar la comprensión. • Usar características de un texto y los gráficos para obtener un vistazo del texto y localizar información.

¡Imagínalo!

Destreza

Estrategia

Destreza de comprensión

🎯 Fuentes gráficas

• Las fuentes gráficas incluyen cuadros, tablas, gráficas, mapas, ilustraciones y fotografías.

• Te pueden dar una idea sobre lo que leerás. También puedes usar las fuentes gráficas para ubicar la información.

• Usa un organizador gráfico como el siguiente para escribir detalles de la información importante que encontraste en las fuentes gráficas de la selección.

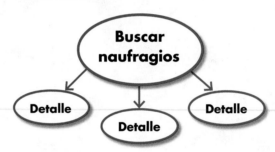

Estrategia de comprensión

🎯 Inferir

Cuando infieres, combinas tus conocimientos previos con los datos del texto para elaborar tu propia idea sobre lo que el autor trata de presentar. Con frecuencia, los lectores activos infieren ideas, moralejas, enseñanzas y temas de un texto escrito.

200

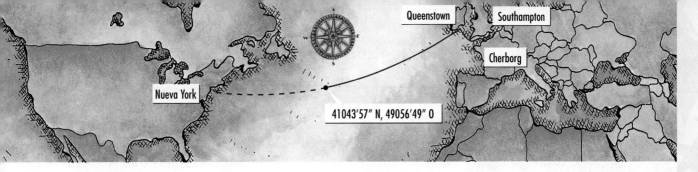

Nueva York

41043'57" N, 49056'49" O

Queenstown   Southampton

Cherborg

Naufragios

Durante muchos años, algunas personas se han pasado la vida tratando de encontrar ciertos barcos hundidos. ¿Por qué lo hacen? Hay varias razones.

Algunos quieren encontrar los barcos hundidos para saber exactamente cuál fue la causa del naufragio. Si descubrimos la causa de un naufragio, podríamos impedir que el mismo tipo de accidente ocurra nuevamente.

Algunos científicos y exploradores buscan restos de naufragios para aprender más sobre el pasado. Desean averiguar cómo era el diseño de los barcos antiguos. También quieren ver las herramientas que se usaban en esos barcos. El estudio de los restos de los naufragios se denomina *arqueología náutica*.

Una vez que se encuentra un barco hundido, se marca su ubicación en un mapa. El mapa presentado aquí muestra aproximadamente dónde se hundió el transatlántico *Titanic*. Este mapa ayudará a otras personas a ubicar este naufragio en los años venideros.

Destreza ¿De qué manera el título y el mapa te indican de qué tratará esta selección?

Estrategia ¿Qué puedes inferir sobre por qué es importante aprender acerca del pasado? Usa datos del texto para apoyar tu inferencia.

Destreza ¿Cómo te ayuda este mapa a comprender dónde se hundió el *Titanic*?

¡Es tu turno!

 ¿Necesitas repasar? Consulta *¡Imagínalo!: Cuaderno de práctica* para obtener apoyo adicional sobre las fuentes gráficas y sobre inferir.

 ¡Inténtalo! Cuando leas *El increíble naufragio del R.M.S. Titanic,* usa lo que has aprendido sobre las fuentes gráficas.

Objetivos

• Usar un diccionario, un glosario o un diccionario de sinónimos para hallar información acerca de las palabras.

¡Imagínalo! | Palabras para aprender

escombros

robótico

sonar

**estrecho
fango
interior
sedimentos**

Estrategia de vocabulario para

🎯 Palabras desconocidas

Diccionario/Glosario A veces, un escritor no incluye claves del contexto en las oraciones que rodean a una palabra desconocida. En este caso, tienes que buscar la palabra en un diccionario o glosario. Sigue estos pasos.

Escoge una de las *Palabras para aprender*.

1. Fíjate si el libro tiene un glosario. Si no lo tiene, usa un diccionario. Puedes usar un diccionario impreso o uno electrónico.

2. Busca la entrada de la palabra.

3. Observa todos los significados enumerados en la entrada. Prueba cada significado dentro de la oración que contiene la palabra desconocida.

4. Escoge el significado que tiene sentido en tu oración.

Lee "En las profundidades oceánicas", en la página 203. Usa un diccionario o un glosario para determinar el significado de las palabras que no puedes deducir a partir del texto.

Palabras para escribir Vuelve a leer "En las profundidades oceánicas". Escribe un párrafo sobre un experimento científico similar. En tu párrafo, usa palabras de la lista de *Palabras para aprender*.

EN LAS PROFUNDIDADES OCEÁNICAS

¿Qué hay en las profundidades oceánicas y quiénes viven allí? Los científicos trabajan arduamente para responder a estas preguntas. En muchos lugares, el fondo del océano está a millas de profundidad. Hace mucho frío y es muy oscuro. La presión del agua aplastaría a los buzos instantáneamente. ¿Cómo pueden bajar allí para buscar las respuestas?

Los científicos utilizan máquinas de alta tecnología. Un sonar emite ondas que rebotan en el fondo del océano. Las computadoras pueden usar esas ondas para hacer mapas. Los científicos observan los mapas de las áreas que les interesan. Luego envían allí un vehículo sumergible que puede soportar la alta presión. Este vehículo es robótico. Transporta cámaras y otros equipos para registrar cómo se ven las cosas allí abajo. A grandes profundidades, puede mostrar el fango de rocas fundidas que provienen del interior profundo de la Tierra. También puede mostrar un "desierto" de sedimentos o una cordillera.

Algunas de estas máquinas que se sumergen muy profundo transportan a personas. El interior de estas máquinas es pequeño y los científicos trabajan en un espacio estrecho. Así pueden ver la vida en el fondo del mar. Se han descubierto plantas y animales extraños muy lejos de la superficie. Desgraciadamente, también hay escombros, desperdicios y daños por la contaminación.

¡Es tu turno!

⏸ **¿Necesitas repasar?** Para obtener ayuda adicional sobre cómo usar un diccionario o glosario, consulta ¡Palabras!

▶ **¡Inténtalo!** Lee *El increíble naufragio del R.M.S. Titanic*, en las páginas 204–215.

EL INCREÍBLE NAUFRAGIO DEL R.M.S.

TITANIC

tomado de *Ghost Liners: Exploring the World's Greatest Lost Ships*

POR ROBERT D. BALLARD Y RICK ARCHBOLD
ILUSTRADO POR KEN MARSCHALL

Género

Un **texto expositivo** relata los verdaderos hechos detrás de un suceso. A medida que leas, fíjate en cómo el autor nos cuenta por qué se hundió el barco y cómo exploró los restos del naufragio.

10 DE ABRIL DE 1912, 12:00 MEDIODÍA

Unos remolcadores ayudan al *Titanic* a zarpar del puerto de Southampton.

14 DE ABRIL DE 1912, 11:39 P.M.

El trasatlántico entra en una zona de hielo y va directo hacia un iceberg.

14 DE ABRIL DE 1912, 11:40 P.M.

El iceberg abre el casco del *Titanic* por estribor.

Lo único que podía oír dentro del estrecho submarino era el incesante tono del sonar y la respiración uniforme del piloto y del ingeniero. Estaba agachado, sin poder apartar la mirada de la pequeña claraboya. Supe que nos acercábamos a los restos del naufragio cuando aumentó la frecuencia del sonar, y me estiré para ver más allá del pequeño cono de luz que atravesaba la interminable noche submarina.

—¡A la derecha! —dije emocionado y casi gritando, a pesar de que los otros dos tripulantes del *Alvin* estaban tan cerca que casi podía tocarlos—. ¡Bingo!

Como si fuera un fantasma del pasado, la proa del Royal Mail Steamer *Titanic*, víctima del peor naufragio de la historia, apareció ante nosotros. Tras años de búsqueda, había llegado a la última morada del buque.

Sin mucho esfuerzo ascendimos por el lateral de la famosa proa, que ahora goteaba inmensas lágrimas de óxido, junto a la enorme ancla y a la barandilla de cubierta. ¡Éramos los primeros que "caminábamos" sobre la cubierta del *Titanic* en más de setenta años! El enorme cabrestante utilizado para levar y echar el ancla seguía sujetando los inmensos eslabones de la cadena, como si estuviera a punto de largarla. Me sentí como en un sueño.

◄ *Alvin,* nuestro pequeño submarino, yace sobre la cubierta de botes de babor del *Titanic,* mientras *Jason Junior,* nuestro robot submarino, explora la cubierta de paseo B.

Un cartel inglés de 1912 presenta al *Titanic,* el nuevo trasatlántico de la línea White Star.

15 DE ABRIL DE 1912, 1:40 A.M.

Dos horas después de la colisión, la proa del *Titanic* yace bajo el agua.

15 DE ABRIL DE 1912, 2:17 A.M.

El *Titanic* se parte por la mitad y la sección de la proa comienza a hundirse por completo.

En 1912, el *Titanic* zarpó en su viaje inaugural. Era el buque
más grande y lujoso jamás visto. Entre los pasajeros había mucha
gente rica y famosa de la época.

De pronto, durante la quinta noche en alta mar, se desató la
tragedia. El iceberg fue avistado demasiado tarde. No había
suficientes botes salvavidas. Cundió el pánico y murieron más
de 1,500 de las 2,200 personas a bordo.

Ahora el submarino asciende sobre la cubierta, siguiendo el ángulo que forma el trinquete caído sobre el puente del barco. Hacemos una pausa en el puesto del vigía. Aquella noche decisiva, el vigía Frederick Fleet estaba de guardia. Fue él quien alertó al puente de mando "¡Iceberg al frente!". Fleet fue uno de los afortunados que logró ponerse a salvo en un bote salvavidas.

El piloto hace descender lentamente a *Alvin* por el puente, no lejos del mando del telemotor, que es lo único que queda del mecanismo de navegación del barco. Fue allí donde el primer oficial William Murdoch, desesperado por evitar la montaña de hielo que se alzaba frente al *Titanic*, le gritó al timonel: "¡Todo a estribor!". Fue allí también donde Murdoch contempló angustiado cómo el inmenso barco comenzaba a virar lentamente. Pero era demasiado tarde: el iceberg rozó fatalmente un flanco del barco. Pensé entonces en el capitán E. J. Smith, saliendo a toda prisa de su camarote mientras recibía la terrible noticia. Media hora después, al ver lo rápido que hacía agua el barco, se dio cuenta de que el "indestructible" *Titanic* tenía las horas contadas.

Despegamos del puente para dirigirnos a la popa. Vimos una puerta sobre la que había una placa de bronce con la siguiente inscripción: *Entrada a primera clase*. Entonces imaginé a los pasajeros aglomerándose en cubierta mientras la tripulación trataba de mantener el orden durante el abordaje de los botes salvavidas. El brazo roto del pescante de uno de los botes colgaba a un lado. Ése fue el lugar desde el que botaron medio vacío el bote salvavidas número 2. Entre las veinticinco personas que ocuparon aquel bote diseñado para llevar a más de cuarenta pasajeros, estaban Minnie Coutts y sus dos hijos, Willie y Neville. Ellos fueron unos de los pocos pasajeros de tercera clase que sobrevivieron al naufragio.

(arriba) El *Alvin* explora la proa del *Titanic*. La popa yace lejos de allí. (abajo, izquierda) El mando del telemotor que una vez sostuvo el timón del barco; (centro) la cubierta de paseo A; (derecha) una parte de la barandilla de proa.

Mientras nuestro pequeño submarino avanzaba hacia la popa, pudimos asomarnos por las ventanas de algunos de los camarotes de primera clase. Hace tiempo que desapareció la cúpula de cristal que se alzaba sobre la gran escalinata de primera clase. Esta abertura nos permitirá explorar sin problemas el interior del barco. Pero será ya en otra ocasión, cuando traigamos nuestro "ojo nadador" robótico, el *Jason Junior*. Mientras regresábamos, me preguntaba qué encontraríamos. Ya sabíamos que el barco se había partido en dos, y que la popa estaba a una distancia de casi dos mil pies (seiscientos metros) de la proa. De pronto, la hasta entonces lisa chapa de acero que formaba el casco se transformó en un amasijo de metal retorcido: era el punto en el que se había desprendido la popa. De allí en adelante había cientos de objetos esparcidos en el lecho marino, que cayeron cuando el barco se partió.

◄ *Jason Junior* **explora los restos de la gran escalinata.**

EL SOMBRERO CASI LE CUESTA LA VIDA

Willie Coutts estuvo a punto de morir a causa de su sombrero. Cuando el ***Titanic*** chocó contra el iceberg, Minnie, la madre de Willie, despertó a su hijo, entonces de once años de edad, y a su hermanito Neville (derecha), los vistió y les puso los chalecos salvavidas. Millie forcejeó con la muchedumbre aterrorizada para poder sacar a sus hijos del compartimento de tercera clase y así llevarlos a un lugar seguro. Un oficial le dio su propio chaleco salvavidas y le dijo: "Si el barco se hunde, usted me recordará". Otro tripulante los guió hasta la cubierta. Minnie y Neville abordaron uno de los últimos botes, pero el oficial a cargo retuvo a Willie. La regla era dejar embarcar primero a mujeres y niños, y el sombrero que llevaba Willie lo hacía parecer mucho mayor de lo que era. El oficial se negó a darle paso, a pesar de la insistencia de la madre. Finalmente, prevaleció el sentido común, y Willie también subió al bote.

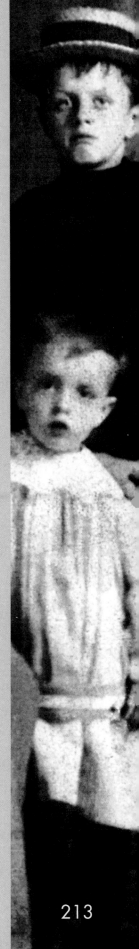

Mientras flotábamos arriba de ese campo de escombros, me llamó
la atención que, después de setenta y cuatro años, los platos y
botellas estuvieran cubiertos tan sólo por una fina película de
sedimentos. Una de las calderas del barco yacía en pie sobre el barro,
con una taza de latón encima, como si alguien la hubiera puesto allí.
Había botellas de champaña intactas y sin descorchar. La cabeza de
una muñeca de porcelana yacía en el suave fango. Nos preguntábamos
si habría pertenecido a Loraine Allison, la única niña de primera clase
que no sobrevivió aquella noche. Pero lo más siniestro de todo era
ver las botas y los zapatos, muchos de los cuales estaban con su par,

RECUERDOS CONMOVEDORES

A diferencia de la sección de proa, que quedó relativamente intacta, la popa del *Titanic* (página 214) estalló, literalmente, al tocar fondo. En la zona comprendida entre la proa y la popa vimos cientos de conmovedores recuerdos de la tragedia. Todo lo que quedaba de una cara muñeca francesa (imagen destacada) era la cabeza de porcelana (arriba a la derecha). Quizá perteneció a Loraine Allison, de Montreal (arriba en el centro, con su hermanito), la única niña de primera clase que no sobrevivió. Una taza de latón (arriba a la izquierda) descansaba sobre la compuerta ovalada de una de las enormes calderas del buque.

en el sitio exacto en el que cayeron los cuerpos. A las pocas semanas del naufragio, los cadáveres ya habían sido devorados por criaturas submarinas. El agua fría y salada se encargó de disolver los huesos. Sólo quedaron los zapatos: un silencioso testimonio de la tragedia humana que significó el *Titanic*.

Después de sólo dos horas en el fondo, llegó el momento de que *Alvin* emprendiera el largo ascenso hasta el barco, que nos esperaba dos millas y media (cuatro kilómetros) más arriba. Aún no había llegado a la superficie y ya estaba impaciente por regresar al *Titanic*. Apenas habíamos empezado a sondear sus secretos.

¡Imagínalo! | Volver a contar

Piensa críticamente

1. A comienzos del siglo XX, los trasatlánticos como el *Titanic* eran el único medio de transporte disponible entre los Estados Unidos y Europa. En algunos casos, el viaje podía durar semanas. ¿De qué manera ha cambiado el mundo del transporte desde entonces? **El texto y el mundo**

2. Como si fueran fotografías, las palabras te muestran algunos objetos hallados entre los restos del naufragio: *taza de latón, cabeza de una muñeca, zapatos* y *botas*. Busca otras palabras que tengan este efecto fotográfico que hayan usado los autores para describir los restos del naufragio. **Pensar como un autor**

3. A veces, las fuentes gráficas pueden presentar la información de manera concisa. Lee el informe cronológico de la tragedia del *Titanic* en la parte inferior de las páginas 206 y 207. ¿Por qué esta fuente gráfica es útil para comprender los sucesos? **Fuentes gráficas**

4. El autor principal, Dr. Robert Ballard, no revela explícitamente sus sentimientos respecto de la tragedia del *Titanic*. Como lector, debes inferirlos. ¿Cómo crees que se siente el autor respecto de la tragedia? Fundamenta tu inferencia con el texto. **Inferir**

5. Mira de nuevo y escribe Ve a la página 213 y vuelve a leer la sección sobre Willie Coutts. Escribe una breve anotación de diario, en primera persona, donde describas cómo se sentía Willie en ese momento, mientras luchaba por ponerse a salvo en un bote salvavidas. Fundamenta tu respuesta con el texto.

PRÁCTICA PARA EL EXAMEN | **Respuesta desarrollada**

DR. ROBERT BALLARD

El Dr. Robert Ballard nació en Wichita, Kansas, pero creció en San Diego, California, cerca del mar. Dice que de niño quería ser como el Capitán Nemo, el personaje de *20,000 leguas de viaje submarino*, la novela de Julio Verne.

El Dr. Ballard ha liderado o participado en más de cien expediciones en aguas profundas. Otro de sus logros es haber fundado la Fundación Jason para la Educación. Lo hizo en respuesta a las miles de cartas que recibió de niños que querían saber cómo había descubierto el R.M.S. *Titanic*. El objetivo de la Fundación Jason es ayudar a los maestros, estudiantes, empresas, gobierno y escuelas a trabajar juntos para incentivar a los estudiantes a usar la exploración y los descubrimientos en su búsqueda del conocimiento.

Otros libros sobre el mar:

En busca del Titanic

El mar

Usa el *Cuaderno de lectores y escritores* para anotar tus lecturas independientes.

Registro de lecturas

217

Objetivos

• Escribir respuestas a textos literarios o expositivos y presentar evidencia del texto para demostrar tu comprensión. • Utilizar y comprender la función de los adjetivos y sus formas especiales.

¡Escribamos!

Aspectos principales de tomar notas

- se incluyen los hechos y las fechas más importantes

- se vuelve a enunciar la información con las propias palabras de quien toma notas

- se citan, o nombran, las fuentes originales

CALLE DE LA LECTURA EN LÍNEA
GRAMATIRITMOS
www.CalledelaLectura.com

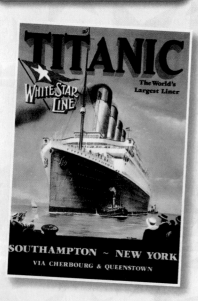

Escritura expositiva

Tomar notas

Cuando tomas notas, escribes la información más importante y más interesante de un texto. Es importante que vuelvas a enunciar la información usando tus propias palabras para asegurarte de que realmente la comprendes y recuerdas. El modelo del estudiante de la siguiente página es un ejemplo de cómo tomar notas.

Instrucciones Escoge varios párrafos de *El increíble naufragio del R.M.S. Titanic* y toma notas que incluyan los hechos e ideas más importantes. Parafrasea, o formula con tus propias palabras, toda la información que uses en tus notas.

Lista del escritor

Recuerda que debes...

☑ incluir los hechos importantes, como fechas y nombres.

☑ usar tus propias palabras para volver a enunciar la información.

☑ incluir los detalles interesantes o atractivos.

☑ usar correctamente los adjetivos y artículos.

☑ usar mayúsculas en iniciales y títulos.

218

El *Titanic* se hunde

El R.M.S. *Titanic*

- barco **gigante** de pasajeros – 2,200 personas a bordo
- entró en **las** aguas **heladas** en medio del océano
- 14 de abril de 1912
- 11:30 de **la** noche

Frederick Fleet

- de guardia en **el** puesto del vigía vio **un** iceberg
- alertó al puente de mando: "¡Iceberg al frente!"

Primer oficial William Murdoch

- ordenó virar **el** barco
- gritó: "¡Todo a estribor!" demasiado tarde
- **el** iceberg abrió **el** flanco **derecho** del barco (estribor)

El agua inunda el barco

- en **dos** horas, **la** proa del barco estaba bajo **el** agua
- **los** pasajeros se embarcaron en **los** botes salvavidas
- no había suficientes botes salvavidas
- más de 1,500 personas murieron

Hoy, en el fondo del océano donde el barco naufragó, **puedes ver** tazas, botas y **una** muñeca **francesa** de **una** pasajera **joven**.

Característica de la escritura: Enfoque/Ideas: Las buenas notas captan el enfoque del texto en que se basan y parafrasean la información (vuelven a enunciarla) en la escritura expositiva.

Los **adjetivos y artículos** están usados de manera correcta.

Género: Tomar notas te ayuda a organizar la información y a recordar los hechos más importantes.

Normas

Adjetivos y artículos

Recuerda Un **adjetivo** califica o determina al sustantivo. Un adjetivo **calificativo** expresa una cualidad del sustantivo (buque *gigante*); un adjetivo **numeral** expresa número (*2,200* pasajeros); un adjetivo **demostrativo** señala una persona, animal o cosa en particular (*este* naufragio). Los **artículos** van antes de los sustantivos y son definidos (*el, los, la, las*) o indefinidos (*un, una, unos, unas*).

Género
Ficción histórica

- La ficción histórica es un cuento ambientado en un período histórico en particular.

- En la ficción histórica, el trasfondo del cuento se basa en hechos reales, pero el cuento en sí es ficción. A veces, la ficción histórica refleja los cambios y movimientos que tuvieron lugar durante una época histórica.

- La ficción histórica suele estar escrita en tercera persona, y contiene palabras como *él*, *ella* y *ellos*.

- Lee "Temporada de naufragios". Piensa y explica cómo se reflejan los hechos o movimientos históricos en el tema del cuento.

TEMPORADA DE NAUFRAGIOS

POR DONNA HILL

Corre el año 1880 en Cape Cod, Massachusetts. Daniel, de dieciséis años, está pasando una temporada con los lancheros de la estación de rescate, quienes arriesgan sus vidas para rescatar a las víctimas de los naufragios que ocurren a lo largo de la costa rocosa. Hasta este momento, Daniel ha llevado una vida tranquila, con muy pocas aventuras. Ha navegado en botes de remo en ríos de aguas tranquilas, nunca en un mar embravecido. Ahora, junto a su perra Truehart, Daniel observa desde la orilla a los lancheros que llevan adelante un simulacro de rescate con botes salvavidas en las aguas turbulentas.

Pensemos...

¿Cómo muestra la autora que la navegación era importante durante la década de 1880?
Ficción histórica

Los hombres corrieron por la costa hasta que el capitán gritó "¡Alto!". A toda velocidad, llevaron el bote hacia las olas, lo elevaron por encima de su carro de remolque y llevaron el carro de regreso a la playa. Tomaron chalecos salvavidas del bote y se los amarraron. El capitán colocó en posición el remo para timonear. Los lancheros se sujetaron de las bordas a cada lado del bote y esperaron llenos de tensión.

Daniel se ubicó en su sitio en la popa, al lado del capitán. Ese océano donde habían botado la embarcación era diferente del que Daniel había conocido de niño, cuando jugaba con las olas. Enormes montículos de agua irrumpían bramando en la playa, se encrespaban, rompían y se sucedían uno tras otro en oleadas impetuosas, antes de convertirse en espuma de mar. El capitán estudiaba el mar tan detenidamente que Daniel se preguntó si tendría dudas sobre hacerse a la mar ese día.

—Está embravecido, ¿verdad, señor?

—No está mal.

—¿Qué estamos esperando?

—El respiro —dijo el capitán sin dejar de mirar atentamente el mar—. Aguas calmas seguidas de una contracorriente hacia el mar, habitualmente la séptima ola después de la ola más grande.

Entonces Daniel vio que las olas no eran todas del mismo tamaño. Las olas grandes irrumpieron en tropel, una tras otra, luego siguió una ola pequeña que se encrespó. El capitán gritó "¡Ahora!".

Los hombres arrastraron el bote al mar a toda prisa, mientras Daniel y el capitán empujaban desde la popa. Todos se adentraron en el mar hasta que el agua les llegó a la cintura. A medida que cada parte del bote se deslizaba libremente, un hombre se trepaba a bordo, mirando hacia la popa, y forcejeaba para colocar su remo en posición.

El agua subió y se llevó el bote. El capitán saltó sobre la popa y tomó el largo remo para timonear.

—¡Jalen! —gritó—. ¡Jalen!

El bote arremetió a través del agua. Daniel cayó hacia atrás. Se resbaló debido a las enérgicas olas, pero mantuvo sus ojos clavados en los remeros, en sus enormes brazos y hombros que daban poderosas paladas mientras se concentraban en el capitán.

El capitán estaba sentado a la altura de su remo en la popa, con la espalda derecha. La espuma se estrellaba contra su espalda. Las gotas de agua volaban alto por encima de su cabeza. Daniel lo vio alejar el bote de las olas más grandes hasta que rompían, pero cuando apareció una ola

Pensemos...

¿Cómo sabes que este cuento transcurre en una época pasada distinta de la actual?
Ficción histórica

Pensemos...

¿Por qué crees que los lancheros eran importantes para la industria de la navegación durante la década de 1880?
Ficción histórica

que no podía evitar, exigió a sus hombres más velocidad y arremetió contra ella con el bote de frente. El inmenso mar rompió sobre la proa y empapó a los remeros. Los hombres no flaquearon, ni siquiera mostraron dolor en sus rostros.

Daniel estaba maravillado por la destreza, la fuerza y el arrojo de los lancheros, y por la belleza del bote blanco de rescate que volaba a través de la espuma reluciente. Saludó, dando zancadas, chapoteando y agitando las manos. Apareció entonces una bramante montaña de mar, a punto de romper sobre él. La vio justo a tiempo, giró y se zambulló en dirección a la costa.

La perra corría de un lado a otro de la playa, ladrando sin cesar mientras Daniel se acercaba chapoteando en el oleaje. Se abalanzó sobre él, moviendo su cola frenéticamente y hundió su hocico frío en su mano.

—Entonces crees que estoy bien después de todo, ¿no es así, vieja amiga? —dijo Daniel riendo y acariciando la melenuda cabeza del animal.

Juntos patrullaron la playa, contemplando el bote de rescate. Más allá de la rompiente, el bote se volcó. Los tripulantes se balanceaban entre las olas. La perra se puso en estado de alerta y clavó su mirada en el mar. No se relajó hasta que el bote fue enderezado y la tripulación volvió a sus remos.

—¿Lista para ir al rescate, amiga? —le preguntó Daniel. Le dijo que era una perra muy noble.

Regresar con el bote a la costa parecía aún más peligroso que hacerse a la mar. El bote se acercó volando delante de una oleada enorme, con el capitán de pie en la popa, mientras la espuma rompía a su alrededor.

Todos los remeros, incluso los atletas del club de Daniel, se sentirían impresionados por esta tripulación. El modo de remar que Daniel y sus amigos practicaban en un río calmo, sin nada en qué pensar más que en las paladas y la velocidad, era un mero juego de niños en comparación con los esfuerzos de estos poderosos remeros, que no lo hacían por deporte, sino como preparación para salvar vidas.

Ser un lanchero no era poca cosa, decidió Daniel. Y no sería poca cosa que lo consideraran uno de ellos.

Pensemos...

A pesar de que hay un narrador que narra en tercera persona, vemos muchas cosas a través de los ojos de Daniel. ¿Cómo se siente Daniel acerca de lo que ve?
Ficción histórica

Pensemos...

Relacionar lecturas Vuelve a leer *El increíble naufragio del R.M.S. Titanic* y "Temporada de naufragios" y haz una lista de los peligros potenciales que presenta el mar. Asegúrate de incluir evidencia del texto.

Escribir variedad de textos Escribe una lista de sugerencias de seguridad para las personas que planeen hacer un viaje por el océano. Basa tus sugerencias en tu lista de peligros.

¡Aprendamos!

CALLE DE LA LECTURA EN LÍNEA
LIBRO DEL ESTUDIANTE EN LÍNEA
www.CalledelaLectura.com

Vocabulario

Palabras desconocidas

Diccionario/Glosario Si no puedes determinar el significado de una palabra desconocida a partir de las claves del contexto, puedes buscarla en el diccionario o en el glosario. El diccionario también proporciona más información sobre las palabras, como su categoría gramatical.

¡Practícalo! Escoge tres palabras desconocidas de *El increíble naufragio del R.M.S. Titanic*. Usa un diccionario o un glosario para buscar sus significados. Escribe cada palabra y su definición. ¿Qué otra información sobre cada palabra te proporciona el diccionario?

Fluidez

Expresión

Lectura en parejas

Al leer, puedes usar tu voz para expresar emociones, como entusiasmo o suspenso. Ajusta el tono de tu voz para que coincida con lo que está ocurriendo en el cuento.

¡Practícalo! Con tu compañero, túrnense para leer en voz alta una página de *El increíble naufragio del R.M.S. Titanic*. Modifiquen la velocidad, el volumen y la expresión de sus voces para que coincidan con la atmósfera del cuento. Corríjanse mutuamente para mejorar su lectura.

Lectura y medios de comunicación

Prepárate para la escuela intermedia

Al hablar, usa adjetivos descriptivos (francés, estadounidense).

Noticiero

Un noticiero es una emisión de radio o de televisión dedicada a informar a su audiencia sobre sucesos de actualidad.

¡Practícalo!

Imagina que el *Titanic* se hundiera hoy. Con un compañero, prepara un noticiero sobre el *Titanic*. Usen dibujos o ilustraciones para relatar la noticia. Presenten el noticiero a la clase. Comenten cómo se presentan las noticias en Internet y en los diarios.

Sugerencias

Al escuchar...
- Escucha el mensaje del hablante.
- Haz preguntas para comprender el propósito del hablante.

Al hablar...
- Pronuncia las palabras claramente al comunicar tus ideas.
- Habla a un ritmo natural.

Trabajo en equipo...
- Pide a tu compañero que haga comentarios sobre tu informe.
- Toma en cuenta las sugerencias de tu compañero.

Objetivos

• Escuchar e interpretar los mensajes de un hablante y hacer preguntas. • Identificar la idea principal y las ideas de apoyo en el mensaje de un hablante.

Vocabulario oral

Hablemos sobre

Aventureros en el espacio

- Expresa opiniones sobre el espacio y la aventura.

- Escucha las opiniones de un compañero sobre el espacio y la aventura.

- Determina las ideas principales y las ideas de apoyo del mensaje de tu compañero.

CALLE DE LA LECTURA EN LÍNEA
VIDEO DE HABLAR DEL CONCEPTO

www.CalledelaLectura.com

¡Has aprendido **2 2 0** palabras asombrosas este año!

¡Imagínalo!

Destreza

Estrategia

CALLE DE LA LECTURA EN LÍNEA
ANIMACIONES DE ¡IMAGÍNALO!
www.CalledelaLectura.com

Destreza de comprensión

Propósito del autor

• El propósito del autor es la razón principal que tiene un autor para escribir una selección. Un autor puede escribir para persuadir, informar, entretener o expresar ideas o sentimientos.

• Puedes usar detalles del texto para determinar el propósito del autor.

• Después de leer un texto, es importante evaluar qué tan bien logró su propósito el autor.

• Usa un organizador gráfico como el siguiente para anotar detalles sobre el propósito del autor de "Los Estados Unidos en el espacio". Luego, pregúntate si crees que el autor logró su propósito.

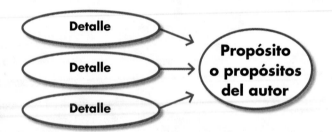

Estrategia de comprensión

Verificar y aclarar

Cuando lees un texto expositivo o informativo, siempre debes verificar que comprendes lo que el autor está tratando de decir. Usar tus conocimientos sobre el tema es una manera de verificar tu comprensión. Otro método es hacer una lista de las ideas importantes del texto.

Los Estados Unidos en el espacio

El programa espacial de los Estados Unidos, conocido por la mayoría de las personas como la NASA (las siglas en inglés significan "Administración Nacional de Aeronáutica y del Espacio"), empezó en 1958. Se formó porque los Estados Unidos querían vencer a la antigua Unión Soviética en la "carrera espacial".

Al inicio, la Unión Soviética llevaba la delantera en la carrera espacial. Los soviéticos enviaron el primer satélite al espacio en 1957. Los Estados Unidos no lo hicieron hasta 1958. La Unión Soviética también envió a la primera persona que orbitó la Tierra, en 1961. Los Estados Unidos no pusieron en órbita a una persona hasta 1962. Esa persona era John Glenn. Orbitó la Tierra tres veces.

Con el transcurso del tiempo, los Estados Unidos tomaron la delantera en la carrera espacial. El presidente John F. Kennedy asignó a la NASA la meta de poner a una persona en la Luna antes de que terminara la década de 1960. La NASA logró alcanzar esa meta. En 1969, Neil Armstrong fue la primera persona en pisar la Luna. Esta hazaña contribuyó a que los Estados Unidos ganaran la carrera espacial.

Destreza Después de leer la primera oración, ¿cuál crees que fue el propósito del autor al escribir este texto? ¿Qué pista proporciona la oración?

Estrategia ¿De qué manera tus conocimientos previos te ayudan a entender este párrafo?

Destreza ¿Cuál es el propósito del autor en este texto? ¿Logró su propósito? ¿Por qué sí o por qué no?

¡Es tu turno!

¿Necesitas repasar?
Consulta *¡Imagínalo!: Cuaderno de práctica* para obtener apoyo adicional.

¡Inténtalo! Cuando leas *Conversación con una astronauta*, usa lo que has aprendido sobre las fuentes gráficas.

231

Objetivos

• Determinar el significado de las palabras poco comunes o de varios significados mediante el contexto de la oración.

¡Imagínalo! | Palabras para aprender

gravedad

logro

monitores

concreto
interés
modelo

Estrategia de vocabulario para

Palabras de varios significados

Claves del contexto Algunas palabras tienen más de un significado. Puedes hallar claves en las palabras cercanas para determinar y aclarar qué significado ha usado el autor. Sigue estos pasos.

1. Piensa en los distintos significados que puede tener la palabra.

2. Vuelve a leer la oración en la que aparece la palabra. ¿Encontraste claves en el contexto? ¿Qué significado encaja en la oración?

3. Si no puedes determinarlo, busca más claves en las oraciones cercanas.

4. Reúne las claves y decide qué significado concuerda mejor.

Lee "Ser un astronauta", en la página 233. Usa el contexto para decidir qué significado tiene una palabra de varios significados en el artículo. Por ejemplo, la palabra *modelo*, ¿significa "representación en pequeño de alguna cosa" o "individuo digno de imitación"?

Palabras para escribir Vuelve a leer "Ser un astronauta". Escribe un párrafo sobre cómo crees que será un viaje al espacio en el futuro. En tu párrafo, asegúrate de usar el significado correcto de cada una de las palabras de la lista de *Palabras para aprender*.

Ser un astronauta

Los astronautas tienen un lugar especial en nuestra historia. También son personas que poseen un carácter especial. Al igual que todos los exploradores, los astronautas deben ser curiosos y valientes. Como científicos, deben estar bien entrenados en física y en matemáticas y tener un interés particular en la astronomía. También son pilotos habilidosos.

Para vivir en el espacio, los astronautas deben estar en óptimo estado físico. Como hay menos gravedad en el espacio, deben acostumbrarse a la relativa ingravidez. Cada misión requiere la realización de diferentes tareas en concreto. En un viaje, los astronautas pueden construir una parte de una estación espacial. En otro, pueden realizar docenas de experimentos. Quizás deban usar un brazo robótico y observar en los monitores qué hace el brazo. Las pantallas de la computadora les permiten ajustar los movimientos del brazo. Éstas son sólo unas pocas tareas de las muchas que los astronautas deben realizar en el espacio.

Los astronautas han alcanzando muchas metas, pero ningún logro es más importante que el de servir como modelo positivo para los jóvenes. El valor, el aprendizaje y la dedicación al deber de estos exploradores del espacio los convierten en ejemplos brillantes. Nos demuestran que las personas pueden alcanzar las estrellas.

¡Es tu turno!

⏸ ¿Necesitas repasar? Para obtener ayuda adicional sobre las palabras de varios significados, consulta *¡Palabras!*

▶ ¡Inténtalo! Lee *Conversación con una astronauta*, en las páginas 234–245.

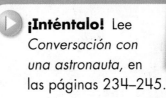

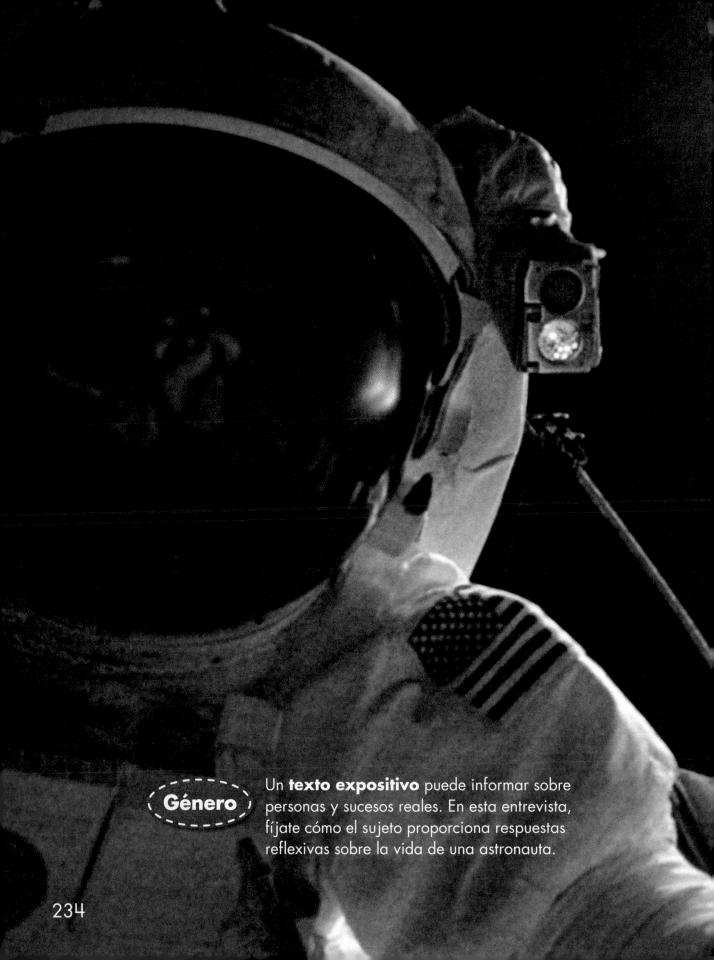

Un **texto expositivo** puede informar sobre personas y sucesos reales. En esta entrevista, fíjate cómo el sujeto proporciona respuestas reflexivas sobre la vida de una astronauta.

CONVERSACIÓN
con una
ASTRONAUTA

· ·

 Pregunta de la semana

¿Cómo es la vida de un astronauta?

Ellen Ochoa es la primera mujer hispana en viajar al espacio. También ha inventado robots y diversos instrumentos ópticos. Un grupo de estudiantes de quinto grado la entrevistaron.

P. **¿Qué raíces hispanas tiene? ¿Hablaba español en casa cuando era pequeña?**

R. Mis raíces hispanas vienen del lado de mi padre. Sus padres eran mexicanos, pero él nació en este país. Era uno de 12 hijos. Creció hablando tanto español como inglés, pero lamentablemente no hablaba español con nosotros en casa. Cuando yo era pequeña, mi padre creía, al igual que muchas otras personas en esa época, que había prejuicios contra quienes hablaban su lengua materna. Eso está muy mal; me alegro de que en este aspecto las cosas hayan cambiado en los últimos años.

P. **Al ser una estadounidense de origen hispano, ¿se siente más presionada y más orgullosa de sus logros? ¿Piensa en sus raíces cuando considera lo bien que se ha desempeñado en su vida?**

R. No creo que por ser hispana sienta mayor presión. Tal como son las cosas, yo misma me pongo suficiente presión. Un logro mío es que ser astronauta me ha dado la oportunidad de hablar con niños de todas partes, incluso niños con mis mismas raíces. Creo que es importante que los niños tengan a alguien que les sirva de modelo para que sepan lo que pueden llegar a ser. Es importante que sepan que si se esfuerzan llegarán a ser y lograr lo que quieran. Estoy orgullosa de ser un ejemplo de ello.

P. ¿Quién cree que es la persona que más ha influido en su vida?

R. Mi madre es la persona que más influencia ha tenido. Cuando yo tenía un año, ella empezó la universidad. Como tuvo que criar a cinco hijos prácticamente sola, no podía tomar más de una clase por semestre. Por tanto, no se graduó hasta 22 años después, pero finalmente lo hizo. Su principal interés era aprender. En esto ella fue mi ejemplo.

P. ¿Qué cosas le interesaban cuando estaba en quinto grado?

R. Creo que cuando estaba en quinto grado quería ser presidente. Pero al llegar a sexto grado ya lo había superado. En ese entonces no pensaba en llegar a ser astronauta. Pero nunca sabes cómo van a cambiar tus intereses. Por eso es importante no cerrarte nunca las puertas. En la universidad cambié de carrera cinco veces. Empecé la universidad interesada en la música y en los negocios, y me gradué con un diploma en física. En realidad, nunca pensé en llegar a ser astronauta hasta los últimos años de universidad, cuando me enteré de qué tipo de destrezas busca la NASA en aquellas personas que podrían llegar a ser astronautas.

237

P. ¿Por qué quería viajar al espacio?

R. No me puedo imaginar que no se quiera viajar al espacio. Pero nunca consideré la opción de ser astronauta porque cuando yo era pequeña no había mujeres astronautas. No fue sino hasta después de que se seleccionaron las primeras seis mujeres astronautas, en 1978, que las mujeres pudimos pensar siquiera en ser astronautas como una profesión posible.

P. ¿Cómo es manejar un brazo robótico en el espacio?

R. He manejado el brazo robótico en mis tres misiones espaciales y realmente me fascina. Es difícil hacerlo, pero es muy divertido. En mi última misión a la estación espacial trabajé con la ayuda de cámaras y monitores porque estábamos acoplados de manera tal que no podía ver el brazo robótico. Esto dificultaba las cosas, aunque en realidad todo lo que he hecho en misiones espaciales verdaderas siempre ha resultado más fácil que cuando lo hice por primera vez en los entrenamientos.

P. ¿Cómo es el entrenamiento de la NASA?

R. En el entrenamiento todo es siempre más difícil. Cuando nos entrenamos, nos preparamos para cualquier cosa que pueda ocurrir en la misión espacial: cualquier cosa que pueda fallar. En el entrenamiento, las cosas se descomponen continuamente, los problemas se tienen que resolver. Nunca ha fallado nada en ninguna de las misiones en las que he participado, y el entrenamiento nos ayuda a cerciorarnos de que nada malo ocurra. Cada misión tiene un propósito concreto. Para la última misión empezamos a entrenarnos nueve meses antes del vuelo verdadero. Empecé mi entrenamiento formal en la NASA en 1990. Durante esa etapa pasé casi la mitad del tiempo entrenándome. La otra mitad la dedicaba a realizar otras tareas. Para la primera misión me entrené durante tres años, lo cual no es una espera muy larga. ¡Algunos astronautas han tenido que esperar 10 y hasta 16 años antes de viajar al espacio!

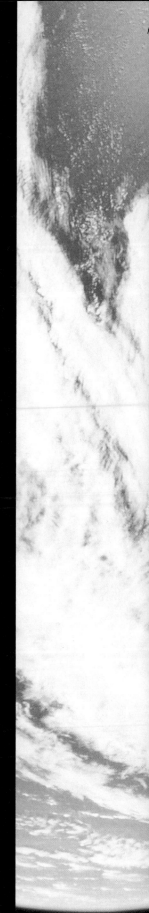

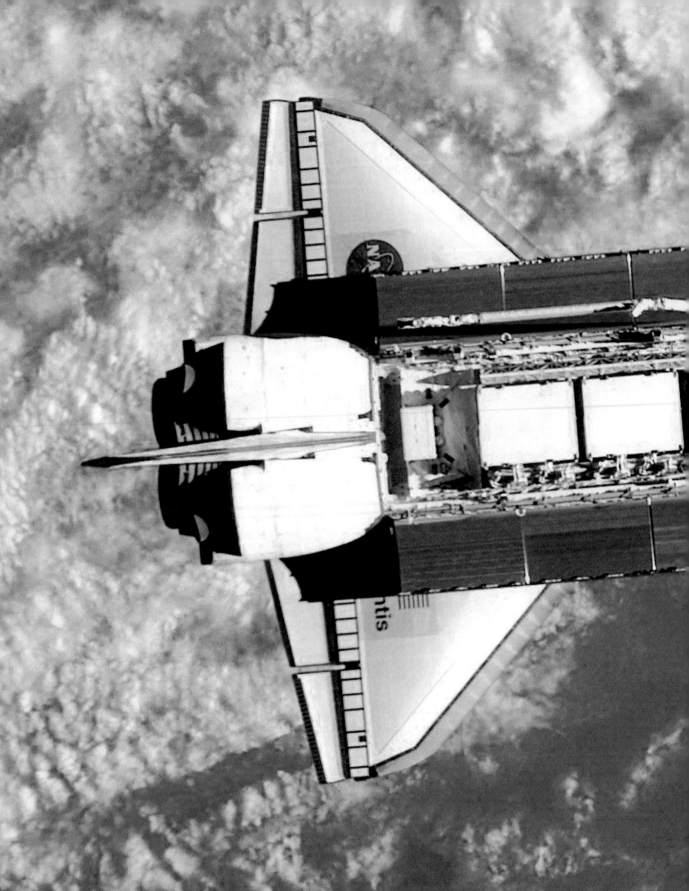

P. ¿Qué se siente al flotar en gravedad cero?

R. La relativa ingravidez es la parte más divertida de la misión. Realmente, no hay nada parecido en la Tierra. Me imagino que lo más cercano sería nadar o bucear. La libertad de movimiento es parecida. Lo extraño es que la gravedad cero parece más natural. En el espacio no se sienten las mismas sensaciones que en el agua.

P. **¿Cómo duermen en el trasbordador espacial? ¿Duermen todos a la vez o se turnan? ¿Tienen sueños raros a causa de dormir en el espacio?**

R. En mis primeras dos misiones dormimos en dos turnos. Teníamos compartimentos para dormir que parecían ataúdes. En la última misión dormimos en un solo turno. En vez de dormir en compartimentos, dormíamos en lo que se podría describir mejor como una bolsa de dormir con ganchos. Buscábamos un lugar para engancharnos y flotar. En cuanto a los sueños, en mi caso no han sido muy distintos por estar en el espacio. Yo tiendo a soñar mucho, ya sea que esté en el espacio o en la Tierra. Estando en la Tierra puedo soñar que floto así como en el espacio puedo tener sueños en los que no floto.

P. **¿Cómo es la Tierra desde el espacio?**

R. Ésa es una pregunta muy difícil de contestar. Tienen que recordar que el trasbordador se mueve a 5 millas por segundo, así que la Tierra se ve muy distinta dependiendo de la ubicación que uno tenga en el espacio en relación a la Tierra y de la hora que sea. Les diría, sin embargo, que la Tierra es como yo me lo esperaba. Las películas *Imax* dan una idea bastante aproximada de cómo se ve la Tierra desde el espacio. La mayor diferencia es que los colores son mucho más intensos cuando estás en el espacio.

P. **¿Cómo come en el espacio? ¿Tiene que comer comida de un tubo? ¿Sabe bien la comida?**

R. Los astronautas no comemos comida de tubos desde hace más de veinte años. Ahora casi toda la comida es liofilizada. Lo único que hacemos es ponerle agua caliente. Comemos una variedad de alimentos, inclusive frutos secos, cereales, galletas, frutas deshidratadas, tortillas. También tenemos bebidas a las que les añadimos agua.

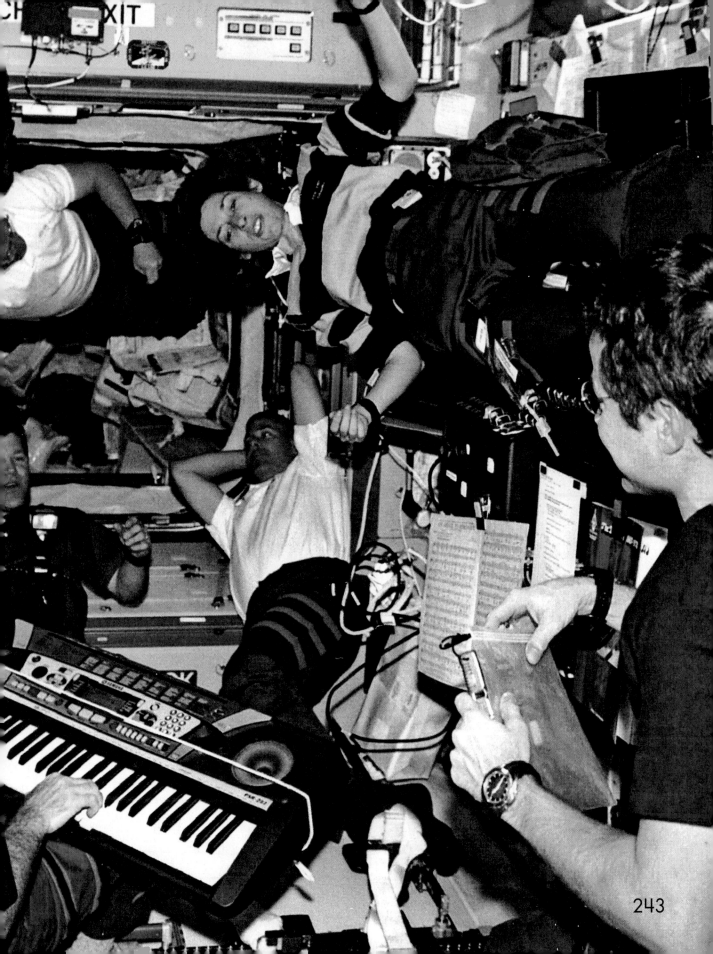

P. ¿Es difícil ser astronauta y madre al mismo tiempo? ¿Le preocupa ir al espacio ahora que es madre? ¿Qué piensa su hijo de que usted viaje al espacio?

R. Creo que es difícil ser cualquier cosa y madre. Los dos cosas son trabajos de tiempo completo y en ambos hay que esforzarse mucho para realizar una buena labor. En lo personal, los dos trabajos me parecen maravillosos. Me es muy difícil estar separada de mi esposo e hijo cuando voy en una misión, y me hacen muchísima falta. Pero muchas personas tienen que estar separadas de la familia a causa de su trabajo. Ahora mismo mi hijo tiene dieciocho meses, así que la última vez que fui al espacio, él no sabía realmente lo que pasaba. Creo que la próxima vez va a ser mucho más difícil puesto que va a entender más.

P. **¿Puede hablarle a su familia desde el espacio?**

R. Sí, gracias al correo electrónico, cuando estoy en el espacio mi esposo y yo nos comunicamos a diario, lo cual es muy agradable. Y en misiones de más de diez días, se nos permite encontrarnos en una videoconferencia.

P. **¿Cuál fue el suceso que más miedo le ha dado en el espacio?**

R. Nunca ha sucedido nada que me diera miedo porque nada ha fallado en ninguna de mis misiones. Para mí, ir al espacio es muy emocionante, no algo que me atemorice. La parte más peligrosa de un vuelo es el lanzamiento ya que es la fase en la que más cosas pueden fallar. Pero como dije antes, nunca ha habido problemas en ninguna de mis misiones, y además, estamos entrenados para enfrentar cualquier problema que se nos presente.

P. **¿Usted cree que es posible la comunicación con extraterrestres? ¿Cree que hay otras formas de vida en el espacio?**

R. No estoy realmente segura de que la comunicación sea posible con la tecnología que tenemos hoy en día. Dado el número de estrellas que se han descubierto en el último par de años, no es inconcebible que exista vida en otros planetas. Aunque es importante diferenciar entre la vida de un organismo unicelular y la de seres inteligentes y capaces de comunicarse.

P. **Me encantan las matemáticas y quiero llegar a ser astronauta. ¿Cómo puedo empezar a prepararme?**

R. Es bueno que te gusten las matemáticas, porque para ser astronauta es muy importante tener un título universitario en matemáticas o en alguna ciencia técnica. Sin embargo, ser astronauta no es sólo cuestión de ciencias. Un astronauta debe saber trabajar en equipo y dirigir a otros, si es necesario. Podrías empezar a participar en actividades en las que tengas que trabajar de cerca con otras personas, porque saber trabajar con otras personas es una parte esencial de ser astronauta.

Objetivos

• Presentar evidencia del texto para demostrar tu comprensión. • Escribir respuestas a textos literarios o expositivos y presentar evidencia del texto para demostrar tu comprensión.

¡Imagínalo! | Volver a contar

CALLE DE LA LECTURA EN LÍNEA
ORDENACUENTOS
www.CalledelaLectura.com

Piensa críticamente

1. Ellen Ochoa cuenta cómo los modelos de conducta, los intereses, las opciones y el trabajo en equipo afectan su vida. ¿Cómo podrían afectar a la tuya? **El texto y tú**

2. Imagina que vas a entrevistar a un aventurero famoso. ¿De qué manera las preguntas de "Conversación con una astronauta" te podrían ayudar a elaborar buenas preguntas para la entrevista? **Pensar como un autor**

3. Uno de los propósitos de una entrevista es reunir datos sobre alguien. Otro propósito es recoger opiniones. ¿Cuáles son algunas de las opiniones de Ellen Ochoa? Usa ejemplos de la entrevista para explicar tu respuesta. **Propósito del autor**

4. ¿Por qué la ausencia de gravedad es como nadar? ¿En qué se diferencia de nadar? Usa citas de la entrevista para explicar tu respuesta. **Verificar y aclarar**

5. Mira de nuevo y escribe Vuelve a leer la página 238. ¿Por qué el entrenamiento es más difícil que la misión espacial real? Fundamenta tu respuesta con el texto.

PRÁCTICA PARA EL EXAMEN **Respuesta desarrollada**

Ellen Ochoa

Ellen Ochoa se crió en La Mesa, California. Obtuvo un título en física en la Universidad Estatal de San Diego y un doctorado en la Universidad de Stanford. Algunos de sus profesores no aconsejaban que las mujeres se dedicaran a las matemáticas y las ciencias, pero ella sabía que podía lograrlo.

En Stanford, la Dra. Ochoa se enfocó en el área en la cual se haría un nombre: sistemas de información óptica. Desarrolló modos para que las computadoras "vean" objetos y los analicen. En 1987 solicitó ingresar al programa de astronautas de la NASA, pero fue rechazada. En lugar de desmotivarse por ello, ¡Ochoa obtuvo su licencia de piloto! La NASA aceptó su solicitud en 1990.

En 1993, la Dra. Ochoa se convirtió en la primera mujer hispana en llegar al espacio exterior. En sus cuatro misiones en el espacio, ha investigado cuestiones como el efecto del Sol en la atmósfera de la Tierra y ha visitado la Estación Espacial Internacional.

La Dra. Ochoa vive con su marido y sus dos hijos. En su tiempo libre, pilotea aviones y juega al voleibol.

Otros libros sobre Ellen Ochoa:

LATINOS FAMOSOS

Ellen Ochoa
La primera astronauta latina
Lila y Rick Guzmán

OCHOA
ELLEN

Registro de lecturas

Usa el *Cuaderno de lectores y escritores* para anotar tus lecturas independientes.

Objetivos
• Escribir ensayos bien organizados con hechos, detalles y ejemplos específicos.

Escritura expositiva

Bosquejo biográfico

Un **bosquejo biográfico** captura un momento de la vida de una persona real. Cuenta sobre un suceso en particular de la vida de una persona, en lugar de la vida entera de la persona. El modelo del estudiante de la siguiente página es un ejemplo de bosquejo biográfico.

Instrucciones Piensa en alguien que conozcas o en una persona sobre la que te gustaría saber más. Ahora escribe un bosquejo biográfico sobre esa persona.

¡Escribamos!

Aspectos principales de un bosquejo biográfico

- cuenta sobre la vida de una persona real
- utiliza lenguaje preciso y detalles sensoriales
- puede mostrar la personalidad del sujeto

CALLE DE LA LECTURA EN LÍNEA
GRAMATIRITMOS
www.CalledelaLectura.com

Lista del escritor

Recuerda que debes...

✓ contar sobre un suceso de la vida de la persona.

✓ organizar la información de manera lógica.

✓ usar citas para que los pensamientos de la persona cobren vida.

✓ incluir sucesos específicos, detalles y ejemplos.

Mi primo Ian

A Ian le encantan los animales. Un día le preguntó a sus padres: "¿Puedo criar un perro lazarillo?". Los perros lazarillos son mascotas que se crían en una familia durante pocos años. Después, **esos** perros hacen un entrenamiento especial para convertirse en perros que guían a ciegos o a personas que necesiten ayuda.

Sus padres dijeron que era mucho trabajo criar un perro de **esa** clase. Ian estaba decidido: "Llevaré a **ese** perro conmigo a todas partes. De **esta** manera, podrá acostumbrarse a las personas, multitudes y ruidos fuertes".

Ian estaba dispuesto a realizar el trabajo. Sus padres le consiguieron una cachorra de pelo amarillo en el centro de entrenamiento. Ian la llamó Toña. Llevaba a **esa** cachorrita a todos lados. La llevó al fútbol, a festivales de música y al picnic de la escuela. Ian adoraba a Toña y Toña adoraba a Ian.

Cuando Toña cumplió 2 años, Ian tuvo que devolverla. Ian estaba afligido, pero sabía que era lo acordado. Así que llevó a la perra al centro de entrenamiento. Allí Toña se reunió con sus dos hermanas. **Estos** perros regresaron al centro para ser entrenados como lazarillos. Ian estaba triste, pero sabía que hacía lo correcto.

Género:
Un **bosquejo biográfico** cuenta sobre un episodio de la vida de una persona.

Característica de la escritura: Oraciones:
La variedad de oraciones y las citas ayudan a mostrar la personalidad del sujeto.

Los adjetivos *esos, esa, ese, esta* y *estos* están usados de manera correcta.

Normas

Este, ese, aquel

Recuerda Los adjetivos *este, ese* y *aquel*, y sus variantes de género y número (*esta/s, esa/s, aquella/s, estos, esos, aquellos*), señalan cuán cerca o lejos está algo de la persona que habla.

249

Objetivos
• Analizar si los sitios Web y otros medios de comunicación digitales son formales o informales.

Destrezas del siglo XXI
EXPERTO EN INTERNET

Los **directorios** contienen grandes cantidades de información. Organizan las cosas para ti. Busca el enlace a la categoría que necesitas. Luego, sigue los enlaces. Marca los directorios que te sean útiles.

- Los directorios en línea presentan listas de enlaces a muchos sitios Web que te pueden enseñar sobre un tema.

- Puedes buscar los temas por palabras clave. Escribe una palabra clave en la ventana de búsqueda y haz clic en el botón "Buscar".

- Los resultados aparecerán como una lista con enlaces a sitios Web. Los sitios Web pueden estar escritos con lenguaje formal o informal.

- Lee "Mujeres astronautas". Piensa en si el lenguaje que se usa es formal o informal.

Mujeres astronautas

Digamos que quieres aprender más sobre las mujeres astronautas. Buscas un directorio en línea. Aquí te presentamos algunos de los temas que encuentras enumerados en el directorio.

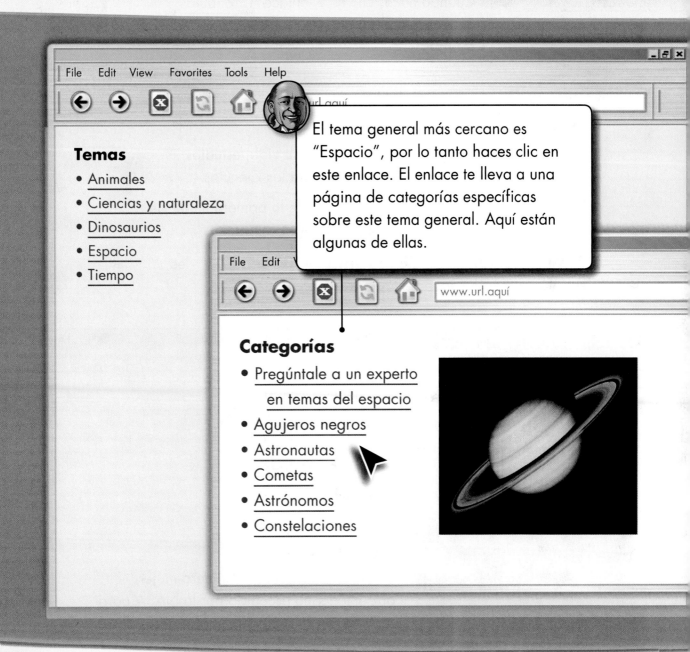

Temas

- Animales
- Ciencias y naturaleza
- Dinosaurios
- Espacio
- Tiempo

El tema general más cercano es "Espacio", por lo tanto haces clic en este enlace. El enlace te lleva a una página de categorías específicas sobre este tema general. Aquí están algunas de ellas.

www.url.aquí

Categorías

- Pregúntale a un experto en temas del espacio
- Agujeros negros
- Astronautas
- Cometas
- Astrónomos
- Constelaciones

Cuando haces clic en el enlace Astronautas, obtienes una lista de sitios Web. Decides hacer clic sobre éste:

Jemison, Mae

Sitios

1. **Biografía: Mae Jemison** - datos de su vida, estudios, experiencia en la Fundación Nacional para las Ciencias.

2. **NASA: Dra. Mae Jemison** - lee sobre la primera mujer de color que viajó al espacio, en el sitio *"NASA Quest"*.

3. **Mujeres del Salón de la Fama – Mae Jemison** - lee sobre esta médica, ingeniera y astronauta.

Esto es lo que obtienes:

Mae Jemison

Ciudad natal:
Chicago, Illinois

Mayor logro:
Mae Jemison es la primera mujer afroamericana escogida por la NASA para ser astronauta de un transbordador espacial.

Cómo lo logró:
Desde niña, Mae quiso ser científica. Sus padres la animaron a esforzarse para lograr sus metas y ella sabía que tenía la capacidad de hacer casi cualquier cosa que

se propusiera. Obtuvo un diploma en ingeniería y luego uno en medicina. Antes de convertirse en astronauta, Mae trabajó como médica en África Occidental. Mae Jemison es una persona fuerte y resuelta, que sacó el máximo provecho de sus estudios y se convirtió en médica, ingeniera y astronauta, ¡una verdadera estrella de las ciencias!

Lo que ella dice:

"No permitas que nadie te robe tu imaginación, tu creatividad o tu curiosidad. Es tu lugar en el mundo, es tu vida. Sigue adelante y haz todo lo que puedas con ella, y conviértela en la vida que quieres vivir".

para más práctica

Busca en línea
www.CalledelaLectura.com
Usa los directorios en línea para investigar más acerca de los astronautas.

Actividad en línea de las Destrezas del siglo XXI
Entra a Internet y sigue las instrucciones para elegir directorios en línea para investigar más acerca de cómo llegar a ser un astronauta.

CALLE DE LA LECTURA EN LÍNEA
LIBRO DEL ESTUDIANTE EN LÍNEA
www.CalledelaLectura.com

Vocabulario

Palabras de varios significados

Claves del contexto Algunas palabras tienen más de un significado. Puedes usar las claves del contexto para saber cuál es el significado que se le dio a la palabra. Piensa en todos los significados de la palabra. Luego decide cuál de los significados tiene más sentido en la oración.

¡Practícalo! Vuelve a leer *Conversación con una astronauta*. Halla la mayor cantidad que puedas de palabras con más de un significado. Copia una oración del cuento que contenga una palabra de varios significados. Luego escribe tu propia oración usando otro significado de la misma palabra.

Fluidez

Precisión

Lectura en parejas Puedes mejorar la precisión de tu comprensión de lectura dando un vistazo previo al cuento. Lee el cuento para identificar palabras poco comunes. Busca su significado en un diccionario. Luego practica la pronunciación de cada palabra en voz alta dos o tres veces para poder leerla con precisión.

¡Practícalo! Practica con un compañero la lectura en voz alta de *Conversación con una astronauta*. Da un vistazo previo a las palabras de la página para asegurarte de que comprendes todas las palabras y sabes cómo pronunciarlas. Si necesitas ayuda, consulta un diccionario. Un compañero lee la primera pregunta mientras que el otro compañero lee la respuesta. Luego intercambien los roles.

Escuchar y hablar

Prepárate para la escuela intermedia

Cuando narres un cuento, varía el ritmo al que hablas y el volumen de tu voz.

Narración oral

Un cuento exagerado es una versión humorística y exagerada de un cuento heroico, a veces basado en personajes o hechos reales. Su propósito es entretener al lector u oyente.

¡Practícalo!

Con un compañero, crea un cuento exagerado sobre una aventura imaginaria que ocurre en el espacio exterior. Incluye exageraciones y detalles sorprendentes. Describe el personaje principal y la acción con un lenguaje vívido. Usa gestos y expresiones faciales para que tu cuento resulte divertido e interesante. Narren su cuento a la clase.

Sugerencias

Al escuchar...

- Escucha el mensaje del hablante.
- Observa el rostro y los gestos de las manos del hablante para interpretar qué está ocurriendo en el cuento.
- Haz preguntas para comprender el punto de vista del personaje.

Al hablar...

- Pronuncia claramente y usa gestos para comunicarte de manera eficaz.
- Aumenta y disminuye el ritmo al que hablas para que se ajuste a lo que sucede en el cuento.
- Habla en voz alta para transmitir la aventura y la emoción del cuento.

Trabajo en equipo...

- Participa en las discusiones animando a tu compañero a hacer sugerencias.
- En una discusión, identifica los puntos de coincidencia con tu compañero.

Vocabulario oral

Hablemos sobre

Aventuras subterráneas

- Describe ideas sobre aventuras subterráneas.

- Escucha las descripciones de un compañero sobre aventuras subterráneas y haz preguntas al respecto.

- Determina las ideas principales y las ideas de apoyo del mensaje de tu compañero.

CALLE DE LA LECTURA EN LÍNEA
VIDEO DE HABLAR DEL CONCEPTO
www.CalledelaLectura.com

Objetivos

• Resumir y parafrasear la información de un texto. • Analizar cómo la organización de un texto influye en la manera en que están relacionadas las ideas.

¡Imagínalo!

Destreza

Estrategia

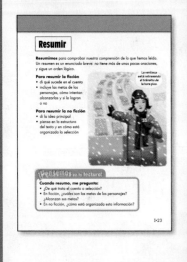

CALLE DE LA LECTURA EN LÍNEA
ANIMACIONES DE ¡IMAGÍNALO!
www.CalledelaLectura.com

Destreza de comprensión

🎯 Causa y efecto

• Una causa (por qué sucede algo) puede tener varios efectos. Un efecto (lo que sucede a consecuencia de la causa) puede tener varias causas.

• Un texto puede estar organizado mediante una relación de causa y efecto entre las ideas.

• A veces, se usan palabras clave como *ya que, a consecuencia de, debido a, así que, por lo tanto* y *por consiguiente* para mostrar relaciones de causa y efecto.

Usa un organizador gráfico como el siguiente para anotar las causas y los efectos. Luego, analiza cómo el patrón de causa y efecto en "La Tierra" influye en las relaciones entre las ideas del texto.

Estrategia de comprensión

🎯 Resumir

Resumir, es decir, identificar de qué trata fundamentalmente un cuento o un artículo, te ayuda a comprender y recordar lo que lees. También te ayuda a entender las ideas principales y a encontrar los detalles de apoyo importantes. Cuando resumes, es importante mantener el significado y el orden lógico del texto.

258

LA TIERRA

Atmósfera

Corteza

Manto

Núcleo externo

Núcleo interno

Hasta hace unos sesenta años, no teníamos muchos conocimientos sobre el interior de la Tierra. Luego inventamos taladros llamados sismógrafos para medir los movimientos subterráneos. Cuando los científicos usaron estos instrumentos para estudiar lo que hay bajo la superficie, aprendieron más sobre el interior de la Tierra. •——————

Destreza ¿De qué manera el patrón de causa y efecto de este párrafo muestra la relación entre las ideas?

La Tierra está compuesta por tres capas. La capa externa es la *corteza*, la capa intermedia es el *manto* y la capa más profunda es el *núcleo*.

La corteza es la capa más delgada. Es dura y puede romperse. La corteza también es la capa más fría.

El manto es más caliente y grueso que la corteza. Si bien el manto no es tan caliente como para derretirse, sí se calienta lo suficiente para hacer que las rocas se muevan. Este movimiento es la causa de los volcanes y terremotos. •————

Destreza ¿Cuál es la causa de los terremotos y volcanes? ¿Qué palabra clave se usó?

El núcleo tiene dos secciones. El núcleo externo es líquido. Este líquido gira cuando la Tierra lo hace y así se produce el campo magnético de la Tierra. El núcleo interno es de roca dura. El núcleo es la capa más caliente de la Tierra. •————

Estrategia Resume el texto manteniendo el sentido y el orden.

¡Es tu turno!

¿Necesitas repasar? Consulta *¡Imagínalo!: Cuaderno de práctica* para obtener apoyo adicional sobre causa y efecto y sobre cómo resumir.

¡Inténtalo! Cuando leas *Viaje al centro de la Tierra*, usa lo que has aprendido sobre causa y efecto y sobre cómo resumir.

Objetivos

• Determinar el significado de las palabras poco comunes o de varios significados mediante el contexto de la oración.

¡Imagínalo! | Palabras para aprender

coraza

serpiente

zambullen

espantosas
extinguido
recubre

Estrategia de vocabulario para

Palabras poco comunes

Claves del contexto Cuando lees, puedes encontrarte con una palabra que no conoces. Busca claves en el contexto (las palabras y oraciones que rodean la palabra) para determinar el significado de la palabra poco común.

1. Vuelve a leer la oración en la cual aparece la palabra poco común. ¿Incluye el autor un sinónimo, un antónimo u otra clave del significado de la palabra?

2. Si necesitas más ayuda, lee las oraciones que rodean la palabra poco común.

3. Reúne las claves y piensa en un significado lógico para la palabra. ¿Tiene sentido este significado en la oración?

Lee "El país de la imaginación", en la página 261. Usa las claves del contexto para determinar y aclarar el significado de todas las palabras poco comunes.

Palabras para escribir Vuelve a leer "El país de la imaginación". Escribe una descripción del dinosaurio sobre el que sepas más. En tu descripción, usa palabras de la lista de *Palabras para aprender*.

El país de la
imaginación

Los dinosaurios son criaturas que se han extinguido y que solían deambular por la Tierra. No podemos imaginar cómo temblaba la Tierra bajo el peso de estas criaturas desaparecidas. Sin embargo, no tenemos problema en imaginarlos comiendo, bebiendo o luchando entre sí.

Una bestia parecida a una serpiente con patas, sólo que muchas veces más grande, está de pie en las aguas poco profundas de un océano cálido, comiendo plantas acuáticas inmensas. En la orilla, un lagarto de garras espantosas y dientes afilados como cuchillos se para sobre sus poderosas ancas. Ruge al cargar contra el herbívoro. Se zambullen bajo el agua, en una lucha tremenda. Cuando salen a la superficie, los gritos del herbívoro atormentado resuenan entre los árboles.

Otro dinosaurio se acerca. Una gruesa coraza similar a una cornamenta recubre su cuerpo voluminoso y su larga cola. Estas escamas cubren cada pulgada cuadrada que podría atacar el terrible lagarto. Unas púas amenazadoras se erizan en su espalda. Espera las sobras de la cena. ¿Ocurrió así? No lo sabremos. En el país de nuestra imaginación, así fue.

¡Es tu turno!

⏸ **¿Necesitas repasar?** Para obtener ayuda adicional sobre las claves del contexto, consulta *¡Palabras!*

▶ **¡Inténtalo!** Lee *Viaje al centro de la Tierra*, en las páginas 262–273.

VIAJE AL CENTRO DE LA TIERRA

por Julio Verne   ilustrado por Marc Sasso

Pregunta de la semana
¿Cómo exploramos el centro de la Tierra?

Una **novela** es una obra de ficción que contiene elementos de un cuento, como argumento y ambiente. Mientras lees este pasaje, observa cómo el autor crea el ambiente usando lenguaje sensorial.

En 1864, cuando se escribió esta historia, no se sabía de qué estaba formado el centro de la Tierra. Julio Verne, escritor de ciencia ficción, imaginó cómo sería aquel centro. En el relato de Verne, el profesor Von Hardwigg descubre un cráter en Finlandia que conduce al centro de la Tierra, y decide explorarlo junto a su sobrino, Harry, y un guía, Hans. Descienden muchas millas. Finalmente, llegan a un profundo océano y deciden explorarlo en una balsa. El joven Harry escribe un diario de sus aventuras.

Martes, 20 de agosto

Finalmente, cayó la noche. A esta hora sentimos mucho sueño. Claro está, con esta luz continua no hay noche, pero estamos muy cansados. Hans sigue al timón, sin cerrar los ojos. No sé cuándo dormirá, pero yo me estoy cayendo de sueño.

Y de pronto... ¡un golpe terrible! La balsa parece haber chocado contra una roca escondida, que apenas se asoma del agua, e incluso parece haber sido lanzada a cierta distancia.

—¡Eh! —exclama mi tío—. ¿Qué sucede?

Hans alza una mano y apunta hacia un lugar donde, a unas doscientas yardas de nosotros, se asoma una gran masa negra. Entonces me doy cuenta de que mi peor pesadilla se ha hecho realidad.

—¡Es un... monstruo! —grito.

—¡Sí! —grita el profesor—. ¡Y allá se ve un inmenso lagarto marino!

—¡Y más allá... un cocodrilo! Pero, ¿quién ha visto jamás un cocodrilo semejante? ¡Qué fauces tan espantosas! ¡Qué terribles dientes!

—¡Y una ballena! —grita el profesor—. ¡Mira esas enormes aletas! ¡Y cómo expulsa chorros de aire y agua!

Y, en efecto, mientras lo está diciendo, dos columnas de agua surgen de la superficie marina y alcanzan una gran altura antes de caer de nuevo al mar estrepitosamente. Toda la caverna en la que está este inmenso mar, sus paredes y su techo, que no alcanzamos a ver, resuenan con el estruendo. ¡Estamos en medio de un gran alboroto! Y, de pronto, vemos (¡y qué pequeños nos sentimos!) que estamos en medio de un gran círculo formado por esas criaturas. Aquí, una tortuga de

cuarenta pies de ancho; allí, una serpiente todavía más larga, que asoma su horrible cabeza por encima del agua. Dondequiera que miremos, hay más y más de estas criaturas: ¡colmillos inmensos, ojos amenazadores, inmensos cuerpos serpenteantes! ¡Están por todas partes! Tomo mi rifle y enseguida me doy cuenta de que es inútil. ¿Qué efecto tendría una bala en la coraza que recubre el cuerpo de esos monstruos?

Parece que no tenemos salida. Sin embargo, la mayoría de aquellas criaturas se zambullen de repente bajo el agua y ya no las vemos más. Sólo quedan un cocodrilo gigante y una prodigiosa serpiente marina. Vienen hacia nosotros: el fin parece estar cerca. Pienso que, por inútil que sea, tengo que dispararles. Pero Hans hace un gesto para que espere porque después de llegar muy cerca de la balsa, los monstruos se dan vuelta de repente y se abalanzan uno sobre otro. Cegados por la furia, pareciera como si no nos hubieran visto. Y en ese momento nos damos cuenta de lo minúsculos que somos. Seguro que ante sus inmensos ojos no somos más que un fragmento flotante de más o menos una pulgada.

Entonces se abren las aguas y comienza la batalla. Al principio, pareciera como si todas las criaturas hubieran regresado a la superficie para participar en la lucha. ¡*Allí* hay una ballena! ¡*Allí*, un lagarto! ¡Una tortuga! Y otros monstruos de los que no sé ni siquiera su nombre. Se los señalo a Hans con el dedo, pero él niega con la cabeza.

—¡*Tva!* —grita.

—¿*Tva?* ¿Dos? ¿Por qué dice "dos"? ¡Hay más de dos! —grito.

—No, Hans tiene razón —dice mi tío—. Uno de esos monstruos tiene hocico de marsopa, cabeza de lagarto, dientes de cocodrilo… Es un ictiosauro, o un gran pez lagarto.

—¿Y el otro?

—El otro es una serpiente, pero tiene un caparazón de tortuga. Es un plesiosauro, o cocodrilo marino.

¡Tiene razón! Parece que hubiera media docena de monstruos o más, ¡pero en realidad son sólo dos!

¡Y los nuestros son los primeros ojos humanos que jamás hayan visto estos reptiles primitivos! Me quedo atónito ante los llameantes ojos rojos del ictiosauro, cada uno más grande que la cabeza de un hombre. Esos ojos, lo sé, son muy resistentes, pues tienen que soportar la presión del agua en el fondo del océano. La criatura mide por lo menos cien pies de largo, y cuando veo su cola salir del agua, batiéndose furiosamente como si fuese el látigo más grande imaginable, trato de calcular su grosor. Su mandíbula es más grande de lo que jamás hubiera imaginado. Entonces recuerdo que según los naturalistas, la mandíbula del ictiosauro albergaba al menos ciento ochenta y dos dientes. Claro está, este cálculo se hizo a partir de los huesos fosilizados de criaturas que se pensaba que se habían extinguido hace millones de años. ¡Ahora Hans, el profesor y yo

estamos observando desde nuestra diminuta balsa cómo un ictiosauro vivo emerge de un océano que está en las entrañas mismas de la Tierra!

La otra criatura es el poderoso plesiosauro, una serpiente que tiene un torso cilíndrico de gran tamaño y longitud, una cola gruesa y corta, y aletas parecidas a las hileras de remos de una galera romana. Tiene el cuerpo cubierto por un caparazón, y su cuello, flexible como el de un cisne, se alza treinta pies por encima de la superficie del mar.

¡Ningún ser humano ha visto jamás un combate como éste! Los monstruos alzan montañas de agua una y otra vez, y parece que la balsa se va a voltear una y otra vez. Varias veces pensamos que nos ahogaríamos. Las criaturas se silban entre sí, y es peor que el sonido de los vientos más fuertes que se puedan imaginar, soplando al mismo tiempo. Entonces se enlazan en un terrible abrazo, como dos luchadores inmensos, y se vuelven a separar. Y de nuevo los terribles chillidos y la furiosa conmoción del mar.

En medio de todo esto, ¡qué infinitamente pequeños somos! Nos agachamos en la balsa esperando que en cualquier momento se vuelque y nos ahoguemos en este salvaje mar a cientos de millas por debajo de la superficie de la Tierra: lejos del cielo, de los árboles y del preciado aire fresco.

Entonces, de repente, el ictiosauro y el plesiosauro desaparecen bajo las olas. Su descomunal zambullida se lleva el mar con ellos, como si se formara un enorme hoyo en el agua, que casi nos engulle.

Por un momento, todo queda en silencio. El agua se va calmando. Y entonces, no muy lejos de la balsa, aparece una enorme figura. Es la cabeza del plesiosauro.

El monstruo está herido de muerte. Sólo distinguimos su cuello, que es como el de una serpiente. Se retuerce y se enrosca mientras agoniza. La criatura golpea el agua como si fuese un látigo descomunal. Luego se retuerce como lo haría un enorme gusano cortado en dos. Cada movimiento agita el mar con violencia. Estamos enceguecidos por las olas que azotan la balsa. Pero, poco a poco, todo se va calmando, y finalmente el plesiosauro yace muerto en la superficie.

En cuanto al ictiosauro, seguramente se estará recuperando del combate en alguna caverna de las profundidades. No es posible que haya salido ileso de la lucha. Seguramente se estará lamiendo las heridas.

¿O ya estará emergiendo de nuevo hacia la superficie, para aniquilarnos?

Objetivos

• Presentar evidencia del texto para demostrar tu comprensión. • Leer en forma independiente por algún período de tiempo y parafrasear la lectura, incluyendo el orden en que ocurren los sucesos.

¡Imagínalo! | **Volver a contar**

CALLE DE LA LECTURA EN LÍNEA
ORDENACUENTOS
www.CalledelaLectura.com

Piensa críticamente

1. El capítulo de la novela que acabas de leer es una aventura muy dramática y emocionante. Compáralo con *La escalera para zorrillos*. ¿En qué se parecen las dos aventuras? ¿En qué se diferencian? Puedes comparar y contrastar distintos aspectos de los cuentos, como las imágenes y los personajes, o cómo fueron escritos. **De texto a texto**

2. Julio Verne escribió *Viaje al centro de la Tierra* hace más de un siglo; sin embargo, sus historias de ciencia ficción siguen siendo populares. ¿Qué elementos de su escritura hacen que las personas quieran leer sus cuentos en la actualidad? **Pensar como un autor**

3. ¿Por qué Harry cree que hay más de media docena de monstruos cuando sólo hay dos? **Causa y efecto**

4. Resume la gran batalla en el mar con tus propias palabras. Menciona al comienzo quiénes luchan y dónde tiene lugar la batalla. **Resumir**

5. Mira de nuevo y escribe Vuelve a leer la escena de la batalla que está en las páginas 269–273. Los dos monstruos están hechos de partes diferentes. Enumera las partes de cada monstruo. Fundamenta tu respuesta con el texto.

PRÁCTICA PARA EL EXAMEN | **Respuesta desarrollada**

Conoce al autor

JULIO VERNE

Julio Verne nació en Francia en 1828. Estudió derecho, pero desde el principio supo que sería mejor escritor que abogado. Es uno de los autores más traducidos de todos los tiempos y sus libros se leen en todo el mundo.

Viaje al centro de la Tierra es tan sólo uno de sus cuentos sobre viajes extraordinarios. El origen del cuento probablemente fue la teoría de la "Tierra hueca", que estaba en boga en Francia en esa época. Había un interés creciente en la geología y en el sismógrafo, una máquina para medir terremotos inventada en 1855.

En una oportunidad, cuando se le preguntó sobre sus hábitos laborales, Julio Verne respondió que se levantaba a las cinco y trabajaba durante tres horas antes del desayuno. Si bien trabajaba un par de horas más tarde durante el día, dijo que casi todos sus cuentos "habían sido escritos mientras la mayoría de la gente dormía".

Los libros de Julio Verne son una mezcla de realidad y fantasía. Combinan las ciencias con la acción y la aventura. Verne creó lo que él mismo denominó "novela de las ciencias" o "novela científica". Actualmente llamamos ciencia ficción a este género. En la época moderna, muchos de sus libros, incluido *Viaje al centro de la Tierra*, se llevaron al cine.

Otros libros escritos por Julio Verne:

La vuelta al mundo en 80 días

20,000 leguas de viaje submarino

Registro de lecturas

Usa el *Cuaderno de lectores y escritores* para anotar tus lecturas independientes.

¡Escribamos!

Aspectos principales de una carta al editor

- enuncia un propósito, una opinión o una solicitud

- incluye argumentos o un razonamiento que apoya el propósito

- utiliza palabras que influyen en los pensamientos de los lectores y apelan a sus emociones

- proporciona datos específicos

- suele solicitar el apoyo de otras personas

Carta al editor

Una **carta al editor** es un texto persuasivo dirigido al editor de un periódico. El propósito de la carta es convencer a otras personas para que apoyen una idea. El modelo del estudiante de la siguiente página es un ejemplo de una carta al editor.

Instrucciones *Viaje al centro de la Tierra* presenta hechos y detalles para persuadir a los lectores de que existen monstruos en el interior de la Tierra. Piensa en algo en lo que querrías que tu padre u otro adulto pensara como tú. Ahora escribe una carta al editor de un periódico sobre eso, incluyendo datos y detalles.

Lista del escritor

Recuerda que debes...

☑ establecer una posición.

☑ incluir un razonamiento lógico.

☑ fundamentar tu posición con datos.

☑ incluir la consideración de otras alternativas.

☑ usar comparativos y superlativos para reforzar tu argumento.

Al editor:

La escuela puede y debe hacer **más** para contribuir al bienestar del planeta y conservar **mejor** sus recursos. Ayudar al planeta también permite ahorrar dinero.

En primer lugar, creo que los estudiantes pueden esforzarse **más** y apagar las luces al salir de un salón. Podemos hacer carteles para cada interruptor.

En segundo lugar, si los encargados bajaran la temperatura un grado, se ahorraría dinero en calefacción. Usaríamos **menos** energía para calentar la escuela. El planeta gana. La escuela gana. Los estudiantes ganan, porque son quienes heredarán el **mejor** planeta posible. Unos sentirán **más** frío si bajamos un grado la calefacción; no se sentirán **peor** si usan suéter y si nos aseguramos de cerrar puertas y evitar corrientes de aire. Así el problema puede resolverse de la **mejor** manera.

Si hacemos estos cambios, contribuiremos al bienestar de nuestro planeta. Nos sentiremos **mejor** con nosotros mismos: haremos algo para que nuestra escuela sea **más** ecologista. Si nos esforzamos, podríamos tener una escuela **óptima**: la **mejor** en lo que hace para proteger el ambiente.

J. Miller, Escuela Primaria Hickory

Característica de la escritura: Voz: Esta carta está escrita para una audiencia específica y con un propósito específico.

Género: Una **carta al editor** fundamenta una posición con argumentos lógicos.

Los **comparativos y superlativos** están usados de manera correcta.

Normas

Comparativos y superlativos

Recuerda Los **comparativos** se usan para comparar dos cosas (*más, menos, mejor, peor, mayor, menor*). Los **superlativos** se usan para comparar varias cosas o indicar una cualidad en su grado máximo.

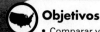

Objetivos
- Comparar y contrastar un texto original y su adaptación dramática.
- Hacer conexiones entre y a través de textos.

Ciencias en Lectura

Género
Obra de teatro

- Una obra de teatro es una historia escrita para ser representada frente a un público. Incluye diálogos, o las partes que los personajes se dicen unos a otros.

- Una obra de teatro también contiene descripciones de los escenarios o ambientes. Esto te permitirá saber cuándo y dónde tiene lugar la acción.

- Lee "La batalla del mar". Al leer, piensa en qué se parece y en qué se diferencia de *Viaje al centro de la Tierra* de Julio Verne.

La batalla del mar

de *Viaje al centro de la Tierra* por *Julio Verne*

◯ Personajes ◯

Profesor von Hardwigg, un científico

Harry, su sobrino

Hans, su guía

Harry, el profesor von Hardwigg y Hans están en una pequeña balsa, a la deriva en el océano. Hans maneja el timón. Von Hardwigg está acurrucado, durmiendo. Harry dormita sentado.

HARRY *(despertándose bruscamente):* ¿Qué pasa? ¿Dónde estoy? ¡Oh!, en la balsa. Debo haberme dormido.

HANS: Sí. Fue un día difícil, Harry. Pero con la luz continua que hay en esta latitud, no se puede saber cuándo es de noche.

HARRY: Pero, ¿y tú, Hans? Parece que nunca duermes. ¿Cómo lo haces?

HANS *(encogiéndose de hombros):* Tal vez estoy más acostumbrado a estas estaciones del norte.

HARRY: ¿Dónde estamos? ¿Puedes ver algo?

HANS: Mira. Sólo se ve agua, agua y más agua.

(Se siente un fuerte golpe. Los tres hombres se sacuden en sus sitios.)

VON HARDWIGG *(despertándose y sentándose):*
¡Eh! ¿Qué fue eso? ¿Qué sucede?

HANS: ¡Mire, profesor! ¡Hacia allá!

HARRY: ¡Es un... monstruo! Tío, temía que algo como esto...

VON HARDWIGG: ¡Sí! ¡Y allá se ve un enorme lagarto marino!

HARRY: ¡Y más allá... un cocodrilo! ¡Mira esas fauces! ¡Y esos dientes! ¿Quién ha visto jamás semejante...?

VON HARDWIGG: ¡Y una ballena! ¡Mira esas enormes aletas! ¡Cómo expulsa aire y agua!

HARRY: ¡Estamos rodeados! ¡Hay monstruos por todos lados!

VON HARDWIGG: ¡Y el ruido! ¡Qué alboroto hacen!

HANS: Creo que... que estamos en la caverna.

HARRY: Pero no podemos ver las paredes ni el techo.

HANS: Aun así, creo que estamos escuchando los ecos de los gritos de estas bestias.

VON HARDWIGG: Hans, ¿qué hacemos?

HANS: No hay nada que podamos hacer...

HARRY: ¿Dónde está mi rifle?

Pensemos...

¿En qué se diferencia la estructura de esta obra de teatro del texto original?
Obra de teatro

279

HANS: ¿Y de qué serviría? Mira las corazas que recubren sus cuerpos.

HARRY: Pero puedo intentarlo...

VON HARDWIGG: No, ya se marchan... bajo la superficie del agua.

HANS: ¡Pero qué olas hacen! No puedo controlar esta balsa. ¡Estamos girando!

HARRY: Nunca antes lo pensé, tío: ¡qué diminutos somos en comparación con estas criaturas!

VON HARDWIGG: Y sólo piensa que los nuestros son los primeros ojos humanos que los ven.

HANS: ¡Aquí vienen de nuevo!

HARRY: ¡Han vuelto todos! La ballena. El lagarto. La tortuga. Y los demás... No sé cómo llamarlos.

HANS: No, son sólo dos.

HARRY: ¿Dos? ¿Qué quieres decir? Hay más de dos.

VON HARDWIGG: No, Hans tiene razón. Ése tiene hocico de marsopa, cabeza de lagarto, dientes de cocodrilo. Es el ictiosauro, o gran pez lagarto.

HARRY: Esos llameantes ojos rojos... ¡son más grandes que toda mi cabeza!

HANS: Y esa cola es como un látigo enorme. Si nos golpea con ella, en esta balsa endeble... estamos perdidos.

Pensemos...

¿Cuál te parece más emocionante, esta obra de teatro o el texto original? ¿Por qué?
Obra de teatro

HARRY: ¿Y la otra criatura qué es, tío?

VON HARDWIGG: Es una serpiente, pero tiene caparazón de tortuga. Es el plesiosauro, o cocodrilo de mar.

HARRY: Tío, creo que tienes razón.

VON HARDWIGG: Creíamos que estos reptiles se habían extinguido hace mucho tiempo. Es muy emocionante para mí, como científico...

HANS: Bueno, sin importar cómo se llamen, están de regreso y se dirigen hacia nosotros.

VON HARDWIGG: Moriremos, ¡sin la oportunidad de contarle al mundo!

HARRY: No, esperen... se detienen.

HANS: Se están observando mutuamente.

VON HARDWIGG: Creo que van a luchar.

HANS *(riendo):* No les interesamos en absoluto. Debemos parecerles muy poca cosa...

VON HARDWIGG: ¡Allí van!

HARRY: ¡Se están atacando!

HANS: ¡Sujétense de lo que puedan! ¡El agua es un verdadero remolino!

(Todos gritan mientras se apagan las luces.)

Pensemos...

Relacionar lecturas
"La batalla del mar" es una adaptación de *Viaje al centro de la Tierra*. Haz una lista de las semejanzas y diferencias entre los dos textos.

Escribir variedad de textos Escribe un párrafo donde compares y contrastes las dos selecciones usando evidencia del texto.

Objetivos

• Leer textos adecuados al nivel del grado y comprender la lectura. • Determinar el significado de las palabras poco comunes o de varios significados mediante el contexto de la oración. • Evaluar el efecto de los detalles sensoriales, las imágenes literarias y el lenguaje figurado en un texto literario. • Escuchar e interpretar los mensajes de un hablante y hacer preguntas. • Identificar la idea principal y las ideas de apoyo en el mensaje de un hablante. • Utilizar y comprender la función de los adjetivos y sus formas especiales.

Vocabulario

Palabras poco comunes

Claves del contexto Recuerda que puedes usar las claves del contexto para determinar el significado de una palabra poco común si lees las palabras y las oraciones que la rodean. Busca palabras o frases que te ayuden a comprender el significado de la palabra poco común.

¡Practícalo! Busca tres o cuatro palabras desconocidas en *Viaje al centro de la Tierra*. Busca las claves del contexto que dan pistas sobre el significado de cada palabra. Basándote en estas claves, escribe cada palabra y lo que tú crees que significa. Verifica tus definiciones en un diccionario.

Fluidez

Fraseo apropiado/ Signos de puntuación

Lectura en parejas Leer con un fraseo apropiado significa agrupar las palabras de tal manera que lo que leas tenga sentido. Usa la puntuación como guía para ayudarte a frasear. Al leer, agrupa las palabras que estén separadas por comas. Recuerda detenerte después de un punto al final de una oración.

¡Practícalo! Practica con tu compañero la lectura en voz alta de *Viaje al centro de la Tierra*. Al leer, identifica la puntuación que aparece en la página. Haz una pausa en las comas y detente en los puntos. Corrige a tu compañero para ayudarlo a mejorar su fraseo y comprender mejor el cuento y su argumento.

Escuchar y hablar

Cuando hables, mira a los oyentes a los ojos para comunicar tus ideas eficazmente.

Interpretar la ficción

Cuando interpretas la ficción, analizas los aspectos y elementos de un cuento. Los cuentos de ciencia ficción incluyen ideas científicas o tecnologías nuevas, junto con los elementos literarios tradicionales, como el argumento, los personajes y el ambiente. El propósito de la ciencia ficción es mostrar un punto de vista diferente sobre el mundo.

¡Practícalo!

Con un compañero, prepara una presentación sobre *Viaje al centro de la Tierra*. Describe el impacto que tiene el uso del lenguaje figurado. Luego describe los personajes, el argumento y el ambiente del cuento. Incluye detalles en tu descripción. Por último, da tu presentación ante la clase.

Sugerencias

Al escuchar...

- Presta atención al mensaje del hablante.
- En el mensaje del hablante, determina las ideas principales y las ideas de apoyo.

Al hablar...

- Para hacer comparaciones cuando hables, usa comparativos y superlativos (*bueno; mejor; el mejor*).
- Pronuncia las palabras claramente y habla a un ritmo natural.

Trabajo en equipo...

- Pide sugerencias a tu compañero cuando interpretes un texto de ficción.
- Toma en cuenta las sugerencias de tu compañero.
- Identifica los puntos de acuerdo y desacuerdo sobre la ciencia ficción y sus aspectos.

Objetivos

• Escuchar e interpretar los mensajes de un hablante y hacer preguntas. • Identificar la idea principal y las ideas de apoyo en el mensaje de un hablante.

Vocabulario oral

Hablemos sobre

Fiebre del oro en California

- Comenta lo que sabes sobre la fiebre del oro en California.

- Escucha hablar a un compañero sobre la fiebre del oro en California.

- Determina las ideas principales y las ideas de apoyo del mensaje de tu compañero.

CALLE DE LA LECTURA EN LÍNEA
VIDEO DE HABLAR DEL CONCEPTO
www.CalledelaLectura.com

284

¡Has aprendido

2 4 0

palabras asombrosas
este año!

Objetivos

• Hacer diferentes tipos de preguntas acerca de un texto. • Hacer inferencias sobre un texto y usar evidencia textual para apoyar la comprensión.

¡Imagínalo!

Destreza

Estrategia

Destreza de comprensión

Generalizar

• Generalizar significa realizar una afirmación amplia o una regla general que se aplica a varios ejemplos.

• A veces, los autores generalizan en sus textos. Algunas palabras clave como *todos, muchos* y *la mayoría* pueden señalar generalizaciones.

• Las *generalizaciones válidas* están apoyadas por el texto o por la lógica. Las *generalizaciones erróneas* no están apoyadas por el texto ni/o por la lógica.

• Usa un organizador gráfico como el siguiente para determinar si la generalización del último párrafo de "La fiebre del oro" es *válida o errónea*.

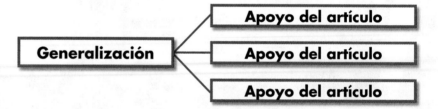

Estrategia de comprensión

Preguntar

Al leer es importante hacer preguntas. Puedes tener una pregunta en mente antes de leer y tomar notas cuando encuentres las respuestas. También puedes detenerte mientras lees, pensar en preguntas y anotar las respuestas. Estas respuestas pueden ayudarte a recordar y comprender lo que lees.

LA FIEBRE DEL ORO

A mediados del siglo XIX, Abraham Lincoln describió el oeste de los Estados Unidos como "la mina de la nación". ¿Por qué? Se habían descubierto allí cantidades grandes y abundantes de oro, plata y otros metales preciosos.

La primera gran masa de oro, o filón, fue hallada en 1848 cerca del río Sacramento, en California, por John Sutter y James Marshall. Intentaron ocultar su descubrimiento, pero pronto se supo. Hacia 1849, aproximadamente 80,000 personas estaban en el área buscando oro. ¡Muchos estadounidenses habían contraído la fiebre del oro!

En 1859, se halló un filón de plata en Nevada. Descubierto en una propiedad de Henry Comstock, se denominó Filón de Comstock. Muchas personas se enriquecieron gracias al Filón de Comstock. Algunos mineros desaliñados se convirtieron en millonarios en un instante. George Hearst y un grupo de amigos ganaron 90,000 dólares en dos meses. Un yacimiento conocido como "La gran bonanza" produjo más de un millón de dólares en oro y plata.

Se construyeron y destruyeron muchos pueblos por la fiebre del oro. Ciudades como Virginia, Nevada y Cripple Creek, en Colorado, surgieron casi de la noche a la mañana. Mientras duraron el oro y la plata, los pueblos y ciudades prosperaron. Sin embargo, cuando se agotó el oro o la plata, muchos pueblos quedaron desiertos.

Destreza Fíjate en los tres ejemplos de la última oración. A partir de ellos, ¿qué generalización hizo Abraham Lincoln acerca del Oeste a mediados del siglo XIX?

Estrategia Después de leer esta sección, detente y piensa si tienes alguna pregunta sobre la Fiebre del oro. ¿Tus preguntas te ayudarán a recordar lo que has leído?

Destreza ¿Qué generalización se hace en este párrafo? ¿Esta generalización es válida o errónea? ¿Cómo puedes determinarlo?

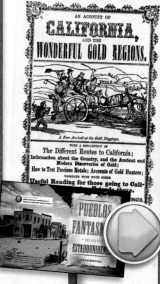

¡Es tu turno!

II ¿Necesitas repasar?
Consulta *¡Imagínalo!: Cuaderno de práctica* para obtener apoyo adicional sobre generalizar y preguntar.

▶ ¡Inténtalo! Cuando leas *Pueblos fantasmas del Oeste estadounidense*, usa lo que has aprendido sobre generalizar y preguntar.

¡Imagínalo! | Palabras para aprender

desocupadas

económico

independencia

garabateados
invadidas

Estrategia de vocabulario para

Prefijo *in-*

Estructura de las palabras Un prefijo es una parte de una palabra que se añade al comienzo de una palabra base. Cada prefijo tiene un significado propio. Reconocer el significado de un prefijo puede ayudarte a determinar el significado de la palabra. Por ejemplo, el prefijo *in-* significa negación. Los animales *invertebrados* no tienen vértebras. Escoge una *Palabra para aprender* y sigue estos pasos.

1. Busca una palabra base que reconozcas.

2. Fíjate si se ha añadido un prefijo a la palabra base.

3. Pregúntate cómo modifica el prefijo el significado de la palabra base.

4. Prueba con ese significado en la oración. ¿Tiene sentido?

Lee "El cielo es el límite", en la página 289. Busca palabras con el prefijo *in-*. Usa el prefijo para determinar el significado de las palabras.

Palabras para escribir Vuelve a leer "El cielo es el límite". Imagina que eres un reportero del siglo XIX que cubre la Fiebre del oro. Escribe un artículo donde describas por qué las personas se dirigen al Oeste y cómo esto ocasiona la creación de pueblos que prosperan repentinamente. En tu artículo, usa palabras de la lista de *Palabras para aprender*.

El cielo es el límite

La independencia siempre ha sido un valor importante para los habitantes de los Estados Unidos. Ha sido una piedra angular de la vida estadounidense desde que los nombres garabateados de los padres fundadores fueron firmados en la Declaración de Independencia.

Por supuesto, la independencia se refiere a las libertades de las personas. Sin embargo, también se refiere a la manera precipitada de buscar la prosperidad. Desde todas partes del mundo, las personas han acudido en gran número a los Estados Unidos en busca de libertad. Pero muchos también esperaban volverse ricos. El desarrollo de los Estados Unidos se ha basado tanto en el éxito económico como en el ejército y en el gobierno.

Este deseo de "tener una vida mejor" empujó a las caravanas de carretas que se arriesgaron a ir al Oeste durante el siglo XIX. También impulsó la fundación de pueblos que tuvieron un auge repentino. Invadidas por mineros, estas poblaciones crecieron rápidamente, murieron rápidamente y pronto se convirtieron en nada más que viviendas desocupadas y calles vacías. Todos los mineros creyeron que se volverían ricos de la noche a la mañana. La proliferación de vías férreas, y luego de carreteras, evocaba este motivo recurrente. Cada tren de carga transmitía un mensaje con su traqueteo: "¡El cielo es el límite!".

¡Es tu turno!

⏸ ¿Necesitas repasar? Para obtener ayuda adicional sobre los prefijos, consulta *¡Palabras!*

▷ ¡Inténtalo! Lee *Pueblos fantasmas del Oeste estadounidense*, en las páginas 290–301.

Pregunta de la semana

¿Qué aventureros contribuyeron a impulsar la expansión hacia el Oeste?

Género

Un **texto expositivo** da información sobre una persona, una cosa o una idea. Fíjate cómo el autor mantiene un orden lógico para explicar cómo surgen los pueblos fantasmas.

PUEBLOS FANTASMAS

— DEL OESTE —

ESTADOUNIDENSE

POR RAYMOND BIAL

Mientras su vecina Phoenix florecía, Goldfield, un pueblo fantasma de finales del siglo XIX en Arizona, tuvo un éxito breve como pueblo minero antes de entrar en decadencia. Desde entonces, las viejas construcciones abandonadas han adquirido nueva vida como pueblo fantasma.

Un aire de misterio gira alrededor de los pueblos fantasmas del Oeste estadounidense. ¿Qué sucesos tristes y alegres ocurrieron detrás de estos muros en ruinas y en las calles azotadas por el viento? ¿Por qué la gente se estableció en estos lugares aislados? ¿Por qué se marcharon? ¿Por qué fracasaron estos pueblos? Prácticamente todos los pueblos fantasmas tienen historias sin contar sobre personas que anhelaban la oportunidad de tener una vida mejor. Reliquias del pasado, ahora estos pueblos se alzan como pruebas de la existencia de una gran aventura, de las esperanzas de enriquecerse rápidamente y de la pérdida repentina de la fortuna, o de la vida.

Si bien pueden encontrarse pueblos fantasmas en todo el mundo, en los Estados Unidos suele pensarse en ellos como campamentos mineros, pueblos de vaqueros y otros asentamientos de la frontera occidental en expansión.

La mayoría de los pueblos fantasmas fueron originalmente campamentos mineros donde los hombres buscaban oro, plata, cobre y otros minerales preciosos.

comunidades agrícolas en las praderas también vivieron una breve prosperidad antes de quedar abandonados. Junto con los mineros, los vaqueros y los granjeros, también se trasladaron al Oeste mercaderes y banqueros, así como médicos y maestros de escuela. Trazaron calles y construyeron edificios, con la esperanza de lograr desarrollo y prosperidad. Tal como declaró el editor de un periódico, la mayoría de estas personas deseaban "enriquecernos si es posible".

En 1848, James W. Marshall descubrió oro en el aserradero de Sutter cuando cerró una compuerta del canal de agua y echó un vistazo a la zanja. "Estiré la mano y recogí la pepita; el corazón me latió con fuerza porque estaba seguro de que era oro", recordó. Pronto se supo la noticia. "¡Oro! ¡Oro! ¡Oro del río Americano!", gritaba Sam Brannon, agitando una botella llena de oro en polvo mientras atravesaba a zancadas las calles de San Francisco. En busca de riquezas, los "mineros del 49"

La mayoría de estos pueblos eran campamentos mineros donde los hombres aventureros llegaban en busca de fortunas. Estas comunidades florecieron mientras los mineros buscaban oro, plata, cobre y otros minerales preciosos, pero decayeron cuando todo el mineral se sacó de los arroyos o se extrajo de los túneles rocosos. En los pueblos de vaqueros, se arreó el ganado hasta otros pueblos y después se envió a los mercados del Este. Muchos campamentos madereros en los bosques y las (como se denominó a los buscadores de oro) entraron en tropel a California durante la primera de las grandes fiebres del oro de los Estados Unidos. Sin embargo, con el tiempo, la gente llamó al aserradero la "Locura de Sutter", pues las tierras de John Sutter habían sido invadidas por los buscadores de oro. En todas partes, los hombres reclamaban "derechos de ocupantes", para establecerse sin pagar por la tierra.

Surgieron pueblos de un día para el otro. Charles B. Gillespie, un minero que trabajaba cerca de Coloma, California, describió las calles principales típicas de estos pueblos como "animadas con la multitud". Para él, los mineros eran hombres sucios y harapientos, pero, por lo demás, bondadosos. Eran una mezcla de estadounidenses e inmigrantes (alemanes, franceses y otros europeos) y de buscadores de oro

Después de muchas horas de ardua marcha, estos colonos cansados por el viaje hicieron una pausa al pie de las montañas Rocosas. Desengancharon su carreta, le dieron de beber al ganado, almorzaron y descansaron un rato.

Con todas sus pertenencias cargadas en carretas estilo Conestoga, con sus capotas de lona que se hinchaban con el viento, los colonos que buscaban independencia se trasladaron al Oeste para reclamar tierras de cultivo, establecer sus derechos de explotación de minerales o abrir una tienda en un pueblo nuevo.

que venían de China y Chile, así como de convictos británicos de Australia. Mark Twain declaró: "En esa época, era una población animada, vigorosa, inquieta [...] doscientos mil hombres *jóvenes*, no esos niños débiles que sonríen con afectación, delicados, sino jóvenes valientes, fuertes, musculosos y tenaces, llenos de empuje y energía".

En 1851, cuando un artista escocés llamado J. D. Borthwick llegó para probar suerte como buscador de oro, escribió sobre la calle principal de Hangtown, que después se llamó Pacerville: "El lodo llegaba hasta las rodillas en muchos sitios y había cosas tiradas por todas partes, botas, sombreros y camisas usadas, latas de sardinas viejas, latas vacías de ostras en conserva, botellas vacías, vasijas y teteras gastadas, huesos de jamón, piquetas y palas rotas y otros desperdicios". Borthwick describió la ciudad como "una larga calle que crecía en desorden, de casas hechas con tablas de madera y cabañas de troncos, construida en una hondonada al lado de un arroyo y rodeada por colinas altas de laderas empinadas". A lo largo del arroyo, escribió, "había ruido y estrépito continuo, pues se arrojaba lodo, polvo, piedras y agua en todas direcciones y los hombres, vestidos con ropas andrajosas y grandes botas, blandiendo piquetas y palas [...] estaban todos trabajando con empeño, como si en ello les fuera la vida".

En un típico pueblo del Oeste, solía haber frente a los edificios una acera de tablas de madera, postes para atar los caballos y abrevaderos para darles de beber. Podía existir un banco construido con ladrillos sólidos para asegurar a los depositantes que su dinero en efectivo o su oro en polvo estaba a salvo de los ladrones. También podía haber un establecimiento comercial, una versión primitiva de la tienda por departamentos, así como un almacén. El pueblo, sin duda, debía tener una herrería y un establo para los caballos, así como corrales para el ganado. Algunos pueblos tenían una oficina de telégrafos y hasta su propio periódico. Con suerte, el pueblo estaba en la ruta de los coches de diligencia, en una estación del Pony Express o, aún mejor, en una parada del ferrocarril.

"Los estadounidenses tienen pasión por los ferrocarriles", escribió Michel Chevalier, un economista francés, en la década de 1830. Si el ferrocarril no pasaba por el pueblo, pronto se convertía en un pueblo fantasma. Helen Hunt Jackson describió Garland City, Colorado, donde vivía: "Hace 12 días no había ni una sola casa aquí. Hoy hay 105, y en una semana habrá 200". Sin embargo, el pueblo duró sólo unos pocos meses, al menos en ese sitio. Cuando el ferrocarril comenzó a pasar a 30 millas al oeste, sus habitantes trasladaron el pueblo entero (paredes y ventanas, así como aceras, muebles y pertenencias) junto a las vías del ferrocarril. Los ferrocarriles tendieron miles de millas de vías a través de las praderas, con una conexión transcontinental terminada en 1869.

COLD AND
WARM BATHS

Ninguno de estos pueblos habría prosperado, ni siquiera por corto tiempo, y la frontera nunca se habría poblado, sin mujeres y niños. A veces, los comerciantes y los granjeros llevaban consigo a sus esposas e hijos, pero los hombres seguían superando a las mujeres en número, en una proporción de nueve a uno. La mayoría de los pueblos trataron activamente de encontrar mujeres. En 1860, una carta al editor del periódico *Rocky Mountain News,* enviada desde el nuevo asentamiento de Breckenridge, Colorado, decía: "Unas pocas mujeres de aspecto muy respetable se han aventurado a venir a vernos. Envíennos algunas más". Otro escritor de Colorado solicitaba lo siguiente: "Tenemos una dama que vive en Breckenridge y otra en Gold Run; nos agradaría dar la bienvenida a muchas personas de la porción 'más delicada' de la humanidad buscadora de oro, a las que podemos ofrecer una región agradable, un buen lugar

donde vivir y vecinos pacíficos [...] excepto por alguna demanda legal ocasional".

Las oleadas de la migración al Oeste llegaron a su nivel más alto entre 1860 y 1880. Con el tiempo, algunos pueblos se convirtieron en grandes ciudades, como Denver y Phoenix, mientras que muchos otros quedaron abandonados y olvidados bajo las arenas del desierto o las nieves de las montañas. La mayoría terminó en ruinas debido al fracaso económico: todo el oro o la plata se extrajo de las minas o el ganado se llevó a otros pueblos. Pocas personas se enriquecieron, otras sufrieron desilusiones, hambre y mala suerte, y abandonaron el pueblo. Situados en los acantilados de las montañas, ocultos en un valle boscoso o expuestos al sol del desierto, estos pueblos fantasmas están en lugares tan remotos que es casi imposible hallarlos. Por lo general, para llegar a ellos hay que utilizar vehículos con doble tracción y luego caminar varias millas cuesta arriba, por laderas rocosas o por desiertos salpicados de cactus. Hallar pueblos fantasmas puede ser tan difícil como la búsqueda de oro que hizo que se fundaran.

John Steele describió Washington, California, en la década de 1840, apenas seis meses después de su fundación: "Con un gran número de cabañas desocupadas, tenía varios edificios vacíos y un hotel bastante grande, cerrado y silencioso". En el pasado, estos pueblos resonaban con las voces alegres de la gente; ahora se han vuelto silenciosos. Se han convertido en poco más que sus propios caparazones vacíos. Puede haber un puñado de edificios con fachadas viejas, erosionadas hasta presentar un color gris fantasmal, con las puertas abiertas y las ventanas rotas. Pero no queda mucho más que eso; incluso pocas personas recuerdan dónde estaban. Hasta los recuerdos, junto con las esperanzas y los sueños de sus habitantes, han desaparecido, como tanto polvo que se llevó el viento.

ARRIBA: Pueblo fantasma de Cabezón, Nuevo México. En los cementerios de los pueblos fantasmas, los nombres de los muertos a veces estaban garabateados en tablones de madera sin pulir.

A LA DERECHA: En esta imagen, un grupo de hombres establecen un campamento minero en un lugar llamado Gregory's Diggings, durante los primeros días de la fiebre del oro en Colorado.

Objetivos

• Presentar evidencia del texto para demostrar tu comprensión. • Leer en forma independiente por algún período de tiempo y parafrasear la lectura, incluyendo el orden en que ocurren los sucesos.

¡Imagínalo! | Volver a contar

Piensa críticamente

1. Las personas que se trasladaron al Oeste durante el siglo XIX tenían muy buenas razones para hacerlo. ¿Cuáles fueron algunas de esas razones? ¿Crees que esas razones todavía pueden relacionarse con nuestro mundo actual? ¿Por qué? **El texto y el mundo**

2. Los autores de textos expositivos suelen hacer algo más que informar los hechos. También pueden expresar sus sentimientos respecto de esos hechos. Busca algunas partes de esta selección donde se revelen los sentimientos del autor acerca de los pueblos fantasmas. ¿Por qué crees que el autor incluye esos sentimientos? **Propósito del autor**

3. Haz una generalización sobre los pueblos fantasmas. Usa detalles del texto y tus propios conocimientos previos para apoyar tu generalización. **Generalizar**

4. ¿Qué preguntas tienes cuyas respuestas no estén en la selección? ¿Qué podrías hacer para hallar las respuestas? **Preguntar**

5. Mira de nuevo y escribe Vuelve a leer las páginas 297 y 298. ¿Qué edificios comerciales encontrarías en las calles de un pueblo que prosperaba, antes de convertirse en un pueblo fantasma? Bosqueja y rotula la zona comercial de un pueblo fantasma. Fundamenta tu respuesta con el texto.

PRÁCTICA PARA EL EXAMEN | Respuesta desarrollada

Conoce al autor

RAYMOND BIAL

Dice Raymond Bial acerca de *Pueblos fantasmas del Oeste estadounidense*: "Yo estuve en un pueblo fantasma con Linda, mi mujer, y dos de mis hijos, con el fin de tomar fotografías para este libro". Este fotógrafo, que trabaja tanto en color como en blanco y negro, ha publicado más de treinta libros para niños y adultos.

Pueblos fantasmas del Oeste estadounidense es una combinación de fotografías y texto denominada ensayo fotográfico. El Sr. Bial comenta: "Cuando en las escuelas les pregunto a los niños por qué motivo los ensayos fotográficos deben escribirse como cuentos, siempre responden correctamente: para que no sean aburridos".

El Sr. Bial dice que su trabajo como escritor y fotógrafo surgió a partir de las experiencias vividas durante su juventud: "Habiendo vivido una buena parte de mi niñez en un pequeño pueblo del sur de Indiana, mantengo recuerdos vívidos de esos años felices, cuando andaba en bicicleta por el vecindario, nadaba en la piscina municipal, tomaba helados en el sitio de moda y visitaba a menudo nuestra biblioteca pública Carnegie".

El Sr. Bial vive en una antigua casa en Urbana, Illinois, con su mujer y tres hijos. Agrega: "Para crear ensayos fotográficos de no ficción, me inspiro en las experiencias vividas con mi familia así como también en los recuerdos de mi niñez".

Otros libros sobre el Oeste estadounidense:

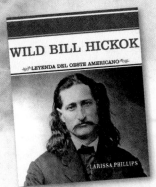

Wild Bill Hickock: Leyenda del Oeste americano

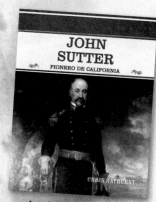

John Sutter: Pionero de California

Registro de lecturas

Usa el *Cuaderno de lectores y escritores* para anotar tus lecturas independientes.

¡Escribamos!

Aspectos principales de un resumen

- utiliza las propias palabras de quien lo escribe

- vuelve a enunciar los hechos y detalles más importantes

- excluye los detalles sin importancia

CALLE DE LA LECTURA EN LÍNEA
GRAMATIRITMOS
www.CalledelaLectura.com

Resumen

Escribir un **resumen** te ayudará a determinar cuáles son las ideas principales de un texto. Un resumen está escrito con tus propias palabras y contiene sólo los detalles más importantes del texto que resumes. El modelo del estudiante de la siguiente página es un ejemplo de un resumen.

Instrucciones *Pueblos fantasmas del Oeste estadounidense* describe algunos viejos pueblos que actualmente se han convertido en atracciones turísticas. Resume la selección, enfocándote sólo en los hechos y detalles más importantes.

Lista del escritor

Recuerda que debes...

✓ preguntarte qué es más importante en cada párrafo.

✓ enumerar sólo los puntos más importantes.

✓ ser breve en tu resumen.

✓ evitar repetir detalles.

✓ usar y comprender los adverbios.

✓ usar y comprender las palabras y frases de transición.

Pueblos fantasmas

Los pueblos fantasmas son pueblos abandonados que alguna vez fueron sitios **muy** animados. ¿Pero qué les sucedió? ¿Por qué los abandonaron?

En el pasado, muchos pueblos fantasmas de este país fueron pueblos mineros. Cuando el oro, la plata u otro metal precioso se agotaba, las personas abandonaban el pueblo. **Usualmente** se convertía en un pueblo fantasma.

A veces, se abandonaba un pueblo cuando un nuevo ferrocarril pasaba **lejos**. Las personas querían estar **cerca** del ferrocarril, así que reconstruían sus viviendas **cerquita** de la vía. Algunos pueblos fueron abandonados **casi** de la noche a la mañana, cuando los ferrocarriles empezaron a pasar a pocas millas de distancia.

A veces, los pueblos eran abandonados cuando el ganado se arreaba a otros mercados. Otros pueblos fueron asentamientos en la frontera oeste que quedaron abandonados cuando las familias de pioneros dejaron de atravesarlos de camino a su nuevo hogar.

Actualmente, es **muy** difícil llegar a algunos pueblos fantasmas. No han quedado muchas pistas, así que gran parte de la vida de las personas que vivieron **allí** sigue siendo un misterio.

Característica de la escritura: Enfoque/Ideas: Los párrafos se enfocan en la información más importante.

Los **adverbios** están usados de manera correcta.

Género: Los **resúmenes** enuncian sólo las ideas más importantes de una selección.

Normas

Uso de adverbios

Recuerda Los **adverbios** dan más información sobre los verbos, los adjetivos y sobre otros adverbios. Explican *cómo, cuánto, cuándo* o *dónde* ocurren las acciones. Existen muchos tipos de adverbios: de lugar, de tiempo, de modo, de cantidad, etc. Muchos adverbios se forman agregando la terminación *-mente* a los adjetivos, como *actualmente*.

305

Objetivos
• Explicar cómo un suceso o movimiento histórico puede afectar el tema de una obra de literatura.
• Explicar diferentes tipos de puntos de vista de tercera persona en los cuentos. • Hacer conexiones entre y a través de textos.

Estudios Sociales en Lectura

Género
Ficción histórica

● La ficción histórica es un cuento ambientado en un período histórico en particular. El trasfondo del cuento se basa en hechos reales, pero el cuento en sí es ficción.

● La ficción histórica suele estar escrita en tercera persona, desde el punto de vista de un narrador omnisciente, es decir, "que sabe todo". Desde este punto de vista, los autores usan palabras como *él, ella* y *ellos*.

● Lee "Sueños de oro". Al leer, piensa en qué suceso o movimiento histórico está implicado en el tema del cuento y busca ejemplos de la escritura en tercera persona en el cuento.

SUEÑOS DE ORO

por Heather Miller

William Leyden se limpió el polvo de los ojos. La carreta cubierta crujía y se tambaleaba. Los caballos exhaustos comenzaban a aflojar el paso.

—Nos detendremos aquí para pasar la noche —dijo Papá—. Aquí hay un pueblo. Su nombre es Campo de Oro. Podemos descansar. Continuaremos mañana.

William y su hermano mayor, John, saltaron de la carreta. Así que esto era Arizona. El aire era seco y caliente. La meseta se veía impresionante.

Corría el año 1893 y la familia había estado viajando durante meses. Al igual que muchos otros antes que ellos, habían decidido mudarse al Oeste. Iban en busca de una vida mejor.

Papá ayudó a Mamá a salir de la carreta.

—Echo de menos Nueva York —dijo mamá con cansancio.

—En Nueva York vivíamos siete personas en dos habitaciones —le recordó Papá—. En California, tendremos una granja y mucho aire fresco. Valdrá la pena. Ya verás.

Desengancharon su carreta. John y William llevaron los caballos a un abrevadero. Mientras los caballos bebían, los hermanos oyeron hablar a unos viajeros. Un hombre le dijo a otro: —Me dirigía a Wyoming. Pero ahora voy a ganar una fortuna aquí mismo.

—¿Cómo piensas hacerlo? —le preguntó el otro.

—Hay oro en esta tierra —respondió el primer viajero—. Cualquiera que se quede aquí a trabajar en las minas se volverá rico.

William y John intercambiaron miradas. John susurró: —¡Por eso este pueblo se llama Campo de Oro!

Cuando los jóvenes regresaron a la carreta, John dijo: —Papá, trabajemos de mineros. Nos haremos ricos.

Papá negó con la cabeza. —No, hijo. En nuestro lugar de origen, nuestra familia cultivaba la tierra. Podemos tener éxito con una granja y vender nuestras cosechas. Seguiremos hasta California, donde podremos conseguir mucha tierra buena con suelo fértil.

Al día siguiente, John dio un paseo por Campo de Oro. Era un lugar ruidoso y concurrido, lleno de pensiones y tiendas. John tomó una decisión.

Pensemos...

¿Por qué la familia de William, y tantas otras personas, se mudaron al Oeste a fines del siglo XIX?
Ficción histórica

Pensemos...

¿A qué suceso o movimiento histórico se alude en el cuento y cómo influye en el cuento?
Ficción histórica

Pensemos...

¿Por qué crees que John quería quedarse en Campo de Oro? ¿Son estas razones un resultado del movimiento o el período histórico en el que se desarrolla el cuento?

Ficción histórica

—Papá, tengo 18 años —dijo John—. Soy un hombre y sé lo que quiero. Sigan sin mí hasta California. Buscaré mi fortuna aquí en Campo de Oro.

Papá era demasiado orgulloso como para discutir con su hijo. Mamá lloraba tanto que no podía hablar. Papá enganchó la carreta y todos se subieron. Excepto John.

—Adiós, William —dijo John con orgullo—. La próxima vez que me veas, seré rico. ¡Puedes contar con ello!

La familia se estableció en California. Después de años de arduo trabajo, la granja tuvo éxito. La familia abrió una tienda de comestibles y construyó una gran casa de campo cerca de una hermosa huerta. Vivían cómodamente y tenían una vida pacífica y gratificante.

Un día, mientras William daba un paseo por las tierras de la familia, vio que se acercaba un hombre de aspecto cansado y rostro agotado. William lo reconoció inmediatamente. Era su hermano John.

—¡John! —gritó William.

—¡William! Oí que los Leyden vivían por aquí —dijo John—. ¡Pensé que quizás se trataba de mi familia!

—¡Estoy tan contento de que nos hayas encontrado! —dijo William—. Intentamos enviarte cartas, pero nos las regresaron todas.

John sonrió con tristeza. —La oficina de correos de Campo de Oro cerró hace años. Ahora el lugar es un pueblo fantasma. Supongo que no había tanto oro allí después de todo.

—¿Qué has hecho todos estos años, John?

—Viví de la tierra. Pero esa vida se vuelve muy solitaria. Te he echado de menos, William.

—Nosotros también te hemos echado de menos —dijo William—. ¡Mamá y Papá se pondrán tan contentos de verte!

—Te ves como si les hubiera ido bien aquí. Espero que los dueños de esa casa sean buenos contigo —dijo John.

—¡Oh, John! —se rió William—. Esa casa sobre la colina es nuestra. Esta granja entera es nuestra.

John se quedó atónito, en silencio. Luego dijo: —Todo este tiempo, he buscado el camino fácil a la riqueza. Parece que debí haberme quedado con mi familia.

William abrazó a su hermano por los hombros y lo condujo hasta la casa. John se sintió feliz de haber regresado a casa.

Pensemos...

Esta historia la cuenta un narrador ominisciente. ¿Cómo habría cambiado el argumento, o la historia, si el narrador se hubiera enfocado en la decisión de John de quedarse en Arizona?

Ficción histórica

Pensemos...

Relacionar lecturas Vuelve a leer *Pueblos fantasmas del Oeste estadounidense* y "Sueños de oro". ¿Qué aprendiste sobre la historia de los Estados Unidos en cada uno de estos textos?

Escribir variedad de textos

Empleando detalles de ambos cuentos, escribe una anotación para el diario de John donde describa cómo Campo de Oro se convirtió en un pueblo fantasma.

Objetivos
- Leer textos adecuados al nivel del grado y comprender la lectura.
- Determinar el significado de vocabulario en español con raíces del griego, del latín o de otros idiomas. • Utilizar y comprender la función de los adverbios.
- Escuchar e interpretar los mensajes de un hablante y hacer preguntas.
- Utilizar y comprender la función de las palabras de transición. • Dar presentaciones organizadas que comunican tus ideas efectivamente.

CALLE DE LA LECTURA EN LÍNEA
LIBRO DEL ESTUDIANTE EN LÍNEA
www.CalledelaLectura.com

Vocabulario

Prefijo *in-*

Estructura de las palabras Los prefijos, o partes de palabras que se añaden al principio de las palabras, modifican el significado de una palabra. El prefijo *in-* a menudo significa negación.

¡Practícalo! Haz una lluvia de ideas con un compañero para crear una lista de palabras que comiencen con el prefijo *in-*. Usa lo que sabes acerca del significado del prefijo para escribir la definición de cada palabra. Luego usa un diccionario o un glosario para verificar tus definiciones.

Fluidez

Ritmo

Lectura en parejas
Ajustar tu ritmo de lectura te ayuda a comprender mejor un artículo o un cuento. Disminuye tu velocidad de lectura cuando leas oraciones y párrafos con muchos datos o gran cantidad de información.

¡Practícalo! Practica con tu compañero la lectura en voz alta de una página de *Pueblos fantasmas del Oeste estadounidense*. Túrnense para leer en voz alta cada párrafo. Primero lean rápidamente y luego lentamente. Decidan qué ritmo les resulta más conveniente para comprender mejor el artículo.

Escuchar y hablar

Cuando hables, usa adverbios para mostrar frecuencia e intensidad (por lo general, mucho, a veces, casi).

Debate

En un debate, dos bandos presentan argumentos a favor y en contra de un tema para informar a los oyentes sobre algo. Ambos intentan persuadir a la gente para que estén de acuerdo con una opinión.

¡Practícalo! Trabaja con un compañero para debatir si los pueblos fantasmas deben ser demolidos. Cada uno asuma una posición: a favor o en contra. Usa detalles del texto para apoyar y preparar tu argumento. Presenta el debate.

Sugerencias

Al escuchar...

- Escucha el mensaje de tu compañero.
- Haz preguntas para aclarar el punto de vista de tu compañero.

Al hablar...

- Establece contacto visual.
- Ajusta el volumen de tu voz a medida que hables.

Trabajo en equipo...

- Identifica los puntos de coincidencia con tu compañero.
- Identifica los puntos de discrepancia y apoya tu opinión con detalles y ejemplos.

Objetivos

• Examinar cómo los poetas usan los efectos de sonido para reforzar el significado de los poemas.

Poesía

• Algunos poetas utilizan efectos de sonido y efectos visuales para reforzar el significado de sus poemas.

• La **onomatopeya** es una palabra cuya pronunciación imita el sonido que describe.

• Los poemas tienen **rima** cuando se repiten todos o algunos sonidos al final de los versos.

• Un **caligrama** es un poema cuya forma dibuja un objeto relacionado con el tema principal. Los poetas usan los caligramas para darle más énfasis al tema del poema.

312

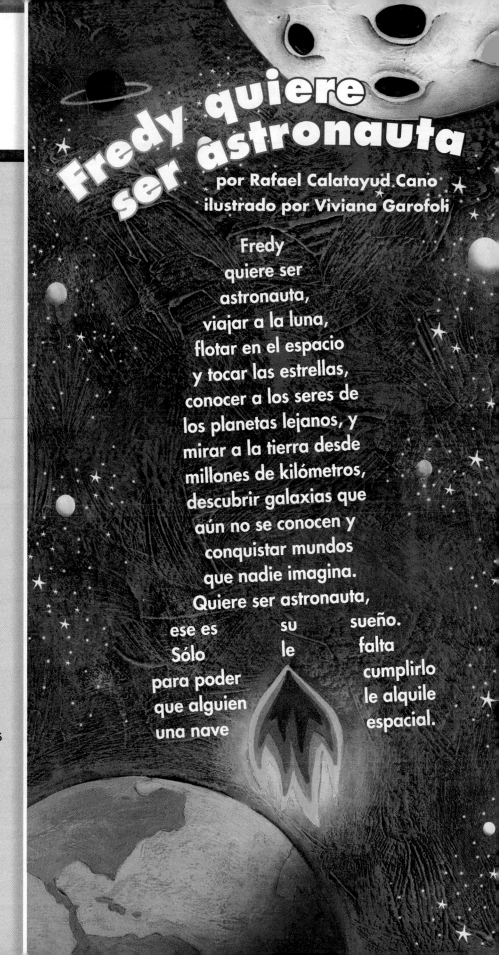

Fredy quiere ser astronauta

por Rafael Calatayud Cano
ilustrado por Viviana Garofoli

Fredy
quiere ser
astronauta,
viajar a la luna,
flotar en el espacio
y tocar las estrellas,
conocer a los seres de
los planetas lejanos, y
mirar a la tierra desde
millones de kilómetros,
descubrir galaxias que
aún no se conocen y
conquistar mundos
que nadie imagina.
Quiere ser astronauta,

ese es   su   sueño.
Sólo   le   falta
para poder   cumplirlo
que alguien   le alquile
una nave   espacial.

El viaje

por Antonio Machado
ilustrado por Beatriz Vidal

—Niña, me voy a la mar.
—Si no me llevas contigo,
te olvidaré, capitán.

En el puente de su barco
quedó el capitán dormido;
durmió soñando con ella:
¡Si no me llevas contigo!…

Cuando volvió de la mar
trajo un papagayo verde.
¡Te olvidaré, capitán!

Y otra vez la mar cruzó
con su papagayo verde.
¡Capitán, ya te olvidó!

Pensemos...

¿Por qué crees que Rafael Calatayud Cano escribió "Fredy quiere ser astronauta" con forma de nave espacial?

Pensemos...

Pon atención en las últimas palabras de los versos. ¿Crees que riman? ¿Podrías identificar los sonidos que se repiten?

¡Pensemos en poesía!

Yo en el fondo del mar

por Alfonsina Storni
ilustrado por Valeria Cis

En el fondo del mar
hay una casa
de cristal.

A una avenida
de madréporas
da.

Un gran pez de oro,
a las cinco,
me viene a saludar.

Me trae
un rojo ramo
de flores de coral

Pensemos...

¿De qué manera la onomatopeya en "Yo en el fondo del mar" te ayuda a entender mejor el poema?

Duermo en una cama
un poco más azul
que el mar.

Un pulpo
me hace guiños
a través del cristal.

En el bosque verde
que me circunda
—din don... din dan—
se balancean y cantan
las sirenas
de nácar verdemar.

Y sobre mi cabeza
arden, en el crepúsculo,
las erizadas puntas del mar.

Pensemos...

Vuelve a leer "Yo en el fondo del mar". ¿Cuántos versos hay en la mayoría de las estrofas? ¿Por qué crees que la autora organizó el poema de esta manera?

Pensemos...

¿En qué se diferencian "Yo en el fondo del mar" y "Fredy quiere ser astronauta"? ¿Qué poema te gusta más? Explica por qué.

¡Pensemos en poesía!

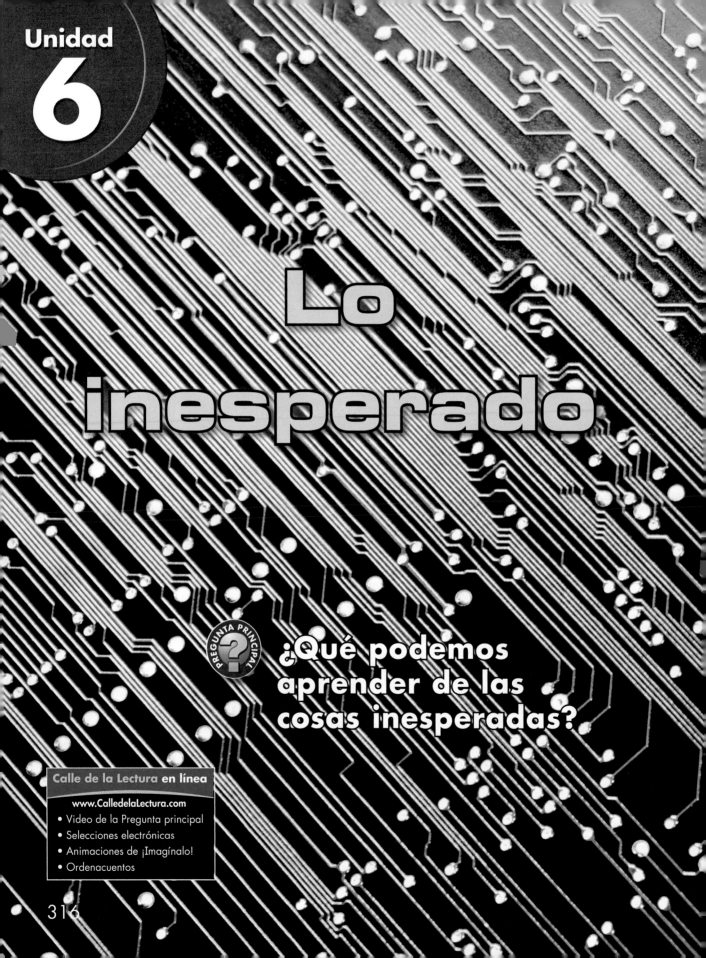

Lo inesperado

PREGUNTA PRINCIPAL

¿Qué podemos aprender de las cosas inesperadas?

¡Pensemos en la lectura!

Vocabulario oral

Hablemos sobre

Situaciones inesperadas, resultados positivos

- Describe cómo las situaciones inesperadas pueden tener resultados positivos.

- Escucha e interpreta los mensajes de los demás estudiantes sobre las situaciones inesperadas.

- Haz preguntas para aclarar los mensajes de tus compañeros.

CALLE DE LA LECTURA EN LÍNEA
VIDEO DE LA PREGUNTA PRINCIPAL
www.CalledelaLectura.com

Objetivos
• Sacar conclusiones acerca de los textos y evaluar con qué eficacia se logró el propósito del autor.

¡Imagínalo!

Destreza

Estrategia

Destreza de comprensión

Sacar conclusiones

• Los lectores activos sacan conclusiones lógicas, o toman decisiones, basándose en la información presentada en el texto y en sus propios conocimientos.

• Cuando combinas estos hechos y detalles para formarte una idea o una opinión sobre lo que estás leyendo, estás sacando una conclusión.

• Examina tus propias conclusiones a medida que lees. Pregúntate si puedes apoyarlas, o fundamentarlas, con hechos del texto o con hechos que ya conoces.

• Usa un organizador gráfico como el siguiente para sacar conclusiones acerca de "El misterio de las monarcas".

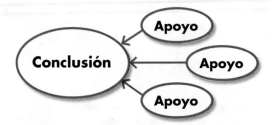

Estrategia de comprensión

Ideas importantes

Los buenos lectores prestan mucha atención a las ideas importantes de un texto escrito. Las ideas importantes son los hechos y detalles y la información esencial que te ayudan a comprender sobre qué escribe un autor.

El misterio de las Monarcas

¿Has visto alguna vez esas mariposas de alas negras y anaranjadas llamadas monarcas? Si las has visto, probablemente era otoño. Las mariposas atravesaban el área donde vives en su migración a México.

Todas las mariposas monarcas pasan los meses del invierno en los bosques de México, donde hace calor. Vuelan hasta allí en grandes grupos. En la primavera, estas monarcas repiten el mismo vuelo en dirección contraria. Vuelan de regreso al norte, hasta Canadá, y ponen huevos a lo largo del camino. Luego mueren.

Pero de esos huevos nace una nueva generación de mariposas. Cuando llega el otoño siguiente, estas mariposas, que han vivido toda su corta vida en el norte, parten hacia México. Repiten el recorrido de vuelo de las mariposas originales, y sorprendentemente, vuelan hasta los mismos bosques. A veces vuelan hasta exactamente los mismos árboles desde los que sus padres partieron en el pasado. Piensa en esto: vuelan a los mismos bosques y árboles, ¡y nunca han estado allí antes!

Los científicos creen que las mariposas comienzan su viaje debido a la posición del sol en el cielo cuando las estaciones cambian. Sin embargo, hasta ahora nadie puede explicar cómo saben las mariposas adónde deben ir. Ése sigue siendo "el misterio de las Monarcas".

Destreza Saca una conclusión sobre por qué las mariposas migran a México.

Estrategia ¿Qué tipo de información te proporciona este párrafo? ¿Es importante comprender estos hechos y detalles para saber sobre qué escribe el autor?

Destreza ¿Qué conclusión puedes sacar acerca del estudio en curso sobre las mariposas monarcas?

¡Es tu turno!

⏸ **¿Necesitas repasar?** Consulta *¡Imagínalo!: Cuaderno de práctica* para obtener apoyo adicional sobre sacar conclusiones y sobre las ideas importantes.

Pensemos...

▶ **¡Inténtalo!** Cuando leas *La verdad acerca de los asombrosos murciélagos de Austin*, usa lo que has aprendido sobre sacar conclusiones.

Objetivos

• Usar un diccionario, un glosario o un diccionario de sinónimos para hallar información acerca de las palabras.

¡Imagínalo! | **Palabras para aprender**

estrafalaria

resguardarse

titulares

aguda
impresionante
vital

Estrategia de vocabulario para

Palabras desconocidas

Diccionario/Glosario A veces, un escritor no incluye claves del contexto en las oraciones que rodean a una palabra desconocida. En ese caso, debes buscar el significado y la categoría gramatical de la palabra en un diccionario o glosario. Escoge una de las *Palabras para aprender* y sigue estos pasos.

1. Fíjate si el libro tiene un glosario. Si no lo tiene, usa un diccionario.

2. Halla la entrada de la palabra.

3. Observa todos los significados y categorías gramaticales enumerados en la entrada. Prueba con cada significado en la oración que contiene la palabra desconocida.

4. Escoge el significado que tiene sentido en tu oración.

Lee "Oídos como ojos" en la página 323. Usa un diccionario o un glosario para determinar los significados de las palabras que no entiendes del texto.

Palabras para escribir Vuelve a leer "Oídos como ojos". Piensa en otros mamíferos que cacen de noche y escribe un artículo sobre ellos. En tu artículo, utiliza palabras de la lista de *Palabras para aprender*.

Oídos como ojos

¿Qué tienen en común los murciélagos y los delfines? Por supuesto que no es el lugar donde viven. Es la ecolocación, el proceso de emplear el sonido para "ver" en la oscuridad. En lugar de depender de la vista, estos mamíferos ubican a su presa mediante una onda acústica aguda y de esta manera crean entre todos una sinfonía impresionante.

La ecolocación es extraña, y su explicación no la encontrarás en los titulares de los periódicos. Los mamíferos que utilizan la ecolocación escuchan la diferencia de sonido entre su oído derecho y su oído izquierdo para ubicar los objetos. Los mamíferos miden a qué distancia se halla un objeto por el tiempo que pasa entre que emiten un sonido y vuelven a recibirlo después de que el sonido rebota en un objeto. De esta manera, son capaces de calcular dónde está su presa, ¡y todo esto en sólo cuestión de segundos!

Puede parecer una cosa estrafalaria que los mamíferos usen sus oídos en lugar de sus ojos para ubicar a sus presas. ¿Por qué lo hacen? Una razón es que la ecolocación les proporciona una ventaja ecológica. Por ejemplo, si los murciélagos pueden resguardarse durante el día y cazar de noche, entonces pueden aprovecharse de su presa cuando es más vulnerable. Además, los murciélagos pueden cazar mientras sus predadores duermen. En efecto, la ecolocación es vital para la supervivencia de estos mamíferos.

¡Es tu turno!

¿Necesitas repasar? Para obtener ayuda adicional sobre el uso de un diccionario o glosario, consulta ¡Palabras!

¡Inténtalo! Lee *La verdad acerca de los asombrosos murciélagos de Austin*, en las páginas 324—335.

La verdad acerca de los asombrosos murciélagos de Austin

por Ron Fridell

Pregunta de la semana

¿De qué manera pueden las situaciones inesperadas producir resultados positivos?

324

Género

Un **texto expositivo** explica qué son ciertas cosas y cómo llegaron a ser o a actuar así. Mientras lees, observa cómo el autor explica de qué manera son beneficiosos los murciélagos para el ser humano.

¡Pensemos en la lectura!

Pensemos...

¿De qué manera ver el cielo cuando salen los murciélagos te ayuda a comprender el artículo?
Visualizar

Pensemos...

¿Qué detalles te dicen que los ciudadanos de Austin le dan la bienvenida a los murciélagos y que los admiran?
Ideas importantes

¿Dónde puedes ver un cielo estival cubierto por un millón y medio de murciélagos? En Austin, Texas. Hacia el atardecer, salen volando desde abajo del puente Ann W. Richards de la avenida Congreso. Primero salen sólo unos pocos, como si fueran exploradores enviados a la vanguardia para ver si el camino está libre. Después emergen en docenas, luego de a cientos, después de a miles. Continúan saliendo hasta que hay más de un millón de murciélagos girando sobre el puente como un tornado de murciélagos. Finalmente, se dispersan volando en todas direcciones, mientras los espectadores que los observan desde abajo se estremecen maravillados.

Cada verano, los murciélagos atraen unos 100,000 turistas a Austin, lo cual aporta casi $10 millones a la industria turística de esta ciudad. Todas las noches se reúne una multitud de personas sobre el puente o en sus cercanías para presenciar el suceso. Una escultura imponente, con la forma de un murciélago, llamada *Nightwing* (Ala nocturna), se alza al pie del puente y da la bienvenida a los visitantes que llegan al lugar. Hasta el antiguo equipo de hockey profesional de Austin, los Murciélagos de Hielo, adoptó a estas criaturas. La mascota del equipo era un murciélago de caricatura, de aspecto feroz, que agarraba un palo de hockey. Austin aprecia tanto a sus murciélagos que en verano celebra

durante dos días el Festival de los Murciélagos, en honor a estos mamíferos voladores.

Los espectadores observan la exhibición nocturna de los murciélagos desde todo tipo de lugares, altos y bajos. Algunos miran desde arriba del puente de la avenida Congreso. Otros lo hacen desde el lago que está debajo. El puente se extiende sobre el lago Town, en el río Colorado, donde las personas observan los murciélagos desde botes, canoas y kayaks. Hay incluso un barco que realiza cruceros especiales para ver los murciélagos. Algunas personas extienden mantas sobre las orillas del lago cubiertas de hierba para mirar desde allí. Los restaurantes cercanos del centro de la ciudad colocan mesas afuera para ofrecer una buena vista. Cuando salen los murciélagos, los comensales dejan de comer para ver ese espectáculo impresionante de la naturaleza en la ciudad.

Sin embargo, en el pasado, a los murciélagos de Austin no se les quería ni admiraba y eran impresionantes por otra razón. Para muchos residentes de Austin, los murciélagos eran una visión estrafalaria y horripilante. Los murciélagos también eran un peligro para la salud, afirmaban. Después de algunos debates, se tomó una decisión. Había que sacar los murciélagos del puente o eliminarlos.

Pensemos...

¿Qué pistas del texto te dicen que los sucesos de este artículo están escritos en orden secuencial?
Estructura del texto

¿Cómo se salvaron los murciélagos de Austin?
La historia comienza en 1980. Fue cuando los obreros
comenzaron a reconstruir el puente de la avenida Congreso.
El puente es una construcción famosa ubicada en el corazón
de la ciudad, apenas a diez cuadras del capitolio estatal de
Texas. Los ingenieros a cargo del proyecto no sabían que
su trabajo crearía un hábitat ideal para los murciélagos. De
lo contrario, no habrían dejado tantas aberturas en la parte
inferior del cemento del puente.

Las grietas largas, angostas y oscuras agradaron
inmediatamente a los murciélagos migratorios, porque
prefieren los sitios acogedores para resguardarse y
cuidar a sus crías. La mayoría de los murciélagos son
hembras preñadas. En marzo, vuelan desde México
hacia el norte para parir y cuidar a sus crías. Ésa es la
razón por la cual la población de un millón y medio
de murciélagos que viven en el puente es el doble en
agosto de lo que era en marzo. La población humana
de Austin es de aproximadamente 740,000 habitantes.
¡Eso significa que Austin tiene en verano el doble de
murciélagos que de personas!

¿Por qué tantas personas les tenían tanto miedo a los
murciélagos que vivían debajo del puente? Las razones se

Pensemos...

¿Qué puedes hacer
para comprender
por qué la
población de los
murciélagos de
Austin se duplica
en agosto?
**Verificar y
aclarar**

328

basaban en el miedo y la desinformación. El miedo a la oscuridad es una razón. Muchos niños, e incluso algunos adultos, tienen miedo de la oscuridad, y los murciélagos son criaturas nocturnas. Durante el día habitan en espacios oscuros como cuevas y túneles. De noche salen a cazar. La anatomía y el aspecto de los murciélagos también asustan a algunas personas, con sus orejas y narices puntiagudas y sus alas marcadamente curvas. Y cuando las personas piensan en los murciélagos, suelen pensar en los vampiros, criaturas míticas que beben sangre. O se imaginan que un murciélago gigante volará a ciegas hacia ellos y se les enredará en el cabello, o los morderá y les transmitirá la rabia.

Mari Murphy, una habitante de Austin, recuerda el miedo que solían tener los habitantes de Austin. Escribe:

Pensemos...

¿Por qué el autor hace una pregunta y luego la responde?
◉ **Ideas importantes**

329

"Durante años, los periódicos locales han presentado titulares como 'Colonias de murciélagos hunden sus dientes en la ciudad' y 'Miedo masivo en el aire cuando los murciélagos invaden Austin'. Abundaba la desinformación y se consideraba a los murciélagos que durante el verano hacían de Austin, Texas, su hogar como algo que debía eliminarse, no como un espectáculo maravilloso".

La Sra. Murphy pertenece a una institución internacional para la conservación de los murciélagos llamada *Bat Conservation International* (BCI, por sus siglas en inglés). La misión de la BCI es enseñar a las personas la verdad sobre los murciélagos y proteger y conservar los hábitats de los murciélagos. La BCI trasladó sus oficinas a Austin en 1986. Una de sus metas era proteger los murciélagos que pasaban los veranos bajo el puente de la avenida Congreso.

El Diario

MIEDO MASIVO EN EL AIRE CUAND LOS MURCIÉLAGOS INVADEN AUSTI

BAT CONSERVATION
www.batcon.org

¡*LOS HECHOS EN BREVE!*
QUÉ PUEDES HACER PARA PROMOVER LA CONSERVACIÓN DE LOS MURCIÉLAGOS

BAT CONSERVATION INTERN
PROYECTO DE CASAS PAR

¿CASAS PARA MURCIÉLAGO

Respuestas a preguntas

330

Hay un dicho que afirma que "Cuanto más sepas sobre los insectos molestos, menos te molestarán". Lo mismo puede decirse de los murciélagos. Por eso los miembros de la BCI les explicaron a los habitantes de Austin todo sobre los murciélagos que vivían bajo el puente. Su plan era sacar a la luz los miedos y la desinformación sobre los murciélagos y mostrar a los habitantes de Austin cómo son realmente los murciélagos. Entonces aprenderían a apreciar, incluso a querer, a los murciélagos. Con este plan en mente, los miembros de la BCI pusieron manos a la obra para difundir la verdad acerca de los murciélagos.

Sí, les dijeron a los habitantes de Austin, existen los murciélagos vampiro. Beben la sangre de aves, cabras y ganado. Primero lamen la piel del animal en un lugar donde los vasos sanguíneos están cerca de la superficie. Después muerden la piel y beben la sangre. Un murciélago vampiro beberá unas cuatro cucharaditas de sangre por día. Pero no es verdad que se alimenten de sangre humana, y además, no hay murciélagos vampiro en Austin.

Pensemos...

Los murciélagos vampiro no se alimentan de sangre humana. ¿De la sangre de qué animales se alimentan?

Preguntar

¡LOS HECHOS EN BREVE!

CÓMO LIDIAR CON HUÉSPEDES INDESEADOS

BAT CONSERVATION
INTERNATIONAL
www.batcon.org

IONAL'S
MURCIÉLAGOS
? ASÍ SE HACEN

ecuentes

BAT CONSERVATION
INTERNATIONAL
www.batcon.org

¡Bienvenido al asombroso mundo de los murciélagos!

331

¿Por qué es
importante en
este artículo la
descripción de
cómo vuelan los
murciélagos en la
oscuridad?
Visualizar

No, les dijeron a los ciudadanos, un murciélago en vuelo
no se enredará en el cabello de nadie. Los murciélagos no
son ciegos. Pueden ver tan bien como las zarigüeyas, los
mapaches y otros animales que salen de noche. Además, los
murciélagos usan tanto el sonido como la vista al desplazarse.
Emiten gritos y chillidos a través de la nariz y la boca. La
frecuencia de los sonidos que emiten es tan aguda que los
seres humanos no pueden oírlos. Cuando las ondas sonoras
chocan contra algún objeto, se produce un eco que regresa
al murciélago. Los oídos de los murciélagos están muy
separados, esto les sirve para captar los ecos.

Esta destreza especial se denomina ecolocalización.
El ecólogo Paul Garret escribe: "Observé esta capacidad
sorprendente en el ático de una iglesia histórica en

Pennsylvania, donde estuve de pie en medio de una colonia de 10,000 pequeños murciélagos marrones. Los observé volando por ese espacio pequeño y nunca chocaron unos contra otros, ni contra las paredes ni las columnas, ni se enredaron en mi cabello".

Sí, dijeron los miembros de la BCI, los murciélagos pueden transmitir la rabia, una enfermedad grave. Pero también pueden transmitirla los perros, los gatos, los mapaches y los zorros. Los mapaches son los causantes de la mitad de los casos de rabia que ocurren en los Estados Unidos. Por otro lado, es muy raro que los murciélagos siquiera porten la enfermedad. Y a los murciélagos no les gustaría morderte ni enredarse en tu cabello. Los murciélagos son criaturas tímidas y mansas. Las personas que salen a verlos en las noches de verano no tienen nada que temer.

Los murciélagos de Austin pertenecen a una especie llamada murciélagos cola de ratón mexicanos. Los murciélagos cola de ratón son de tamaño mediano: sus cuerpos miden unas 3.5 pulgadas (9 centímetros) de largo y pesan aproximadamente media onza (1/32 de libra). Los murciélagos cola de ratón migran cada primavera desde el centro de México hacia los nidos ubicados en todo el suroeste de los Estados Unidos. Los murciélagos viven en grandes grupos llamados colonias. La colonia de 1.5 millones de murciélagos de Austin constituye la colonia urbana de murciélagos más grande de América del Norte.

Pero, en conjunto, las poblaciones de murciélagos cola de ratón de los Estados Unidos están en problemas. Cada año mueren más murciélagos. Algunos mueren debido a los pesticidas venenosos que los agricultores rocían sobre sus cultivos. Otros mueren o se quedan sin refugio cuando las personas destruyen las cuevas, los edificios viejos y los puentes donde anidan. El aprecio que la ciudad de Austin

Pensemos...

¿Qué puedes hacer para comprender qué es la ecolocalización?
Verificar y aclarar

333

siente por los murciélagos es de vital importancia, porque permite que una colonia de murciélagos cola de ratón pueda vivir sin molestias.

El hecho de que haya tantos murciélagos en Austin produce muchos beneficios y los miembros de la BCI educaron al público acerca de estos beneficios. Al igual que las abejas mieleras, los murciélagos contribuyen al desarrollo de las plantas al polinizar las flores y dispersar las semillas. También ayudan a controlar las plagas que dañan los cultivos y los jardines. Cuando los murciélagos de Austin salen a cazar de noche, sus presas son los insectos voladores. Su capacidad de ecolocalización los hace expertos cazadores de insectos. Los ecos de los sonidos que emiten los murciélagos rebotan y les indican exactamente dónde está el insecto, hacia dónde se dirige y a qué velocidad vuela.

Los agricultores tienen una razón especial para querer a los murciélagos. Muchos de los insectos que los murciélagos comen, como los gusanos cortadores y las polillas del maíz, son plagas graves para los cultivos. Si los murciélagos no las engulleran, estas plagas estarían comiéndose el algodón, el maíz y otros cultivos de los campos de las afueras de Austin.

El millón y medio de hambrientos murciélagos cola de ratón cubren más de mil millas cuadradas de campo cada noche, y vuelan hasta 10,000 pies (3,048 metros) para atrapar a sus presas. En sus vuelos nocturnos, cada murciélago come cerca de su

Pensemos...

¿Qué detalle importante te ayuda a comprender cómo benefician a Austin los murciélagos cola de ratón?
◉ Ideas importantes

Pensemos...

¿Qué información esencial explica cómo los murciélagos cola de ratón ayudan a los agricultores de Austin?
◉ Ideas importantes

propio peso en insectos. En total, los murciélagos cola de ratón de Austin pueden consumir hasta 30,000 libras de insectos por noche.

Las personas que viven en la ciudad tienen sus razones para querer a los murciélagos cola de ratón. Una de ellas es que comen montones de mosquitos. Si no fuera por los murciélagos, los habitantes de Austin tendrían que soportar las picaduras de toneladas de mosquitos en las noches de verano.

Agosto es el mejor mes para observar a los murciélagos. Es la época en que la mayoría de las crías están listas para abandonar el nido y unirse a sus madres para cazar. Usualmente, los murciélagos comienzan a salir de debajo del puente entre las 8 y las 8:30 de la noche. Hay un número de teléfono al que se puede llamar para recibir información actualizada sobre la hora más probable en que saldrán esa noche los murciélagos. Además, los miembros de la BCI están en el puente todas las noches para dar información y responder preguntas. Quieren asegurarse de que todos sepan la verdad sobre los sorprendentes murciélagos de Austin.

¿Qué tienen los murciélagos (además de ser beneficiosos para la agricultura y el turismo) que cautiva a los visitantes y a los habitantes de Austin? Quienes viven en una ciudad suelen olvidar que más allá de sus calles y rascacielos hay un mundo natural, pero cuando observan a los murciélagos planear, redescubren la alegría y el misterio de la naturaleza. Hay quien cree que observar a los murciélagos une a los espectadores con la naturaleza y que la emoción resultante es inolvidable. El fotógrafo Tim Flach escribe: "He tenido la fortuna de ver varias maravillas de la naturaleza, pero los murciélagos vivirán en mi mente el resto de mi vida".

Pensemos...

¿Qué pistas te dicen que el autor desea que las personas cuiden la naturaleza?

Sacar conclusiones

335

Objetivos
• Presentar evidencia del texto para demostrar tu comprensión. • Leer en forma independiente por algún período de tiempo y parafrasear la lectura, incluyendo el orden en que ocurren los sucesos.

¡Imagínalo! | Volver a contar

CALLE DE LA LECTURA EN LÍNEA
ORDENACUENTOS
www.CalledelaLectura.com

Piensa críticamente

1. Muchos turistas viajan a Austin para ver sus murciélagos sorprendentes. ¿Qué atracciones turísticas hay en tu área? ¿Conoces atracciones turísticas que involucren animales interesantes? **El texto y el mundo**

2. En las páginas 334 y 335, el autor explica muy detalladamente cómo los murciélagos de Austin ayudan a las personas que viven en la ciudad y en los campos circundantes. ¿Por qué crees que el autor decidió incluir esta información en el artículo? **Pensar como un autor**

3. Al principio, muchos ciudadanos de Austin tenían una actitud muy negativa respecto a los murciélagos que vivían bajo el puente de la avenida Congreso. ¿Por qué cambió esta actitud? **Sacar conclusiones**

4. Piensa en el título del artículo. Después hojea el artículo y enumera varias de las ideas esenciales sobre los murciélagos que el autor proporciona a los lectores. **Ideas importantes**

5. Mira de nuevo y escribe Vuelve a leer la cita de la página 331: "Cuanto más sepas sobre los insectos molestos, menos te molestarán". ¿Estás de acuerdo con este dicho en relación con los murciélagos de Austin? Proporciona datos del artículo para fundamentar tu respuesta.

PRÁCTICA PARA EL EXAMEN | Respuesta desarrollada

Ron Fridell

Ron Fridell es autor y editor de libros para niños y de libros para jóvenes. Con frecuencia, Ron Fridell aborda asuntos serios en sus escritos. La guerra y la política son los temas de muchos de sus libros, como *Prisoner of War* (Prisionero de guerra), *Dictatorship* (Dictadura), *Military Technology* (Tecnología militar) y *Spy Technology* (Tecnología de espionaje).

Ron Fridell fue miembro del Cuerpo de Paz en Bangkok, Tailandia, donde enseñó inglés como idioma extranjero. Obtuvo una maestría en radio, televisión y cine en la Universidad de Northwestern. Vive en Evanston, Illinois.

Otro libro sobre conductas de los animales:

Sonidos, olores y colores: La comunicación en el mundo animal

Usa el *Cuaderno de lectores y escritores* para anotar tus lecturas independientes.

Registro de lecturas

Objetivos

• Escribir una narración personal que transmita tus pensamientos y sentimientos acerca de una experiencia.

Escritura narrativa

Entrada de un diario

Una **entrada en un diario** es generalmente un mensaje personal que te escribes a ti mismo. El modelo del estudiante de la próxima página es un ejemplo de una entrada en un diario.

Instrucciones Piensa en una ocasión en que te hayas sentido incomprendido. Escribe una entrada en un diario sobre esa experiencia.

¡Escribamos!

Aspectos principales de una entrada de un diario

- usualmente aparece la fecha en la que se escribió

- expresa ideas y experiencias personales

- suele estar destinada a que la lea sólo quien la ha escrito

- puede ser experimental e informal

CALLE DE LA LECTURA EN LÍNEA
GRAMATIRITMOS
www.CalledelaLectura.com

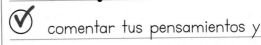

Lista del escritor

Recuerda que debes...

☑ comentar tus pensamientos y

sentimientos sobre una experiencia.

☑ utilizar detalles descriptivos al

recordar la experiencia.

☑ incluir la fecha en la que escribes.

☑ usar modificadores correctamente.

Lunes, 25 de mayo

Querido diario:

¡Cómo me hizo enfadar hoy mi mejor amiga Izzie! Cuando subí al autobús, vi que no me había guardado un asiento. Luego, cuando le hablé **por el pasillo**, fingió que no me oía... pero sé que me oyó. Después, **durante el almuerzo**, le guardé un asiento **en mi mesa** ¡y me ignoró!

Después del almuerzo, me le acerqué y le pregunté qué le pasaba. Bueno, no lo podía creer: ¡me dijo que yo era una **pésima** amiga! Luego me dijo que me había visto en el centro comercial el sábado a la tarde, **con otras amigas nuestras**, ¡y que no la había invitado!

"Bueno", le dije, "por supuesto que no te llamé, porque el viernes en la mañana me dijiste que debías irte con tu familia todo el fin de semana a visitar a unos parientes". Entonces, ¡Izzie se sonrojó! y dijo que lo sentía y que debió haber confundido las fechas. ¡Tiene que irse con su familia el próximo fin de semana! ¡Qué alivio que ya no esté enojada conmigo!

Ana Luz

Género:
Una **entrada de un diario** expresa los pensamientos sobre una idea, suceso o experiencia.

Característica de la escritura
La **voz** se revela a través de las emociones y opiniones del escritor.

Los **modificadores** están usados de manera correcta.

Normas

Modificadores

Recuerda Un **modificador** es un adjetivo, un adverbio o una frase preposicional que añade significado a otras palabras de la oración. Por ejemplo, la frase *con rayas verdes* en la oración *La toalla con rayas verdes es mía,* te da más información sobre la toalla.

339

Objetivos

• Hacer conexiones entre y a través de textos. • Identificar el lenguaje y las herramientas que se usan en las biografías y autobiografías, incluyendo la manera en la que el autor presenta los sucesos importantes de la vida de una persona.

Ciencias en Lectura

Género
Autobiografía

- Una autobiografía es la historia de la vida de una persona escrita por esa misma persona.

- Las autobiografías se escriben en primera persona, usando *yo*, *me* y *a mí*.

- Los sucesos de una autobiografía son sucesos y experiencias reales de la vida de una persona.

- Lee "Los animales de mi vida". Fíjate en los elementos que hacen de esta historia una autobiografía. ¿Qué lenguaje utiliza el autor cuando relata los sucesos más importantes de su vida?

LOS ANIMALES DE MI VIDA

por Ron Fridell

He escrito textos informativos durante toda mi vida de adulto. He escrito sobre una gran variedad de temas científicos, desde el ciclo de vida de la calabaza hasta las huellas digitales, desde la contaminación del agua hasta los viajes espaciales, entre muchos otros temas. Pero mi tema favorito son los animales.

El primer animal sobre el que escribí fue mi perro collie, Ranger. Escribí cuentos llenos de acción sobre las aventuras que vivíamos juntos en mi imaginación. Luchábamos contra todo, desde dinosaurios hasta piratas. Cada vez que me encontraba en problemas, mi valiente e inteligente Ranger siempre estaba allí para rescatarme. En esa época, yo estaba en tercer grado.

Desde entonces he escrito sobre muchos animales, pequeños y grandes. Hormigas, arañas, ranas, tortugas, buitres, camellos, elefantes y, ahora, murciélagos.

¿Por qué los murciélagos de Austin?

Una vez los vi salir volando desde abajo del puente de la avenida Congreso, en la década de 1980. Los había olvidado por completo hasta el verano de 2008. Fue cuando supe que los murciélagos mexicanos de lengua larga visitaban el bebedero que había colocado para los colibríes.

Vivo en el sur de Arizona, en el desierto. El bebedero está justo afuera de la ventana de la cocina. Espero hasta que cae la noche. Después enciendo una linterna para poder ver a través de la ventana. Y allí están con sus grandes ojos y sus lenguas largas, muy largas.

Los murciélagos de lengua larga me recordaron a los murciélagos de Austin, así que investigué sobre ellos en Internet. Para mi sorpresa, leí que los murciélagos de Austin ahora son una gran atracción turística, gracias a las buenas personas de una institución internacional para la conservación de los murciélagos, llamada *Bat Conservation International* (BCI, por sus siglas en inglés). También me comuniqué por correo electrónico con un científico de la BCI. Me encantó lo que descubrí en mi investigación. Detesto ver que alguien es tratado injustamente, ya sea una persona o un animal. Y me encantan los finales felices. Por eso decidí escribir sobre los murciélagos de Austin. Espero que mi historia también haga sentir felices a mis lectores.

Pensemos...

¿Cómo te indica el punto de vista que ésta es una autobiografía? **Autobiografía**

Pensemos...

Relacionar lecturas
Después de leer sobre los murciélagos de Austin y sobre la vida del autor, ¿qué conclusiones puedes sacar sobre el autor?

Escribir variedad de textos
Imagina que eres un miembro de la BCI. Escribe una entrada en tu diario sobre tu experiencia ayudando a los murciélagos de Austin.

Objetivos

- Usar un diccionario, un glosario o un diccionario de sinónimos para hallar información acerca de las palabras. • Escuchar e interpretar los mensajes de un hablante y hacer preguntas. Identificar la idea principal y las ideas de apoyo en el mensaje de un hablante. • Dar presentaciones organizadas que comunican tus ideas efectivamente. Participar en conversaciones, pidiendo y considerando las sugerencias de otros miembros del grupo e identificando puntos de acuerdo y desacuerdo.

¡Aprendamos!

CALLE DE LA LECTURA EN LÍNEA
LIBRO DEL ESTUDIANTE EN LÍNEA
www.CalledelaLectura.com

Vocabulario

Palabras desconocidas

Diccionario/Glosario Si no puedes determinar el significado de una palabra desconocida a partir del contexto, búscala en un diccionario o en un glosario. El diccionario también proporciona más información, como la categoría gramatical de la palabra.

¡Practícalo! Escoge tres palabras desconocidas de *La verdad acerca de los asombrosos murciélagos de Austin* o de otro texto. Usa un diccionario o un glosario para buscar sus significados. ¿Qué otra información sobre cada palabra te proporciona el diccionario?

Fluidez

Precisión

La **precisión** implica ser capaz de leer sin tener que detenerte a deducir el significado de las palabras. Un modo de mejorar la precisión es volver a leer.

¡Practícalo! Practica con un compañero la lectura en voz alta de una página de *La verdad acerca de los asombrosos murciélagos de Austin*. Lee los párrafos tres veces en voz alta. Túrnense para leer en voz alta y corríjanse mutuamente.

342

Escuchar y hablar

Prepárate para la escuela intermedia

En un debate, escucha las ideas principales de los argumentos de cada hablante.

Debate

En un debate, las personas toman posiciones opuestas respecto de un asunto. Una persona de cada grupo pronuncia un discurso para presentar sus argumentos y disentir con el otro grupo o refutar su posición.

¡Practícalo! Trabaja con un compañero para debatir un aspecto del siguiente tema: *Los murciélagos del puente deben ser trasladados a otra parte.* Decidan qué posición defenderá cada uno. Luego prepara tus argumentos y preséntalos en el debate.

Sugerencias

Al escuchar...

- Escucha el mensaje de cada hablante.
- Identifica las ideas principales y las ideas de apoyo en el mensaje de cada hablante.

Al hablar...

- Al hablar, usa el contacto visual para comunicar tus ideas.
- Eleva y disminuye el volumen de tu voz para presentar tus opiniones de manera eficaz.

Trabajo en equipo...

- Participa en el debate identificando puntos de coincidencia y de discrepancia.
- Anima a los miembros del grupo a ofrecer sugerencias.

343

Objetivos

• Escuchar e interpretar los mensajes de un hablante y hacer preguntas.

Vocabulario oral

Hablemos sobre

El efecto de los seres humanos sobre la naturaleza

● Comenta lo que sabes sobre el efecto que los seres humanos tienen sobre la naturaleza.

● Escucha el mensaje de un compañero sobre los seres humanos y la naturaleza.

● Haz preguntas para aclarar el mensaje de tu compañero.

CALLE DE LA LECTURA EN LÍNEA
VIDEO DE HABLAR DEL CONCEPTO
www.CalledelaLectura.com

Objetivos

• Resumir y parafrasear la información de un texto. • Analizar cómo la organización de un texto influye en la manera en que están relacionadas las ideas.

¡Imagínalo!

Destreza

Estrategia

Destreza de comprensión

Idea principal y detalles

• La idea principal de una selección es la idea más importante sobre el tema de esa selección.

• A veces el autor enuncia la idea principal en una sola oración. Cuando el autor no enuncia la idea principal, el lector debe inferirla.

• Usa un organizador gráfico como el siguiente para resumir la idea principal y los detalles de "¿Obra de arte o de extraterrestres?". Asegúrate de que tu resumen incluya la información importante y esté escrito en un orden lógico.

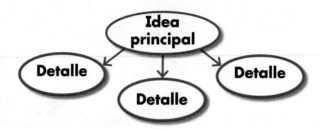

Estrategia de comprensión

Estructura del texto

La estructura del texto es la manera en que está organizado un texto. La obra puede mostrar la relación entre las ideas en una secuencia, en patrones de causa y efecto o en una serie de comparaciones y contrastes. Los lectores activos analizan la manera en que la estructura del texto afecta la relación entre las ideas.

¿Obra de ARTE o de EXTRATERRESTRES?

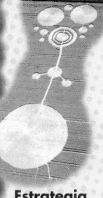

Durante la década de 1970, en los campos cultivados del sur de Inglaterra aparecieron unos dibujos simples, llamados *crop circles* o círculos de los campos de cosecha, formados con espigas de trigo aplastadas. Algunos medían unos pocos pies de diámetro. Otros, hasta 1,500 pies de diámetro. ¿Cómo llegaron hasta allí?

Algunos científicos afirmaban que la causa de estos diseños misteriosos era el clima. Otras personas creían que los habían hecho los extraterrestres o los seres humanos de la Tierra. Nadie lo sabía con certeza. Todos los años aparecían nuevos diseños en los campos.

En 1991, dos hombres que se llamaban a sí mismos "artistas de los cultivos" admitieron que eran los responsables de algunos de los círculos en los cultivos. Ellos creen que sus diseños son una forma de arte. Completar cada diseño toma hasta dos semanas, pero los artistas de los cultivos rara vez se atribuyen el mérito por sus obras. Creen que el misterio es parte de su arte.

La relación entre los artistas de los cultivos y los granjeros a veces es beneficiosa para ambas partes. Los granjeros proporcionan el "lienzo" y los artistas traen a los turistas. Los granjeros suelen cobrarles a los turistas una pequeña tarifa para ver los círculos. ¿Están preocupados los granjeros por el origen de los círculos en los cultivos? Muchos sienten que con tal de que estén bien hechos, cada quien puede creer lo que quiera.

Estrategia
Después de leer el primer párrafo, ¿puedes saber cómo van a estar organizadas las ideas de este texto?

Destreza Resume las ideas principales y los detalles de lo que has leído hasta ahora.

Destreza ¿Cuál es la idea principal de esta selección?
a) las causas de los círculos en los cultivos
b) los extraterrestres que llegan desde el espacio exterior
c) el turismo en Inglaterra

¡Es tu turno!

 ¿Necesitas repasar? Consulta *¡Imagínalo!: Cuaderno de práctica* para obtener apoyo adicional sobre la idea principal y la estructura del texto.

▶ **¡Inténtalo!** Cuando leas *El misterio de la isla Saint Matthew*, usa lo que has aprendido sobre la idea principal y la estructura del texto.

Objetivos

• Determinar el significado de vocabulario en español con raíces del griego, del latín o de otros idiomas.

¡Imagínalo! | **Palabras para aprender**

descomposición

parásitos

tundra

cadáveres
demacrado
descoloridos
inanición
sospechaba

CALLE DE LA LECTURA EN LÍNEA
ACTIVIDADES DE VOCABULARIO
www.CalledelaLectura.com

348

Estrategia de vocabulario para

Terminaciones -s, -es

Estructura de las palabras Una terminación se añade al final de la raíz de una palabra para modificar su significado. Por ejemplo, con las terminaciones -s y -es se forma el plural de los sustantivos y adjetivos en singular. Reconocer una terminación puede ayudarte a determinar el significado de una palabra.

1. Observa la palabra desconocida para ver si reconoces su raíz.

2. Fíjate si se ha añadido la terminación -s o -es.

3. Pregúntate de qué manera la terminación cambia el significado de la palabra.

4. Fíjate si el significado tiene sentido en la oración.

Lee "Limpieza de la madre naturaleza". Busca palabras que terminen en -s o -es. Usa las terminaciones para determinar el significado de las palabras.

Palabras para escribir Vuelve a leer "Limpieza de la madre naturaleza". Imagina que eres un científico que va a disertar sobre el ciclo de vida de los animales. Escribe una exposición breve donde expliques los puntos clave que aprendiste en la selección. En tu exposición, usa palabras de la lista de *Palabras para aprender*.

Limpieza de la madre naturaleza

Todos los seres vivos mueren. Éste no es un hecho agradable. La mayoría de las personas no suelen pensar en ello. Ver los cadáveres de los animales atropellados en la carretera puede hacernos recordar este hecho con un sobresalto.

Algunos animales mueren para proporcionar alimento a otros animales. Quizás hayas visto algún animal salvaje demacrado. Esto te hace sospechar que el animal está enfermo. Puede morir de inanición o por alguna enfermedad. ¿Tu tía sospechaba que su gatito estaba enfermo debido a los parásitos? Los parásitos son gusanos que viven a costa de los tejidos de otro animal. Muchas mascotas domésticas atraviesan todo su ciclo de vida y mueren a una edad avanzada. ¿Qué sucede con los cuerpos de los animales cuando mueren?

En la naturaleza, nada se desperdicia. Ya sea en la tundra congelada o en las tórridas selvas, los cuerpos de los animales muertos se descomponen. Mediante el proceso de descomposición, sus tejidos se transforman en sustancias químicas más simples. Estas sustancias químicas penetran en el suelo y las plantas las utilizan. Pronto, lo único que puede verse de un animal muerto son sus huesos descoloridos. Con el transcurso del tiempo, estos huesos también se descompondrán y desaparecerán.

¡Es tu turno!

¿Necesitas repasar? Para obtener apoyo adicional sobre las terminaciones, consulta *¡Palabras!*

¡Inténtalo! Lee *El misterio de la isla Saint Matthew*, en las páginas 350–359.

El **misterio** de la isla Saint Matthew

POR SUSAN E. QUINLAN

Género

Los **textos expositivos** hablan sobre una persona, una cosa o una idea. En este estudio de caso, los investigadores señalan con detalle cómo encontraron respuestas a preguntas difíciles o soluciones a problemas difíciles. A medida que leas, fíjate en cómo los científicos resuelven un misterio.

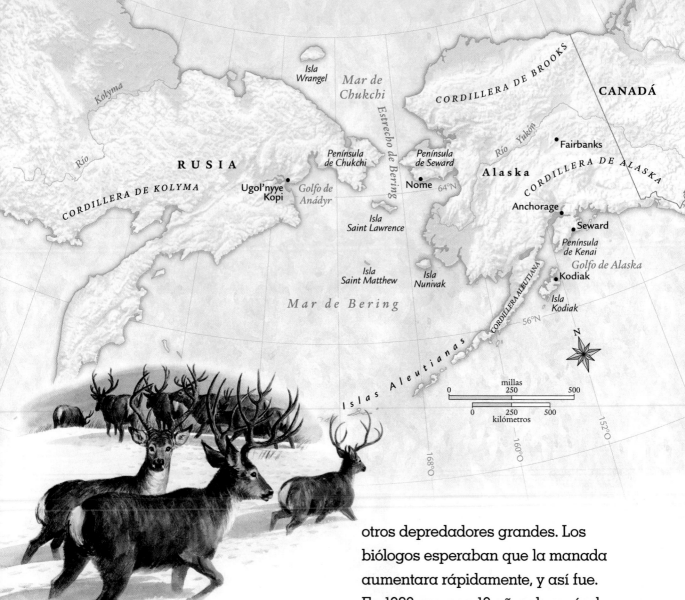

Cuando 29 renos fueron puestos
en libertad en la isla Saint Matthew,
en 1944, el futuro de la manada
parecía ser muy prometedor.
Esta isla, ubicada en medio del
mar de Bering, proporcionaba
abundancia de plantas y líquenes
para que los renos se alimentaran.
En la isla no vivían lobos, osos ni
otros depredadores grandes. Los
biólogos esperaban que la manada
aumentara rápidamente, y así fue.
En 1963, apenas 19 años después, la
manada contaba con más de 6,000
cabezas.

Luego ocurrió algo desastroso.
En 1965, unos marineros que
visitaron Saint Matthew para cazar
renos encontraron esqueletos de
renos por toda la isla. Sólo vieron a
unos cuantos renos vivos.

Cuando el alarmante informe
de los marineros le llegó al
Dr. David Klein, el científico que

había estudiado la manada, de inmediato hizo planes para investigar lo sucedido. Organizar el viaje a la remota isla era difícil. Ubicada a medio camino entre Alaska y Siberia, resulta casi imposible llegar a esta isla estadounidense. No está poblada, así que no tiene aeropuertos; y está demasiado lejos de la costa como para que alguna avioneta se aventure a llegar hasta ahí. Además, durante gran parte del año permanece rodeada de hielo polar y es, por tanto, imposible llegar en barco. Así que a Klein y a sus dos colegas les tomó más de un año llegar a la isla en un barco de la Guardia Costera. Una vez en la desolada isla, los

investigadores se quedaron tan sólo con el equipo de acampar, la comida y la promesa de que irían por ellos en dos semanas.

El primer paso de la investigación fue determinar si el informe era cierto. En sus dos visitas anteriores a Saint Matthew, hacía unos años, Klein había visto grupos pequeños de renos por todas partes. Pero ahora reinaba una extraña calma en la isla. Los descoloridos esqueletos de los renos yacían esparcidos por la tundra. Klein sospechaba las razones del desastre, basándose en observaciones hechas en viajes anteriores, pero para resolver el misterio necesitaba llevar a cabo una investigación a fondo.

Primero, los investigadores exploraron la montañosa isla. Después de varios días de duras caminatas, descubrieron que sólo quedaban 42 renos vivos en toda la isla. Eran hembras adultas, con la excepción de un demacrado macho adulto. No había crías. La ausencia de crías indicaba que este único macho ya no podía procrear. Por lo tanto, la manada estaba condenada a desaparecer completamente algún día.

¿Cuándo y cómo habían muerto los otros 6,000 renos? Y, ¿por qué le había sucedido aquel desastre a una manada saludable?

Quizás había alguna pista en los esqueletos de los renos. Klein se dio cuenta de que casi todos los esqueletos se encontraban en el mismo estado de descomposición. Esto quería decir que toda la manada había muerto más o menos al mismo tiempo. A juzgar por el musgo que crecía en los huesos y el descoloramiento de los mismos, Klein calculó que los cadáveres de los animales tenían por lo menos tres años. Klein había contado 6,000 renos vivos cuando visitó la isla en 1963, así que concluyó que estos habían muerto entre ese verano y el verano de 1964.

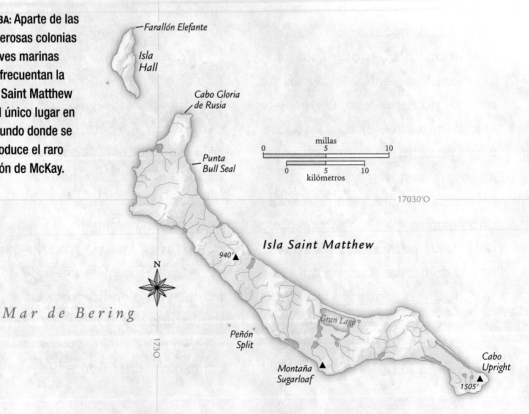

ARRIBA: Aparte de las numerosas colonias de aves marinas que frecuentan la isla, Saint Matthew es el único lugar en el mundo donde se reproduce el raro pinzón de McKay.

— Farallón Elefante

Isla Hall

Cabo Gloria de Rusia

Punta Bull Seal

millas
0   5   10

0   5   10
kilómetros

17030'O

Isla Saint Matthew

940'▲

Mar de Bering

173O

Gran Lago

Peñón Split

Montaña Sugarloaf ▲

Cabo Upright

1505'

DERECHA: La silueta de una parte de la manada de los 6,000 renos de Saint Matthew contrasta con el cielo nublado en 1963.

Klein examinó los esqueletos más cuidadosamente, con la esperanza de encontrar más pistas que indicaran la fecha de la muerte. No tardó en hallar los pequeños y recién formados huesos de las crías que habían muerto cuando aún estaban dentro de sus madres. Estos diminutos huesos le indicaban a Klein que las hembras habían muerto a finales del invierno, cuando sus crías estaban aún en vías de desarrollo.

Una vez que la fecha de la muerte se redujo al período que va desde finales del invierno de 1963 a 1964, Klein buscó pistas que le indicaran la causa de la muerte. En la isla no había depredadores y la gente casi nunca la visitaba, así que ninguno de estos dos factores eran sospechosos en este caso.

IZQUIERDA: El ratón de campo que vive en Saint Matthew se convirtió en una especie como tal después de haber llegado hace más de 10,000 años, cuando el nivel de los océanos era menor y la isla estaba conectada al continente.

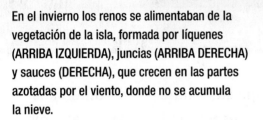

En el invierno los renos se alimentaban de la vegetación de la isla, formada por líquenes (ARRIBA IZQUIERDA), juncias (ARRIBA DERECHA) y sauces (DERECHA), que crecen en las partes azotadas por el viento, donde no se acumula la nieve.

Klein descartó las enfermedades y los parásitos, porque casi no había encontrado señales de los mismos en sus anteriores visitas a Saint Matthew. Tampoco era posible que un animal proveniente de otro lugar hubiera traído parásitos o alguna enfermedad porque la isla Saint Matthew es muy remota.

Klein encontró esqueletos de animales de todas las edades, así que la vejez no era tampoco la causa de la muerte. Sólo quedaban el clima y la inanición como posibles causas.

Era probable que el clima tuviera algo que ver. En el invierno de 1963 a 1964 hubo algunas de las mayores acumulaciones de nieve y de las temperaturas más frías jamás registradas en la región del mar de Bering. Pero Klein no estaba convencido de que la única causa de tantas muertes hubiera sido un severo invierno. Los renos son animales del Ártico. Siempre y cuando tengan suficiente alimento, la mayoría de los renos saludables son capaces de soportar hasta el más duro de los inviernos.

Así que Klein sospechaba que los renos de la isla Saint Matthew estaban enfermos o se les había acabado la comida en el invierno de 1963 a 1964.

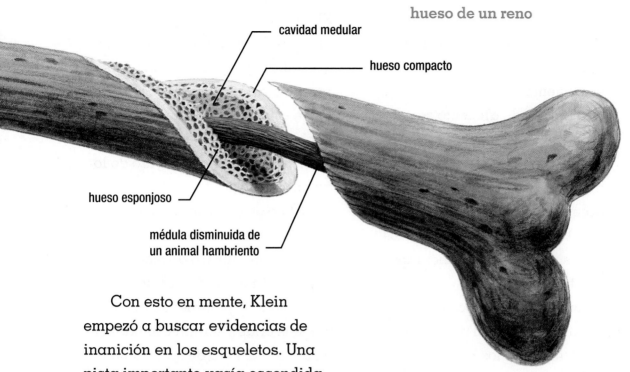

hueso de un reno

cavidad medular

hueso compacto

hueso esponjoso

médula disminuida de
un animal hambriento

Con esto en mente, Klein empezó a buscar evidencias de inanición en los esqueletos. Una pista importante yacía escondida dentro de los huesos. Un animal bien alimentado tiene grasa en la médula. Esta médula grasosa permanece en los huesos por cinco años o más después de que un animal muere. Así pues, Klein abrió los huesos de las patas de los esqueletos para examinar la médula. Hueso tras hueso y esqueleto tras esqueleto, la médula había desaparecido por completo. Ni un solo reno tenía grasa en la médula al morir. Esto era una prueba clara de que la manada había muerto de hambre.

En una expedición a la isla tres años antes, Klein se dio cuenta de que algunas de las plantas que durante el invierno servían como principal alimento de los renos estaban escaseando. Y en esta ocasión, al observar los alrededores, descubrió un daño aún más severo. Buena parte de las plantas parecían haber sido podadas. Además, los líquenes, organismos parecidos a los musgos, que en una época alfombraban la isla, habían desaparecido en muchas áreas. Klein vio que el daño más severo había ocurrido en las cimas de las colinas, donde el viento no permite la acumulación de nieve. Esos lugares habrían sido los más frecuentados por los renos durante el invierno.

Los daños a la vegetación llevaron a Klein a sospechar que a los renos se les había acabado el alimento nutritivo. Klein sabía que la falta de alimento se notaría en el peso de los renos, así que repasó los registros de sus visitas anteriores a Saint Matthew. Los animales que él había examinado en 1957 pesaban entre 199 y 404 libras, más que cualquier reno de otro lugar. Estaba claro que en ese entonces los animales tenían alimento en abundancia. Por otra parte, los renos que Klein había pesado en 1963 tenían, como promedio, de 50 a 120 libras menos. Esta disminución de peso indicaba que cuando la manada era de 6,000 renos, muchos de ellos no ingerían suficiente alimento.

Klein decidió entonces pesar algunos de los renos que todavía quedaban vivos en la isla. Éstos pesaban aún menos de lo normal. No se estaban alimentando debidamente. Eso resolvió el caso y Klein estaba ahora seguro de lo que había ocurrido.

Al no estar expuestos a depredadores o enfermedades que limitaran el número de ejemplares, la pequeña manada había aumentado rápidamente. Nacieron muchas crías y tenían abundancia de alimento. Pero después de unos años, había demasiados animales. Los renos se alimentaron de los líquenes y las plantas de la tundra más rápido de lo que éstos podían crecer de nuevo. Amontonados durante el invierno

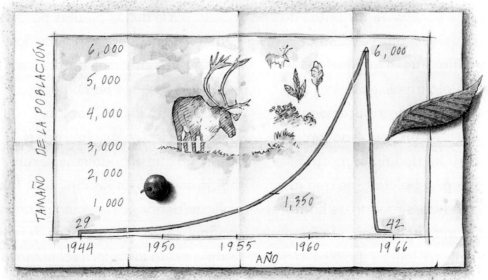

Población estimada de la manada de renos de la isla Saint Matthew.
Los números reales se indican en la curva poblacional.

DERECHA: Vista de la punta Bull Seal, isla Saint Matthew.

ABAJO: El último reno, una hembra vista por última vez en 1982.

en las cimas de las colinas, destruyeron la frondosa alfombra de líquenes. Cuando empezaron a escasear las plantas y los líquenes más nutritivos, los renos comenzaron a perder peso. En mal estado y con poco alimento para alimentarse, el desastre era inevitable. El crudo invierno de 1963 a 1964 significó el final de lo que había sido una manada saludable. Los renos de la isla Saint Matthew se habían comido literalmente la casa. Eran tan numerosos que habían destruido su morada y su futuro.

Cuando Klein y sus compañeros de trabajo se fueron de la isla Saint Matthew, se llevaron consigo una importante experiencia sobre la relación que hay entre los animales y su medio ambiente. Las poblaciones de animales pueden crecer descontroladamente, como ocurrió con la manada de renos. Sin embargo, por lo general los depredadores, los parásitos, las enfermedades y otros factores evitan un crecimiento desmedido de la población. El misterio de los renos de la isla Saint Matthew demostró que, a falta de estos controles naturales, una población en expansión termina destruyendo su propio medio ambiente, y el desastre es inevitable.

Objetivos

• Presentar evidencia del texto para demostrar tu comprensión. • Leer en forma independiente por algún período de tiempo y parafrasear la lectura, incluyendo el orden en que ocurren los sucesos.

¡**Imagínalo!** | Volver a contar

CALLE DE LA LECTURA EN LÍNEA
ORDENACUENTOS
www.CalledelaLectura.com

Piensa críticamente

1. Piensa en los cuentos de misterio que has leído. ¿Cómo se compara *El misterio de la isla Saint Matthew* con un cuento de misterio? ¿En qué se parecen estos cuentos de misterio? ¿En qué se diferencian? **De texto a texto**

2. El Dr. David Klein no adivinaba las respuestas, sino que investigaba hasta hallarlas. ¿Cómo hace la autora para mostrar al Dr. Klein como un científico que investiga en lugar de como una persona que adivina? **Pensar como un autor**

3. Piensa en la idea principal de la selección como una advertencia para los animales y los seres humanos. ¿Cuál sería esa advertencia? Usa detalles de la selección para apoyar tu respuesta. **Idea principal y detalles**

4. La selección puede considerarse como una serie de pistas que llevan a una solución. Identifica y enumera las pistas principales, desde el principio hasta el final. Después comenta cómo llevan a la solución. **Estructura del texto**

5. **Mira de nuevo y escribe** Vuelve a leer el final de la selección, en la página 359. La última oración de la autora habla de un desastre inevitable. ¿Por qué les sucedió un desastre a los renos? Escribe una explicación para esta pregunta. Fundamenta tu respuesta con el texto.

PRÁCTICA PARA EL EXAMEN | **Respuesta desarrollada**

360

Susan E. Quinlan

Susan E. Quinlan ama la naturaleza. Dice: "Es difícil trazar una línea entre lo que hago por trabajo y lo que hago por placer". Como bióloga y guía naturalista, Quinlan ha explorado el medio ambiente de muchas partes del mundo. *El misterio de la isla Saint Matthew* es uno de los catorce relatos de *The Case of the Mummified Pigs and Other Mysteries in Nature* (*El caso de los cerditos momificados y otros misterios de la naturaleza*). Escribió este libro a partir de sus propias experiencias en la materia y de las entrevistas que realizó a varios científicos.

Quinlan agrega: "El interés principal de mi carrera es compartir con otras personas mi fascinación por la naturaleza y por las ciencias. A lo largo de mis años de estudio y de mi trabajo como bióloga naturalista, gradualmente empecé a darme cuenta de que las personas con estudios en biología observan la naturaleza de una manera diferente, gracias a la adquisición de destrezas de observación de la naturaleza y a las investigaciones realizadas por otros científicos. Uno de mis objetivos como escritora es ayudar a que otros aprendan a observar la naturaleza como un biólogo. También busco interpretar los trabajos de investigación de los científicos para que cualquiera los comprenda y disfrute".

Otros libros sobre la naturaleza en peligro:

Bosques en extinción

Los dinosaurios

Registro de lecturas

Usa el *Cuaderno de lectores y escritores* para anotar tus lecturas independientes.

Objetivos

• Escribir cuentos imaginativos que incluyan un enfoque, un argumento y un punto de vista claramente definidos. • Utilizar y comprender la función de las conjunciones subordinantes.

¡Escribamos!

Aspectos principales de un cuento de detectives

● se presenta un problema o misterio al principio del cuento

● se proporcionan hechos y detalles para resolver el misterio

● el misterio se resuelve al final

CALLE DE LA LECTURA EN LÍNEA
GRAMATIRITMOS
www.CalledelaLectura.com

362

Escritura narrativa

Cuento de detectives

Un **cuento de detectives** es un cuento en el cual se presentan pistas para que los lectores tengan la posibilidad de resolver un problema. El modelo del estudiante de la próxima página es un ejemplo de un cuento de detectives.

Instrucciones En *El misterio de la isla Saint Matthew*, los científicos descubren qué les sucedió a los renos de la isla Saint Matthew. Ahora escribe tu propio cuento de detectives. Explica cuál es el misterio y luego usa pistas para revelar qué sucedió, cómo sucedió y por qué.

Lista del escritor

Recuerda que debes...

 guiar al lector para que comprenda las ideas clave y la evidencia.

 presentar párrafos bien organizados, que incluyan hechos específicos, detalles y ejemplos que ayuden a los lectores a resolver el misterio.

 tener un enfoque y un punto de vista claramente definidos.

 usar conjunciones y palabras de transición correctamente.

El misterio de las pelotas de ping-pong perdidas

La semana pasada bajé al sótano a jugar ping-pong **porque** hacía mucho frío para jugar afuera. Saqué las raquetas y tendí la red. Luego, me di cuenta de que la caja de pelotas de ping-pong estaba vacía.

¿Dónde podrían estar las pelotas? Las busqué por todo el sótano, **pero** no las encontré.

¿Quién se llevaría unas pelotas de ping-pong? ¿Habría sido el perro? Busqué en la cama de Mostaza, nuestro labrador amarillo. Allí había algunos juguetes. **Sin embargo**, no había ninguna pelota de ping-pong.

Le pregunté a mi hermana mayor, **pero** tampoco había visto las pelotas. **Por lo tanto**, sólo faltaba preguntarle al curioso de mi hermano de tres años. **Aunque** era un niño dulce, a veces se llevaba mis juguetes. Si había alguien que supiera dónde estaban las pelotas de ping-pong, con seguridad sería él.

—¿Pelotas de pipó? —preguntó. Luego señaló debajo de su cama.

Las pelotas estaban allí, **aunque** casi todas estaban aplastadas como estampillas. Tomó una y la pisoteó con fuerza. La pelota aplastada crujió con el pisotón.

¡De ahora en adelante tendré que esconder mis pelotas de ping-pong!

Género:
Los **cuentos de detectives** presentan un problema o misterio que los lectores intentan resolver a medida que leen.

Característica de la escritura: Enfoque/Ideas
El escritor usa hechos y detalles para enfocarse en la explicación del misterio.

Las **conjunciones** y las **palabras de transición** están usadas correctamente.

Normas

Conjunciones y palabras de transición

Recuerda Las **conjunciones** son palabras como *y*, *o* y *pero* que unen palabras, frases y oraciones. Las palabras de transición, como *sin embargo*, *además* y *no obstante*, sirven para unir oraciones y conectar las distintas partes que forman un texto.

Ciencias en Lectura

Género
Texto expositivo

- Un texto expositivo contiene hechos e información sobre diferentes temas.

- Algunos autores de textos expositivos usan un orden secuencial para explicar las relaciones entre las ideas.

- Algunos autores de textos expositivos usan gráficas para explicar la información que presentan. Estas gráficas puede proporcionarte una idea general del contenido del texto.

- Lee "Halcones de ciudad". Busca los elementos que hacen de este artículo un texto expositivo. ¿De qué manera las gráficas te ayudan a entender el texto?

364

Cerca de la entrada de un edificio de departamentos de la ciudad de Nueva York, sus habitantes encontraban palomas y otros animalitos muertos. La acera frente al edificio estaba sucia con excrementos de aves. Esta suciedad provenía de algún sitio en lo alto del costado del edificio, doce pisos hacia arriba. En ese lugar, Pale Male y Lola, dos halcones de cola roja, habían construido su nido.

No es habitual encontrar halcones de cola roja en medio de una ciudad concurrida. Los halcones prefieren habitar en los campos abiertos. Durante el verano migran en dirección norte y llegan hasta Canadá; durante el invierno habitan en todo Norteamérica y México. Pero por algún motivo, este halcón, al que la gente le puso Pale Male, dejó de migrar e hizo de la ciudad de Nueva York su residencia permanente durante todo el año.

Pensemos...

¿Cómo te ayudan las fotos y el texto a comprender el contenido del artículo?
Texto expositivo

DE CIUDAD

Lola regresa a su nido mientras su compañero, Pale Male, y sus crías la observan.

365

Pale Male había escogido un excelente lugar donde vivir. Los halcones de cola roja suelen construir sus nidos en los acantilados, así que el costado de un edificio de concreto debió parecerle un buen hogar a este halcón de cola roja. El edificio de departamentos estaba cerca del Parque Central, un parque tan grande que alberga a más de 280 especies distintas de aves. El parque también es un excelente hábitat para los animales pequeños, como ardillas y otros roedores. Estos animales son exactamente lo que los halcones comen cuando están en libertad, y el enorme lago del parque era una abundante fuente de agua.

Pale Male había vivido durante años en los edificios de las cercanías del Parque Central. Este halcón atraía a un grupo numeroso de amantes de las aves, que se sentaban en el Parque Central para observarlo surcar los cielos. Pale Male encontró una compañera, a la que sus admiradores llamaron First Love. Pero First Love se comió una paloma que había sido envenenada y murió. Pale Male tuvo otras dos compañeras que también murieron. Luego encontró a Lola.

Pensemos...

¿Cómo te ayuda esta línea cronológica a comprender la información del artículo?
Texto expositivo

1993
Pale Male construye su primer nido en un edificio de la ciudad de Nueva York.

1996
Nace el primer polluelo de la nidada de Pale Male y Lola.

2004
Se desmantela el nido de Pale Male y Lola.

2005
Los halcones construyen un nido en su nueva percha.

Los manifestantes exigen que se restaure el nido de Pale Male.

Con sus cuatro compañeras, Pale Male engendró más de dos docenas de halcones que se criaron en la ciudad.

Sin embargo, en diciembre de 2004, los residentes humanos del edificio de Pale Male y Lola se hartaron. Querían una acera limpia y no más "regalitos" de la pareja de halcones. El propietario del edificio contrató a un ingeniero para que quitara el nido y las barras metálicas que lo sostenían. Pale Male intentó volver a construir el nido, pero, sin las barras metálicas, el nido no se sostenía.

La remoción del nido atrajo la atención de los amantes de los animales de todo el mundo. Les solicitaron al propietario del edificio y a los funcionarios municipales que volvieran a poner el nido en su sitio. Algunos manifestantes se instalaron en la calle frente al edificio y exigieron la restitución del nido.

La Sociedad Audubon, una organización que protege a las aves y a otras especies salvajes, ofreció su ayuda. Junto con el propietario del edificio cambiaron la ubicación del nido para que no molestara a los ocupantes del edificio, y permitiera que Pale Male y Lola tuvieran su percha favorita.

Con un nuevo nido construido especialmente para ellos, Pale Male y Lola regresaron a su "departamento" en la Quinta Avenida de Nueva York. Y las personas que cuidan de Pale Male y Lola continúan asegurándose de que estén a salvo de todo peligro.

Pensemos...

¿Qué sucedió después de que desmantelaran el nido de Pale Male?
Texto expositivo

Pensemos...

Relacionar lecturas
En "Limpieza de la madre naturaleza", pág. 349, *El misterio de la isla Saint Matthew* y "Halcones de ciudad", leíste sobre los problemas a los que se enfrenta la naturaleza. Piensa en qué se parecen los problemas presentados en cada texto.

Escribir variedad de textos
Escribe un párrafo donde expliques en qué se parecen los problemas presentados en cada texto.

Se reconstruye el nido de Pale Male con pinchos nuevos y una cuna para el nido.

Objetivos

• Leer textos adecuados al nivel del grado y comprender la lectura.
• Determinar el significado de vocabulario en español con raíces del griego, del latín o de otros idiomas. • Escuchar e interpretar los mensajes de un hablante y hacer preguntas. • Dar presentaciones organizadas que comunican tus ideas efectivamente. • Participar en conversaciones, pidiendo y considerando las sugerencias de otros miembros del grupo e identificando puntos de acuerdo y desacuerdo.

CALLE DE LA LECTURA EN LÍNEA
LIBRO DEL ESTUDIANTE EN LÍNEA
www.CalledelaLectura.com

Vocabulario

Terminaciones -*s*, -*es*

Estructura de las palabras El plural de las palabras en español que terminan en vocal se forma añadiendo -*s* a la forma singular. Si el sustantivo o el adjetivo termina en consonante, el plural se forma añadiendo -*es* a la forma singular. La mayoría de las palabras terminadas en *s* o *x* no varían para formar el plural.

¡Practícalo! Lee *El misterio de la isla Saint Matthew*. Busca y define por lo menos dos ejemplos de sustantivos que formen el plural añadiendo -*s* y dos que lo formen añadiendo -*es*. Comprueba si hay algún sustantivo que no varíe para formar el plural. En todos los casos, escribe tanto la forma singular como la plural.

Fluidez

Fraseo apropiado /Signos de puntuación

Cuando usas el fraseo apropiado agrupas las palabras al leer y te guías por la puntuación de la oración.

¡Practícalo! Practica con un compañero la lectura en voz alta de los primeros tres párrafos de la pág. 356 de *El misterio de la isla Saint Matthew*. Túrnense para leer en voz alta, usando los signos de puntuación

para hacer pausas donde corresponda. Corríjanse mutuamente.

368

Escuchar y hablar

 Prepárate para la escuela intermedia

Cuando entrevistes a alguien, haz contacto visual y escucha atentamente las respuestas.

Entrevista

En una entrevista, una persona le hace preguntas a otra persona. El propósito de una entrevista es averiguar qué sabe o qué ha hecho la persona entrevistada.

¡Practícalo! Con un compañero, realiza una entrevista en la que uno interprete al Dr. Klein y el otro interprete al entrevistador. Trabajen conjuntamente para preparar las preguntas para el Dr. Klein. Luego presenten la entrevista a la clase.

Sugerencias

Al escuchar...

- Escucha los mensajes del hablante.
- Haz preguntas para aclarar la perspectiva del hablante.

Al hablar...

- Establece contacto visual con tu compañero para comunicarte de manera eficaz.
- Habla en voz alta y pronuncia las palabras claramente para comunicar tus ideas.

Trabajo en equipo...

- Pide y escucha las sugerencias de los demás miembros del grupo.

369

Vocabulario oral

Hablemos sobre

Resultados inesperados de nuestras acciones

● Describe alguna ocasión en que tus acciones tuvieron un resultado inesperado.

● Escucha el mensaje de un compañero sobre los resultados inesperados.

● Determina las ideas principales y las ideas de apoyo del mensaje de tu compañero.

CALLE DE LA LECTURA EN LÍNEA
VIDEO DE LA PREGUNTA PRINCIPAL
www.CalledelaLectura.com

370

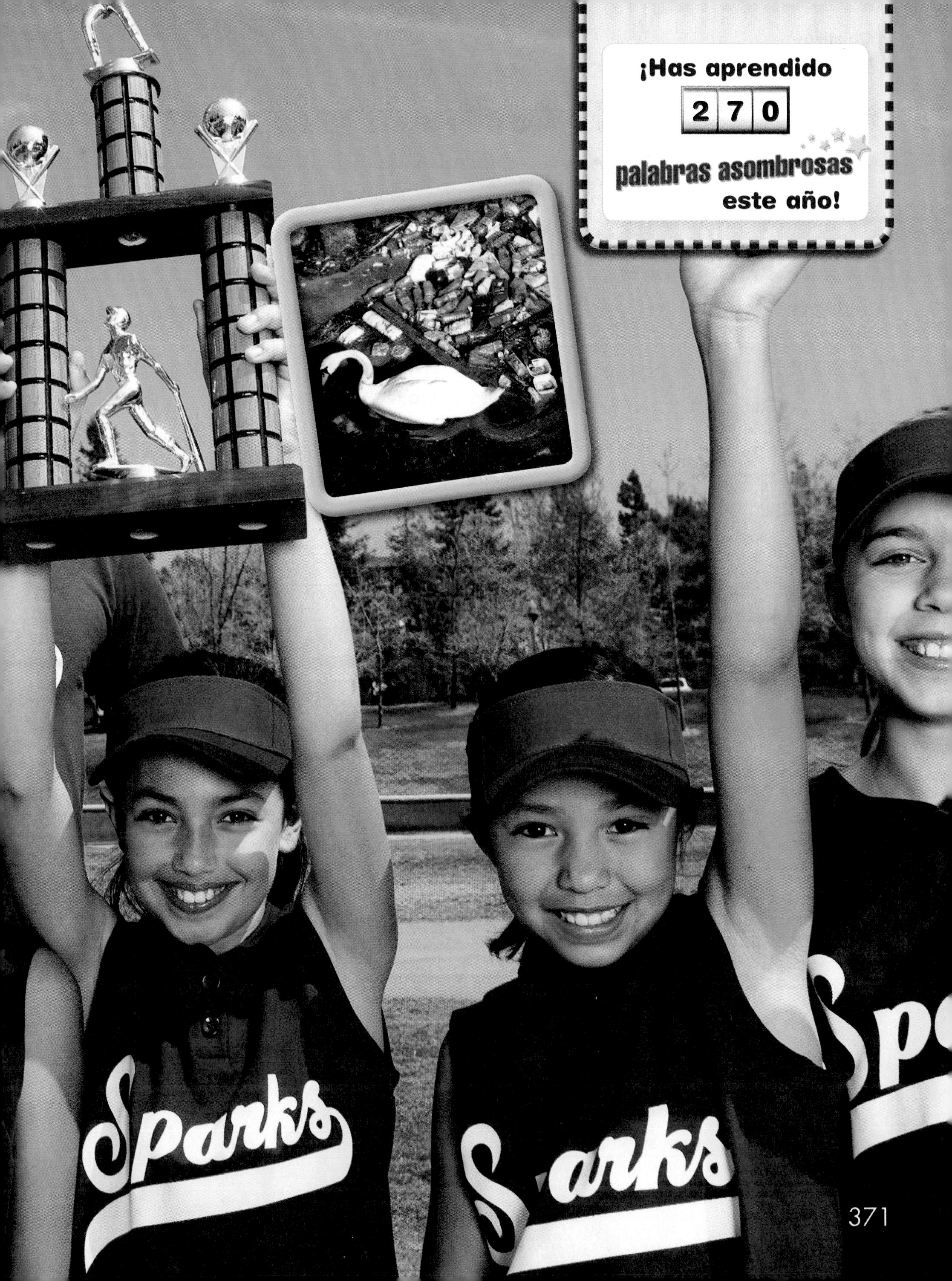

¡Has aprendido **270** palabras asombrosas este año!

Objetivos

• Describir sucesos específicos del cuento o de la novela que conducen a o sugieren sucesos futuros.

¡Imagínalo!

Destreza

Estrategia

Destreza de comprensión

Comparar y contrastar

• A veces, los escritores usan comparaciones y contrastes para organizar sus textos. Las palabras clave como *al igual que* y *como* se usan con frecuencia para indicar comparaciones. Las palabras clave como *pero* o *a diferencia de* se usan con frecuencia para señalar contrastes.

• Puedes comparar y contrastar lo que leas acerca de una cosa y otra.

• Usa el organizador siguiente para registrar las comparaciones y los contrastes que encuentres en "El deseo de Andrés".

Comienzo	Final

Estrategia de comprensión

Estructura del cuento

Los lectores activos se fijan en la estructura del cuento. Se fijan en el problema al que se deben enfrentar los personajes, en el punto culminante de la acción, el clímax, y en la solución. Los autores usan incidentes del cuento para avanzar en la trama y darles cabida a sucesos futuros. Después de leer "El deseo de Andrés", describe los incidentes que hicieron avanzar el cuento o previeron lo que sucedería al final.

El deseo de Andrés

Durante un año entero, Andrés había soñado con tener su propia bicicleta de montaña. Al igual que a sus amigos, a Andrés le encantaba pasear por los senderos montañosos. Sin embargo, a veces decidía no hacerlo porque odiaba tener que pedirle prestada la bicicleta a uno de sus amigos.

Un día, mientras Andrés caminaba de regreso a casa desde la escuela, notó que lo seguía una rana. —Quiero concederte un deseo porque no me pisaste —le dijo la rana. Inmediatamente, Andrés le pidió una bicicleta. La rana le dijo que le daría una bicicleta mágica que sólo Andrés podría ver. Cuando otra persona se acercara, la bicicleta desaparecería. Andrés estuvo de acuerdo con esta condición porque deseaba una bicicleta más que cualquier otra cosa.

Esa tarde, Andrés anduvo solo en su bicicleta. Se divirtió mucho, pero echaba de menos a sus amigos. Al día siguiente, montó en su bicicleta mágica para reunirse con sus amigos. Cuando llegó al lugar de reunión, la bicicleta desapareció. Andrés se dio cuenta de que tener una bicicleta no era tan importante como tener amigos, así que le devolvió la bicicleta mágica a la rana. Al día siguiente, con gusto Andrés pidió prestada una bicicleta y salió a pasear con sus amigos.

Destreza ¿Qué comparaciones y contrastes puedes encontrar en este párrafo?

Destreza Compara los sentimientos de Andrés respecto a pedir prestada una bicicleta al principio del cuento con lo que siente al final del cuento.

Estrategia Identifica y explica los sucesos que ocurren en el cuento que conllevan al final del cuento.

¡Es tu turno!

 **¿Necesitas repasar?**
Consulta *¡Imagínalo!*: Cuaderno de práctica para obtener apoyo adicional sobre comparar, contrastar e identificar la estructura del cuento.

¡Inténtalo! Cuando leas *El rey Midas y su toque de oro*, usa lo que has aprendido sobre comparar, contrastar e identificar la estructura del texto.

Objetivos

• Determinar el significado de vocabulario en español con raíces del griego, del latín o de otros idiomas.

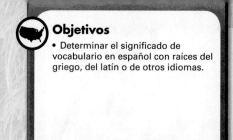

precioso

purifiques

transforme

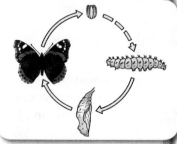

elegante
radiante
reino

Estrategia de vocabulario para

🔄 Sufijo *-ante*

Estructura de las palabras Un sufijo es un tipo de afijo que se añade al final de una palabra base para modificar su significado. Saber el significado del sufijo puede ayudarte a determinar el significado de la palabra.

1. Busca una palabra poco común y fíjate si reconoces su raíz.

2. Fíjate si tiene el sufijo *-ante*.

3. Determina cómo el sufijo cambia el significado de la palabra. El sufijo *-ante* significa "que ejecuta la acción", como en la palabra *cantante*.

4. Prueba este significado en una oración para ver si tiene sentido.

Al leer "Un hospital para animales salvajes", busca palabras con el sufijo *-ante*. Usa los sufijos para determinar el significado de las palabras.

Palabras para escribir Vuelve a leer "Un hospital para animales salvajes". Imagina que eres el narrador. Escribe una nota breve a un amigo donde le expliques la parte más significativa de tu experiencia. En tu nota, usa palabras de la lista de *Palabras para aprender*.

Un hospital para
ANIMALES SALVAJES

Hay lugares mágicos a nuestro alrededor. Conocí un lugar así cuando encontré un búho herido en mi patio. Le habían disparado en un ala. Se me partió el corazón cuando vi de cerca a ese ser aparentemente sin vida. ¡Justo entonces se movió! ¿Cómo podía hacer para salvar al búho?

Mi mamá me dijo que llamara al centro local de rehabilitación de animales salvajes. Nos indicaron que envolviéramos el búho con cuidado y lo lleváramos allí. Con mucha delicadeza, la encargada que estaba de guardia limpió cuidadosamente la herida. Me dijo:

—Cuando ves una herida así, es importante que purifiques bien la piel del animal, para que la herida no se transforme en algo peor.

Después nos explicó que el búho estaba débil, pero que sobreviviría. En el transcurso de las semanas siguientes, visité este reino maravilloso todos los días y vi personas amables que se ocupaban de zorros, mapaches y aves de todo tipo. Pronto, el indefenso búho estaba radiante y comió su primera ración de carne. Vi el complejo diseño de colores que adornan las plumas de los búhos. ¡Qué diseño tan elegante!

El lugar tenía una clase especial de encanto. Me sentí dichoso de poder ver de cerca a estas criaturas salvajes y de ser capaz de ayudarlas a curarse. Es bueno saber que hay personas que se dan cuenta de que la vida de los animales salvajes es algo precioso.

¡Es tu turno!

⏸ ¿Necesitas repasar? Para obtener apoyo adicional sobre los sufijos, consulta *¡Palabras!*

▶ ¡Inténtalo! Lee *El rey Midas y su toque de oro*, en las páginas 376–393.

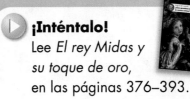

El rey Midas

y su

toque de oro

narrado por Charlotte Craft
ilustrado por K. Y. Craft

Género

Los **mitos** son cuentos que han pasado de boca en boca de una generación a otra. Hablan de la naturaleza y de las conductas humanas. A medida que leas, fíjate en que la autora va señalando cómo la conducta del rey conduce a la tragedia.

Había una vez un rey muy rico llamado Midas, quien pensaba que nada era más precioso que el oro. Simplemente, le encantaban su tono amarillo suave y su reconfortante peso en la palma de su mano. El tintineo de las monedas de oro al caer en una bolsa de cuero le parecía más dulce que las canciones de sus mejores músicos. Había sólo una cosa que el rey Midas amaba más que el oro: su hija, la princesa Aurelia.

—Aurelia —solía decirle cuando ella jugaba cerca del trono—, algún día te legaré el mayor tesoro del mundo entero.

También hubo una época en la que el rey Midas amaba las rosas tanto como ahora amaba el oro. Durante esa temporada, convocó en su palacio a los mejores jardineros del reino, y el jardín que ellos crearon para el rey se hizo mundialmente famoso por su belleza y por la variedad de sus rosas.

Pero al cabo de un tiempo, la delicadeza de las fragancias y la exquisitez de los colores dejaron de tener importancia para Midas. Sólo Aurelia seguía amando el jardín. Cada día, iba a recoger un ramo de las más perfectas rosas para adornar la mesa del desayuno del rey. Pero cuando Midas veía la flores, pensaba: "Su belleza dura sólo un día. En cambio, si fueran de oro, durarían una eternidad".

Un día, los guardias del rey encontraron a un anciano durmiendo bajo los rosales y lo llevaron ante el rey Midas.

—Desátenlo —ordenó el rey—. Sin el oro que poseo, yo sería tan pobre como él. ¡Esta noche, cenará conmigo!

Así fue que esa noche el anciano se sentó a la mesa del rey, donde fue bien servido y recibido por el rey mismo. Y después de una noche de muy buen descanso, el anciano siguió su camino.

Esa mañana, como lo hacía a menudo, Midas bajó a su mazmorra. Con una gran llave de bronce, abrió la puerta de la cámara secreta en la que guardaba el oro. Después de volver a cerrar cuidadosamente la puerta tras él, se sentó a admirar todos sus preciados bienes.

—Oh, la quiero tanto —suspiró, mirando su riqueza—, que no importa cuán duro trabaje ni cuánto viva, nunca tendré suficiente.

Estaba concentrado en estos pensamientos cuando, de pronto, la cámara se inundó de luz. El rey Midas subió la vista y se sorprendió de ver la radiante figura de un joven. Como la única manera de entrar era por la puerta que él mismo había cerrado, Midas supo enseguida que estaba en presencia de un hecho mágico.

—¿No me reconoces, amigo?

Midas negó con la cabeza. El misterioso personaje le sonreía, y todo el oro de la mazmorra parecía brillar más que de costumbre.

—Soy el anciano del jardín. En vez de castigarme por haber entrado en tu jardín, me recibiste en tu mesa. Había pensado en recompensarte por tu amabilidad, pero con tanto oro, seguramente no habrá nada que desees.

—Eso no es cierto —exclamó Midas—. Nunca nadie puede tener suficiente oro como para no desear más.

El forastero sonrió aun más:

—Bien, entonces dime: ¿qué te haría un hombre más feliz?

Midas pensó sólo un momento y dijo:

—Tal vez que todo lo que tocara se convirtiera en oro.

ntonces, ¿es ése tu deseo?"

—Sí, así estará siempre en la punta de mis dedos —le aseguró Midas.

—Piénsalo bien, amigo mío —le advirtió el visitante.

—Ya lo he pensado —replicó Midas—. El don de que todo lo que toque se transforme en oro me procurará toda la felicidad que necesito.

—Entonces, así será —respondió el personaje.

Y con estas palabras, la misteriosa figura se volvió más y más brillante, hasta que la luz se hizo tan intensa que Midas tuvo que cerrar los ojos. Cuando los abrió, se encontró otra vez solo.

¿Funcionaría el encantamiento?

Midas frotó ansiosamente la gran llave de bronce, pero mucho se desilusionó, pues no halló oro en sus manos. Desconcertado, volvió a mirar a su alrededor y se preguntó si quizás no habría estado soñando.

Pero cuando el rey Midas despertó a la mañana siguiente, encontró su cuarto bañado en luz dorada. Reluciendo en el sol de la mañana, ¡sus colchas de lino se habían transformado en puro oro finamente hilado!

Midas saltó de la cama y dio un suspiro de asombro. El poste de la cama se convirtió en oro tan pronto como lo tocó.

—¡Es cierto! —exclamó—. ¡Todo lo que toco se transforma en oro!

El rey se vistió y se estremeció al verse cubierto por un elegante traje de oro, ¡qué importaba que pesara un poco! Se puso los anteojos y éstos también se convirtieron en oro, ¡qué importaba que no pudiera ver con ellos! Con un don como el suyo, pensó, ningún inconveniente sería demasiado grave.

Sin perder un instante, Midas salió de su cuarto y

recorrió su palacio hasta llegar al jardín.

Las rosas relucían bajo el rocío de la mañana, y su aroma perfumaba suavemente el aire. Midas fue de rosal en rosal, tocando cada flor.

—¡Qué feliz se sentirá Aurelia cuando vea todas estas rosas de oro! —exclamó. No se dio cuenta de cómo las perfectas rosas doradas vencían los rosales con su propio peso.

Pronto fue la hora del desayuno. Midas se sentó justo cuando Aurelia estaba entrando en la sala, con una rosa de oro en la mano y las mejillas bañadas en lágrimas.

—Padre, padre, algo horrible ha pasado —dijo la niña, entre sollozos—. Fui al jardín a cortarte una flor, pero todas las rosas se han vuelto amarillas y duras.

—Son rosas de oro, mi querida. Ahora no se marchitarán nunca.

—Pero a mí me gustaba su perfume —reclamó Aurelia.

—Cuánto lo siento, hija mía. Sólo pensé en complacerte. Ahora podemos comprar todas las rosas que desees —Midas sonrió para consolar a su hija—. Vamos, sécate esas lágrimas y desayunemos juntos.

Midas se llevó una cucharada de cereal a la boca, pero tan pronto como el cereal tocó sus labios, se convirtió en un duro terrón dorado.

"Tal vez si como más rápido", pensó, azorado; y tomó un higo de un platón de frutas. El higo se convirtió en un trozo de oro sólido antes de que llegara a morderlo. El rey intentó alcanzar una fuente de pan, pero ni bien sus dedos llegaron a rozar la hogaza también ésta se transformó en oro. Trató con un poco de queso e incluso con una cucharada de mermelada, pero de nada valió.

—¿Cómo voy a comer? —se quejó el rey.

—¿Qué sucede, padre? —preguntó Aurelia.

—Nada —respondió Midas, tratando de no preocuparla—. Nada, hija mía.

Pero Midas empezó a retorcerse las manos. Si ahora tenía hambre, ya se imaginaba cuánta más hambre tendría a la hora de la cena. Y así fue que comenzó a preguntarse: "¿Volveré a comer alguna vez?".

Aurelia, que había estado mirando a su padre ansiosamente todo este tiempo, saltó de su silla y se acercó a consolarlo:

—Por favor, no llores —le dijo. Midas sonrió y tomó su mano entre las suyas. Pero enseguida retrocedió horrorizado.

Frente a él se hallaba su hija, con un gesto de preocupación fijo en el rostro y una lágrima deslizándose por su mejilla dorada. Su mano encantada había transformado a Aurelia en una estatua inánime.

Midas dio un alarido de dolor y tiró de sus cabellos. No podía soportar ver la estatua, pero tampoco podía apartarse de su lado.

—Bien, rey Midas, ¿no eres ahora el más feliz de los hombres? —Midas se secó las lágrimas y vio al misterioso forastero otra vez de pie frente a él.

—¡Oh, no! ¡Soy el más miserable de los hombres! —exclamó.

—¿Cómo? ¿No te concedí el deseo de que todo lo que tocaras se convirtiera en oro?

—Sí, pero ahora se me ha vuelto una maldición —lloró Midas—. He perdido todo lo que realmente amaba.

—¿Acaso quieres decir —preguntó el joven—que preferirías un trozo de pan o una copa de agua, al don de que todo lo que toques se transforme en oro?

—¡Oh, sí! —exclamó el rey—. Daría todo el oro del mundo con tal de que me devolvieran a mi hija.

—Entonces dirígete al río que fluye más allá de los límites de tu reino. Nada corriente arriba, hasta llegar a su origen. A medida que te purifiques en ese espumoso manantial, el don que te he concedido te irá abandonando. Y lleva contigo una vasija para que puedas rociar con esa agua cualquier objeto que quieras volver a su estado original.

Con estas palabras, el joven desapareció.

Tan pronto como Midas llegó al río, se sumergió sin quitarse los zapatos siquiera. Mientras que el agua iba llevándose el oro de sus ropas, observó una pequeña violeta silvestre que crecía en las orillas del río. Tocó la violeta con delicadeza y ¡sintió una gran alegría al ver que la delicada florecita seguía meciéndose con la brisa!

Midas volvió a su palacio, donde lo primero que hizo fue rociar el agua sobre su querida Aurelia. Ni bien el agua rozó su mejilla, la niña volvió a la vida, riéndose del nuevo juego de su padre y sin recordar ni por un instante el haber sido una estatua de oro.

Juntos, salieron al jardín. Midas roció cada rosa metálica con un poquito del agua del río y Aurelia aplaudía al verlas curadas de su dorado mal.

Con alegría, Midas restauró todo aquello que había transformado, excepto una sola rosa, que guardó para siempre, en recuerdo de su infeliz deseo.

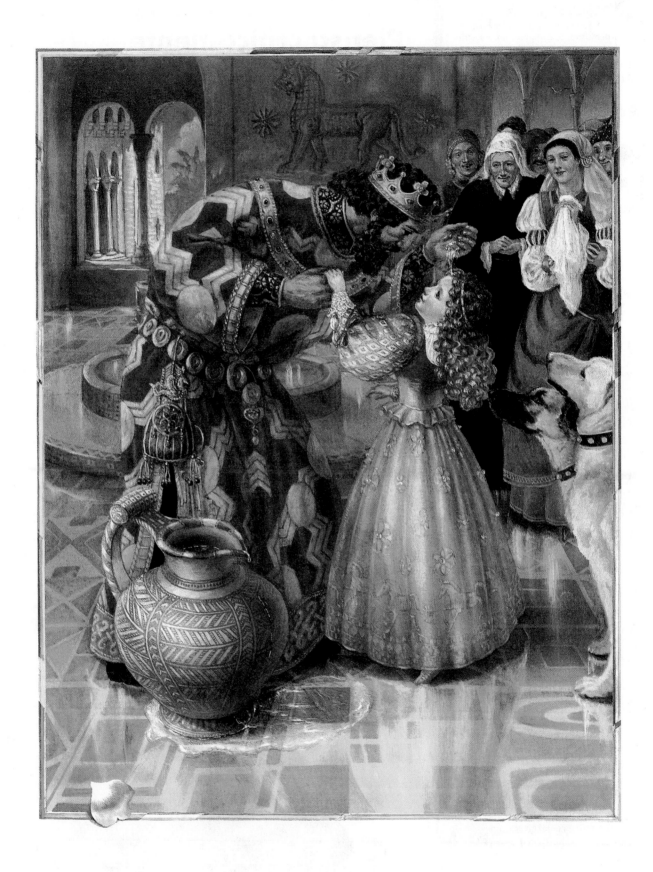

Objetivos

• Presentar evidencia del texto para demostrar tu comprensión. • Escribir respuestas a textos literarios o expositivos y presentar evidencia del texto para demostrar tu comprensión.

¡Imagínalo! | Volver a contar

CALLE DE LA LECTURA EN LÍNEA
ORDENACUENTOS
www.CalledelaLectura.com

Piensa críticamente

1. El cuento del rey Midas nos da una advertencia. Compara y contrasta el tema o moraleja de este cuento con otro cuento que conozcas, como "Caperucita Roja" o "La tortuga y la liebre".
De texto a texto

2. ¿Qué palabras, detalles y frases usa la autora para dar a conocer a los lectores en qué época tiene lugar este cuento? Haz una lista con tus respuestas. **Pensar como un autor**

3. El rey está descontento al inicio del cuento y alegre al final. ¿Qué produjo esta transformación? Usa detalles del cuento para explicar este cambio. **Comparar y contrastar**

4. ¿Qué piensas del personaje de Midas? ¿De qué manera sus características y sus acciones influyen en el conflicto y en la solución del cuento? **Estructura del cuento**

5. Mira de nuevo y escribe El "toque de Midas" es una expresión que usan algunas personas. Vuelve a leer las páginas 382 a 387. ¿Qué crees que significa el "toque de Midas"? Escribe una posible definición para esta expresión. Fundamenta tu respuesta con el texto.

PRÁCTICA PARA EL EXAMEN **Respuesta desarrollada**

Conoce a la autora y a la ilustradora
Charlotte Craft
y Kinuko Craft

Kinuko Craft, ilustradora de *El rey Midas y su toque de oro*, dice: "Siento que, a través del tiempo, cada generación tiene una persona con un 'toque de oro' que aprende la misma lección que aprendió Midas". En las pinturas que realizó para algunas de las escenas del libro, utilizó diseños geométricos. Estos diseños provienen de objetos pequeños hallados en una tumba que se cree fue la del rey Midas. Los arqueólogos hallaron los objetos durante una excavación en el sitio, en Turquía.

Actualmente, Kinuko Craft es una de las ilustradoras de cuentos fantásticos más respetadas de los Estados Unidos. En una entrevista, dijo: "Desde la escuela primaria hasta la época en que fui a la secundaria, me esforcé en imitar la naturaleza, cualquier cosa que fuera natural". Posteriormente, trabajó en el mundo del arte publicitario, donde empleó una gran variedad de estilos y técnicas. Hace aproximadamente diez años, comenzó a hacer ilustraciones con óleo sobre acuarela para libros ilustrados.

Charlotte Craft es la hija de la ilustradora Kinuko Craft. Vive en Escocia con su familia.

Otros libros sobre mitos y leyendas:

La Reina de las Nieves

La Odisea

Registro de lecturas

Usa el *Cuaderno lectores y escritores* para anotar tus lecturas independientes.

395

Parodia

Una **parodia** narra un cuento conocido de una manera nueva y cómica. Los lectores deben ser capaces de reconocer el cuento sobre el que se basa la parodia. El modelo del estudiante de la próxima página es un ejemplo de parodia.

Instrucciones En *El rey Midas y su toque de oro*, un rey codicioso desea que todo lo que toque se convierta en oro. Imagina que el toque del rey hubiera convertido las cosas en algo que no fuera oro. ¿En qué las habría convertido? Escribe una parodia donde cuentes esto.

Aspectos principales de una parodia

- imita el argumento, el estilo y el lenguaje de un cuento conocido

- modifica los detalles del cuento original para producir un efecto cómico

- puede incluir una complicación que se desarrolla hasta un clímax

CALLE DE LA LECTURA EN LÍNEA
GRAMATIRITMOS
www.CalledelaLectura.com

Lista del escritor

Recuerda que debes...

✓ volver a narrar un cuento conocido de una manera nueva y divertida.

✓ conservar algunos detalles del cuento original.

✓ tener un enfoque, un argumento y un punto de vista claramente definidos.

✓ usar detalles sensoriales para crear el ambiente.

✓ usar las comas correctamente.

El rey Impulsivo

El rey Impulsivo era famoso por amar a las mascotas y no tener ninguna. Así que un día, sin pensarlo dos veces, exclamó: "¡Desearía que todos los animales que tocara se convirtieran en mis mascotas!".

Al día siguiente, el rey Impulsivo salió al jardín y vio un perro escuálido. El rey le dio unas palmaditas en la cabeza y, de golpe, el perro dejó de merodear y entró trotando confiadamente a la cocina del palacio, donde halló una comida que era un manjar real.

Unos minutos más tarde, un ratón pasó corriendo entre los pies del rey Impulsivo. Tan pronto como lo tocó, el ratón se detuvo. Miró al rey y luego se dirigió al palacio. El rey Impulsivo entró a su palacio. Allí vio ratones que corrían y perros que ladraban... ¡por todos lados!

"¡No puedo soportarlo!", gritó el rey Impulsivo y deseó que se le quitara el toque mágico.

Ahora bien, me gustaría poder contarles que el rey Impulsivo se volvió menos impulsivo después de su experiencia con las mascotas. Sin embargo, al día siguiente, impulsivamente se cambió su nombre por el de rey Midas... ¡y el resto es historia!

Característica de la escritura: Voz El cuento utiliza el punto de vista de la tercera persona.

Las **comas** están usadas de manera correcta.

Género: Una **parodia** es una imitación cómica de un cuento conocido.

Normas

Uso de la coma

Recuerda La coma indica una pausa breve dentro de un enunciado. Las frases explicativas dentro de una oración pueden encerrarse entre comas; por ejemplo: *"Así que un día, sin pensarlo dos veces, exclamó [...]"*. A veces, los complementos circunstanciales que indican tiempo o lugar se separan del resto de la oración mediante una coma: *"Unos minutos más tarde, un ratón pasó corriendo [...]"*.

Mito

Género
Mito

○ Un mito es un relato antiguo que se ha transmitido oralmente de generación en generación y que suele presentar un lenguaje sensorial expresivo.

○ Algunos mitos se denominan "mitos de origen" porque describen cómo surgieron ciertos fenómenos naturales, o cosas que ocurren en la naturaleza.

○ Pueden encontrarse mitos de origen en diversas culturas.

○ Lee "Prometeo, el portador del fuego". Al leer, piensa por qué este mito es un mito de origen.

PROMETEO
EL PORTADOR DEL FUEGO
UN ANTIGUO MITO GRIEGO

Los habitantes de la Antigua Grecia relataban muchos mitos. Éste es un mito sobre el origen del fuego.

Prometeo era un titán, uno de los numerosos dioses de la mitología griega. La diosa Atenea le enseñó muchas cosas. Un día, Atenea le dijo:

—Nuestros estudios han llegado a su fin.

Le preguntó a Prometeo:

—¿Qué harás con todos tus conocimientos?

Prometeo le respondió:

—Se los daré a los seres humanos. Les enseñaré todo lo que sé.

Y eso fue lo que hizo. Les enseñó a las personas matemáticas, medicina y cómo construir casas. Incluso les enseñó sobre las estrellas.

Todos sentían un profundo agradecimiento hacia Prometeo. Sin embargo, esto enfadó a Zeus. Zeus era el más importante de todos los dioses griegos. No quería que las personas tuvieran conocimientos, así que las castigó. Les quitó el fuego.

Las personas le rogaron a Zeus que les permitiera conservar el fuego, pero Zeus no les tuvo piedad: —Regresaré a mi hogar en el Monte Olimpo —dijo Zeus— y me llevaré el fuego.

Las personas estaban muy disgustadas. Necesitaban el fuego para mantenerse calientes. Se preguntaban:

—¿Cómo cocinaremos? ¿Cómo nos mantendremos calientes? ¿Cómo iluminaremos la oscuridad durante la noche?

Prometeo regresó y les dijo: —No se preocupen. Yo les devolveré el fuego.

Ese día, Prometeo subió al Monte Olimpo. Se aseguró de que nadie lo viera. Recogió un palo y lo encendió con el fuego del Sol. Luego descendió la montaña transportando la antorcha encendida.

Las personas no podían creer lo que veían. ¡Prometeo les estaba trayendo el fuego!

—¡Cumpliste tu promesa! —exclamaba la gente.

—Les devuelvo el fuego —dijo Prometeo— y nunca volverán a perderlo.

Las personas se sintieron aliviadas y felices. Le agradecieron a Prometeo lo que había hecho.

Desde ese día, las personas han utilizado el fuego para cocinar. Lo han empleado para iluminarse y para mantenerse calientes. Tal como prometió Prometeo, nunca volvieron a perderlo.

Pensemos...

¿En qué se diferencia este mito de otros mitos que has leído de otras culturas? **Mito**

Pensemos...

¿Qué explicación ofrece este mito sobre el origen del fuego? **Mito**

Pensemos...

Relacionar lecturas
Compara y contrasta al rey Midas y a Prometeo. ¿Qué tipos de personajes son?

Escribir variedad de textos
Usando detalles sensoriales e imágenes literarias, escribe un diálogo entre Prometeo y el rey Midas en el cual Prometeo ayude al rey Midas con sus errores.

Objetivos

• Leer textos adecuados al nivel del grado y comprender la lectura.
• Determinar el significado de vocabulario en español con raíces del griego, del latín o de otros idiomas.
• Escuchar e interpretar los mensajes de un hablante y hacer preguntas.
• Participar en conversaciones, pidiendo y considerando las sugerencias de otros miembros del grupo e identificando puntos de acuerdo y desacuerdo. • Dar presentaciones organizadas que comunican tus ideas efectivamente.

¡Aprendamos!

CALLE DE LA LECTURA EN LÍNEA
LIBRO DEL ESTUDIANTE EN LÍNEA
www.CalledelaLectura.com

Vocabulario

Sufijo -*ante*

Estructura de las palabras Puedes usar la estructura de una palabra para aprender más sobre su significado. El sufijo -*ante* significa "que ejecuta la acción", como en los adjetivos *brillante* e *impresionante*.

¡Practícalo! Haz una lluvia de ideas con un compañero para crear una lista de palabras que terminen con el sufijo -*ante*. ¿Cuál es la raíz de la palabra en cada caso?

Fluidez

Ritmo

Puedes usar ritmos diferentes para imitar cómo fluye el lenguaje cotidiano. Disminuye la velocidad para dar énfasis y aumenta la velocidad para expresar la energía de un texto.

¡Practícalo! Practica con un compañero la lectura de tres párrafos de *El rey Midas y su toque de oro*. Concéntrense en leer a un ritmo adecuado. Túrnense para leer y corríjanse mutuamente.

400

Escuchar y hablar

Cuando hables, usa gestos para exponer tu idea.

Narración oral

La narración oral es una manera de compartir información oralmente, en lugar de hacerlo por escrito. Un buen cuento tiene un comienzo, un desarrollo y un final satisfactorio. El cuento tiene un lenguaje vívido, escogido para una presentación oral, no escrita.

¡Practícalo! Con un compañero, prepara un mito, una fábula o un cuento para contar en clase. Identifica los puntos principales del argumento. Ensaya el cuento para que puedas contarlo (no leerlo) ante un público. Luego presenta tu cuento a la clase.

Sugerencias

Al escuchar...
- Presta atención a lo que dice cada hablante.
- Identifica las ideas principales y las ideas de apoyo del cuento.

Al hablar...
- Establece contacto visual con tu público y usa gestos para comunicar tus ideas.
- Varía el volumen de tu voz para mantener la atención de tus oyentes.

Trabajo en equipo...
- Considera las sugerencias de tu compañero.
- Haz preguntas a tu compañero.

Vocabulario oral

Hablemos sobre

Viajes seguros

- Expresa tus opiniones sobre la seguridad en los viajes.

- Escucha las experiencias de un compañero sobre la seguridad en los viajes y haz preguntas al respecto.

- Determina las ideas principales y las ideas de apoyo del mensaje de tu compañero.

CALLE DE LA LECTURA EN LÍNEA
VIDEO DE HABLAR DEL CONCEPTO
www.CalledelaLectura.com

402

¡Imagínalo!

Destreza

Estrategia

Destreza de comprensión

🎯 Hechos y opiniones

• Los enunciados de un hecho pueden comprobarse como verdaderos o falsos. Puedes hacer esto determinando cuáles son los hechos en el enunciado y verificando esos hechos mediante métodos establecidos, como usar tus propios conocimientos, preguntar a un experto o consultar una fuente de referencia.

• Los enunciados de una opinión son juicios o creencias personales. No pueden comprobarse como verdaderos o falsos. Determina si una opinión es válida o errónea usando tus conocimientos previos.

• Usa un organizador gráfico como el siguiente para registrar las opiniones y determinar y verificar los hechos en "Cómo se usan los dirigibles".

Enunciado de un hecho	Apoyo	¿Válido o erróneo?

Estrategia de comprensión

🎯 Predecir y establecer propósitos

Los lectores activos tratan de predecir lo que aprenderán cuando leen un artículo informativo. Mientras das un vistazo previo al artículo, predecir puede ayudarte a establecer un propósito para leer. Después de leer, fíjate si tu predicción era correcta.

Cómo se usan los dirigibles

No hay mejor publicidad al aire libre que un dirigible. Estas naves transportan anuncios publicitarios por el cielo, a cientos y miles de pies, donde pueden ser vistos por cientos y miles de personas a la vez. Los dirigibles han surcado los cielos por más de 80 años.

En 1925, la empresa estadounidense de neumáticos *Goodyear* construyó su primer dirigible. Fue un gran éxito. *Goodyear* construyó más de 300 dirigibles para promocionar sus productos. Suelen verse en los programas deportivos de televisión. Las cámaras que están a bordo ofrecen a los espectadores tomas aéreas de la acción.

Estos dirigibles son más rápidos que la mayoría de los barcos que cruzan el océano. De hecho, la Marina estadounidense los usó durante la Segunda Guerra Mundial. Como son lo suficientemente grandes para transportar equipo y, además, pueden permanecer en el aire durante varios días, también los utiliza la policía.

Como los dirigibles tienen el mejor récord en seguridad entre todos los vehículos que vuelan en la actualidad, se usan para cubrir muchos sucesos especiales. Actualmente también los usan los turistas. No hay mejor manera de ver las planicies africanas que flotando sobre ellas. Un paseo en un globo dirigible es realmente una aventura única.

Estrategia Da un vistazo al título. ¿De qué crees que tratará este artículo? ¿Qué propósito para leer establecerás?

Destreza En este párrafo, ¿qué enunciados son hechos? ¿Cómo lo verificarías?

Destreza Basándote en tus conocimientos, ¿este enunciado de una opinión es válido o erróneo? ¿Por qué?

¡Es tu turno!

⏸ ¿Necesitas repasar?
Consulta *¡Imagínalo!: Cuaderno de práctica* para obtener apoyo adicional sobre hechos y opiniones y sobre predecir y establecer propósitos.

▷ ¡Inténtalo!
Cuando leas *El Hindenburg*, usa lo que has aprendido sobre hechos y opiniones y sobre predecir y establecer propósitos.

Objetivos

• Determinar el significado de las palabras poco comunes o de varios significados mediante el contexto de la oración.

¡Imagínalo! | Palabras para aprender

cruzaba

explosión

hidrógeno

censuraba
empapó
era

Estrategia de vocabulario para

🎯 Palabras poco comunes

Claves del contexto Al leer, puedes encontrarte con una palabra que no conoces. El autor suele dar claves para determinar y aclarar el significado de una palabra poco común. Busca estas claves en las palabras y oraciones que rodean a la palabra poco común.

1. Vuelve a leer la oración donde aparece la palabra poco común.

2. ¿Hay una clave específica del significado de la palabra?

3. Como ayuda adicional, lee las oraciones que rodean a la oración donde aparece la palabra poco común.

4. Prueba con ese significado en la oración donde está la palabra poco común. ¿Tiene sentido?

Lee "El nacimiento del automóvil", en la página 407. Usa el contexto para determinar y aclarar los significados de las *Palabras para aprender* de esta semana.

Palabras para escribir Vuelve a leer "El nacimiento del automóvil". Imagina que eres un viajero en una época pasada. Escribe sobre el medio de transporte que utilizas. Al escribir, usa palabras de la lista de *Palabras para aprender*.

El nacimiento del automóvil

El automóvil puede considerarse uno de los inventos más importantes en la historia de los medios de transporte. Sin embargo, les tomó muchos años a muchas personas llegar a fabricar un motor que funcionara bien. En 1771, un francés inventó una especie de tractor de tres ruedas. Funcionaba con un motor de vapor y avanzaba a 2½ millas por hora. (Debería haberse conseguido un caballo). Chocó contra un muro de piedra. Pero no te preocupes: ¡todos los pasajeros sobrevivieron! En 1807, un suizo inventó un motor que empleaba como combustible una mezcla de hidrógeno y oxígeno. (¿Puedes imaginarte la explosión?) Ninguno de estos motores tuvo éxito.

Hasta la década de 1880, a ningún inventor se le cruzaba por la cabeza la idea de un motor realmente práctico. Finalmente, se montó un motor a gas en un coche sin capota. (¡Y un día la lluvia empapó al conductor y a sus pasajeros!) Este vehículo de cuatro ruedas alcanzaba una velocidad máxima de 10 millas por hora. En esa época, ¡nadie censuraba la velocidad!

Después de eso, las mejoras sucedieron rápidamente. La era del automóvil había empezado. Esta era continúa en la actualidad y no hay señales de que vaya a terminar. En lugar de criticar a los primeros automóviles, debemos admirarlos por señalar el camino.

¡Es tu turno!

⏸ ¿Necesitas repasar?
Para obtener apoyo adicional sobre las claves del contexto, consulta *¡Palabras!*

▶ ¡Inténtalo!
Lee *El Hindenburg*, en las páginas
408–423.

El **texto expositivo** explica lo que son ciertas cosas y cómo y por qué existieron. A medida que leas, fíjate en cómo el autor explica el origen del *Hindenburg* y su desastroso fin.

El Hindenburg

por PATRICK O'BRIEN

Pregunta de la semana

¿De qué manera pueden los encuentros inesperados revelar peligros ocultos?

Hugo Eckener piloteando el Graf Zeppelin

El primer dirigible remontó vuelo exitosamente en Alemania en 1900. Este enorme dirigible consistía en varios globos muy grandes, llenos de gas, puestos dentro de una estructura sólida y hueca que se movía con motores y se orientaba con aletas. En 1931, el dirigible más moderno de la época, el *Graf Zeppelin*, comenzó a hacer vuelos de ida y vuelta a través del Atlántico, llevando veinte pasajeros en un lujo de ensueño. Mientras tanto, su diseñador, Hugo Eckener, tenía en mente planes aún más grandiosos.

El Graf Zeppelin volando sobre Tokio

Mientras el *Graf Zeppelin* se ocupaba de estos vuelos transatlánticos, Eckener planeaba otro dirigible que pronto tomaría forma en la Compañía Zeppelin de Alemania. Una nave más grande y superior. El dirigible perfecto. El *Hindenburg*.

El nuevo zepelín iba a ser tan grande que hubo que construir un hangar gigantesco para guardarlo.

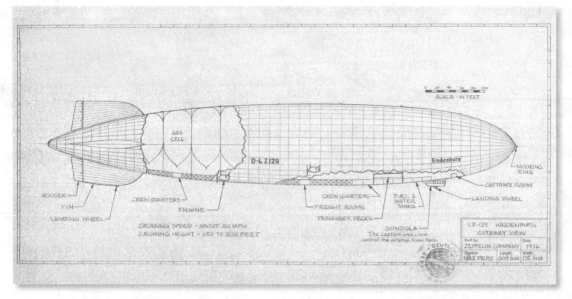

Las celdas de gas del *Hindenburg* estaban llenas de
hidrógeno. Este gas es muy peligroso porque estalla al entrar
en contacto con una chispa o una llama. Todos los zepelines
alemanes estaban llenos de hidrógeno, pero los obreros que los
construían eran muy cuidadosos y tenían un excelente historial
de seguridad. En las primeras épocas hubo algunos accidentes
donde gente de la tripulación murió, pero ningún pasajero que
compró un boleto para viajar resultó herido o murió en un
accidente de zepelín.

Los diseñadores del *Hindenburg* incluyeron toda medida
de seguridad en su nuevo zepelín. Un oficial de la marina de
los Estados Unidos inspeccionó la nave e informó: "Considero
eliminada toda posibilidad de peligro en el nuevo zepelín".

En la década de 1930, los nazis tomaron el poder en Alemania.
Eckener no estaba de acuerdo con su conducta brutal. Resistió
su control cuanto pudo, y dio discursos donde censuraba al
partido nazi. Eckener pensaba que los viajes sobre el Atlántico
fomentarían el entendimiento entre los países. Dijo que quería
"prestar sus servicios a la humanidad y al desarrollo de la
navegación aérea". Pero los nazis querían que los zepelines
fueran sólo símbolo del poder nazi y de la gloria de Alemania.

Los nazis no querían a Eckener, y lo declararon "un ser inexistente". Esto significaba que su nombre no se podía nombrar en periódicos y que nadie tenía permiso para publicar una foto suya. Lo obligaron a poner el símbolo nazi, la esvástica, en el *Hindenburg*. El dirigible de sus sueños tendría que volar sobre el Atlántico con la odiada esvástica en las aletas de la cola.

El *Hindenburg* voló por vez primera a los Estados Unidos en mayo de 1936. El despegue fue tan suave que los pasajeros sólo se dieron cuenta de que estaban en el aire al mirar por la ventana. El viaje fue completamente sereno y parejo mientras la nave cruzaba el Atlántico a 80 millas por hora.

Solamente los ricos podían darse el lujo de viajar en un dirigible. Los boletos costaban $400, el precio de un carro pequeño en ese entonces. Los pasajeros tenían sus propias habitaciones con cama y lavabo, y hasta había una ducha a bordo. La cocina estaba surtida de la comida más fina. En los viajes sobre el Atlántico, los jefes de cocina usaban 440 libras de carne y pollo, 800 huevos y 220 libras de mantequilla.

Cuando la nave llegó a los Estados Unidos, volando sobre la ciudad de Nueva York, miles de personas llenaron los techos y las ventanas para demostrar su entusiasmo mientras el enorme zepelín volaba por encima de la ciudad. Después Eckener trató de explicar la atracción hacia sus enormes naves voladoras. Él dijo que un zepelín era "como un fabuloso pez plateado, que flota tranquilamente en el aire del océano... Parece venir de otro mundo y regresar allí como en un sueño".

El *Hindenburg* hizo nueve viajes más de ida y vuelta a los Estados Unidos en 1936. El sitio de aterrizaje estaba en Lakehurst, Nueva Jersey, aproximadamente una hora al sur de

Nueva York. Durante el invierno de ese año, el *Hindenburg* hizo siete viajes a Río de Janeiro.

La primera temporada de vuelo fue un gran éxito. Se programaron dieciocho vuelos más para los Estados Unidos el año siguiente. Al mismo tiempo, la otra nave de la compañía Zeppelin, el *Graf Zeppelin*, seguía con sus vuelos regulares de Alemania a Río de Janeiro.

Debido al éxito del *Hindenburg*, Hugo Eckener pudo llegar a un acuerdo con una compañía estadounidense. Los estadounidenses construirían dos dirigibles grandes, y la compañía Zepelín de Alemania haría otros dos. Habría cuatro naves nuevas volando sobre el Atlántico. El sueño de Eckener de realizar viajes trasatlánticos con regularidad se estaba transformando en realidad.

El 3 de mayo de 1937, sesenta y un tripulantes y treinta y seis pasajeros se embarcaron en el *Hindenburg* con rumbo a los Estados Unidos. Werner Franz, un joven de catorce años, estaba muy feliz de ser tripulante de cabina en la famosa nave. Werner era el tripulante más joven. Dos de los pasajeros eran aún menores: Werner y Wallace Dochner, de seis y ocho años. En un momento del viaje, un camarero le quitó cortésmente a Werner su camión de juguete porque hacía chispas cuando rodaba. En una nave cargada de hidrógeno explosivo, las chispas podían causar un desastre.

El *Hindenburg* navegaba a baja altura sobre los témpanos de hielo del Atlántico norte, cerca del lugar donde el *Titanic* se había hundido veinticinco años atrás. A las cuatro de la tarde del 6 de mayo, el *Hindenburg* llegó a la zona del campo de aterrizaje de Lakehurst, Nueva Jersey.

Había una tormenta eléctrica en la zona, por eso se dirigió hacia el sur, sobre las playas de la costa atlántica hasta que pasara la tormenta.

Poco después de las siete, el *Hindenburg* regresó al campo de aterrizaje y redujo la velocidad hasta detenerse a unos 250 pies sobre la tierra. La tripulación arrojó cuerdas por el frente de la nave para que los hombres en tierra ayudaran a bajarla. Todo se hizo siguiendo los planes. Era un aterrizaje de rutina. No hubo advertencia para lo que iba a ocurrir.

En treinta y dos segundos, la poderosa nave aérea
Hindenburg se convirtió en un amasijo de escombros que

Increíblemente, de las noventa y siete personas a bordo, sesenta y siete sobrevivieron la explosión . Una persona murió en tierra y cinco sobrevivientes murieron luego en el hospital.

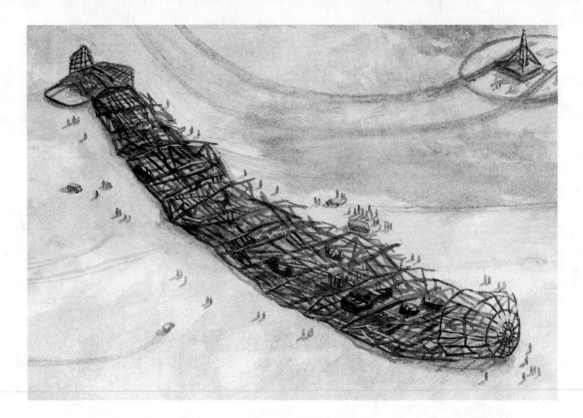

Un pasajero que era acróbata pudo colgarse fuera de una ventana de la nave en llamas hasta que la distancia fue lo suficientemente corta como para poder saltar a la tierra arenosa. Se paró, se sacudió la arena y se alejó cojeando. Una pareja de personas mayores bajó los escalones de la nave en llamas como si hubiera sido un aterrizaje normal. Se salvaron, estaban heridos, pero vivos. Los hermanos Doehner sobrevivieron cuando la madre los arrojó por la ventana a los brazos de los rescatadores en tierra.

Werner Franz, el tripulante de catorce años, permaneció en la nave incendiada casi hasta llegar a tierra, cuando un tanque de agua de la nave estalló sobre su cabeza y lo empapó completamente. Saltó a tierra mientras el fuego lo rodeaba y salió corriendo, completamente mojado, pero ileso.

La causa de la explosión del *Hindenburg* todavía es un misterio. Hugo Eckener pensó que había electricidad estática en el aire por las tormentas eléctricas de la zona, y que esta electricidad pudo haber encendido el hidrógeno que se escapaba por la parte trasera de la nave. Sin embargo, hay gente que piensa que la explosión fue causada por una bomba. No hubo evidencia de una bomba, pero las esvásticas en la cola pueden haber sido el blanco de personas con deseos de destruir un símbolo del poder nazi.

Millones de personas alrededor del mundo vieron películas de la explosión del *Hindenburg* y escucharon la noticia por la radio. Ahora los zepelines eran vistos como trampas mortales, y todo interés en su construcción murió con el *Hindenburg*. Eckener escribió: "Me pareció el final sin esperanzas de un gran sueño, una especie de fin del mundo".

A través de los años, los aviones se han diseñado para que sean mucho más grandes y más rápidos que los anteriores. Hoy en día la gente viaja en avión y no en dirigibles. Hasta Hugo Eckener admitió que "algo bueno fue reemplazado por algo mejor". Los poderosos zepelines ya no atraviesan el océano de aire en vuelos a tierras lejanas. Al igual que el *Hindenburg*, la era de los grandes dirigibles se terminó para siempre.

¿Sabías que…?

◀ El *Hindenburg* hacía el viaje de Alemania a los Estados Unidos en dos días y medio. La otra manera de cruzar el Atlántico era en barco, y los barcos más rápidos tardaban cinco días en hacer el viaje.

En un viaje de regreso de Río de Janeiro, alguien embarcó cinco monos a escondidas en el *Graf Zeppelin*. Pronto se soltaron y se podían ver por las vigas dentro de la nave. A veces la gente enviaba mascotas a bordo del *Hindenburg*: perros, pájaros, peces y hasta un ciervo. ▼

El Hindenburg

Graf Zeppelin

Primer zepelín dirigible

dirigible   Boeing 737

▲ El *Hindenburg* fue la aeronave más grande que jamás haya volado.

Hindenburg es el nombre ▶ de un presidente de Alemania: Paul von Hindenburg.

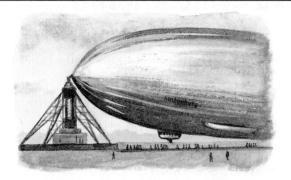

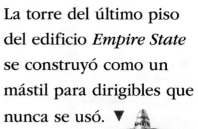

La torre del último piso del edificio *Empire State* se construyó como un mástil para dirigibles que nunca se usó. ▼

▲ Los dirigibles atracaban en mástiles. Un aro en el frente de la nave se fijaba a la parte superior del mástil. Esto permitía que la nave se moviera con el viento mientras permanecía amarrada.

◄ El partido entre los Dodgers de Brooklyn y los Piratas de Pittsburgh se paró cuando el *Hindenburg* voló por encima hacia la zona de aterrizaje. Todo el mundo quería mirar la nave.

Eckener fue invitado a una fiesta para festejar el primer vuelo del *Hindenburg* y en el centro de la mesa había un helado enorme con la forma de un zepelín. ▶

¡Imagínalo! | **Volver a contar**

CALLE DE LA LECTURA EN LÍNEA
ORDENACUENTOS
www.CalledelaLectura.com

Piensa críticamente

1. Has leído acerca de dos desastres, el del *Hindenburg* y el del *Titanic*. Piensa en lo que has aprendido acerca de estas dos naves, incluidas las razones por las que se construyeron y los accidentes que pasaron a la historia. ¿Cuáles son las semejanzas? ¿Cuáles son las diferencias? **De texto a texto**

2. Los autores de textos expositivos suelen incluir relatos de interés humano para que los lectores se identifiquen con las situaciones y los personajes históricos. ¿Cuál es un relato de interés humano en *El Hindenburg*? **Pensar como un autor**

3. En la página 419, una palabra señala claramente una opinión. ¿Cuál es esa palabra y qué opinión señala? ¿Esta opinión es válida o errónea? Usa detalles de la página para apoyar tu respuesta. **Hechos y opiniones**

4. ¿Qué pistas proporciona el autor en la selección para ayudarte a predecir que algo desastroso le sucedería al *Hindenburg*? **Predecir y establecer propósitos**

5. Mira de nuevo y escribe Vuelve a leer la última oración de la página 421. ¿Es un enunciado de un hecho o de una opinión? ¿Estás de acuerdo o en desacuerdo con este enunciado? Escribe tu respuesta. Proporciona datos del texto para fundamentar tu respuesta.

PRÁCTICA PARA EL EXAMEN **Respuesta desarrollada**

Conoce al autor

Patrick O'Brien

Patrick O'Brien ha trabajado como ilustrador desde la década de 1980. Se especializa en ilustraciones históricas y de animales. También es un artista a destajo para agencias de publicidad: realiza ilustraciones para portadas de videos, carteles, calcomanías e imanes para neveras. En 1998, el Sr. O'Brien comenzó a escribir e ilustrar libros para niños.

El Sr. O'Brien dice: "Comencé a trabajar en *El Hindenburg* después de que mi editor me preguntó si me interesaba el tema. Investigué mucho. Fui a Lakehurst, Nueva Jersey, donde ocurrió el accidente. Compré un modelo de plástico del *Hindenburg* y lo fotografié para obtener los diferentes ángulos y poder dibujarlo con precisión. Suelo usar modelos si no puedo hallar los objetos reales. Tuve que pedirlo a Alemania vía Internet. Para las explosiones, vi películas históricas del suceso real y otras películas donde había grandes explosiones".

El Sr. O'Brien dice que lo más importante al escribir el cuento fue decidir en qué parte enfocarse. "Decidí usar a la persona más famosa de la historia del *Hindenburg*, el Sr. Hugo Eckener, como el personaje principal. Participó en la fabricación de dirigibles desde el comienzo y fue un convencido anti-nazi".

Otro libro sobre el vuelo:

Aire y Vuelo

Usa el *Cuaderno de lectores y escritores* para anotar tus lecturas independientes.

Objetivos
• Escribir ensayos bien organizados con hechos, detalles y ejemplos específicos. • Reconocer y utilizar comas en las oraciones compuestas.

¡Escribamos!

Aspectos principales de una reseña

- hace una crítica de una obra, tal como un libro o una película

- enuncia el título y el autor de la obra en el primer párrafo

- puede terminar con una opinión personal

- incluye un principio, un desarrollo y un final

CALLE DE LA LECTURA EN LÍNEA
GRAMATIRITMOS
www.CalledelaLectura.com

Escritura expositiva

Reseña

Una **reseña** se escribe como comentario de un libro, un cuento breve, una novela, una obra de arte o una película, y ofrece una evaluación final de la obra. El modelo del estudiante de la próxima página es un ejemplo de una reseña literaria.

Instrucciones Piensa en un libro de no ficción o en un cuento que hayas leído recientemente. ¿Te gustó la manera en que estaba presentada la información? Escribe una crítica del libro o del cuento, usando ejemplos del texto y tu propia opinión.

Lista del escritor

Recuerda que debes...

 proporcionar detalles del texto para demostrar tu comprensión.

 incluir tu reacción al texto.

 usar correctamente los signos de puntuación, como las rayas, para transcribir palabras de los personajes, y las comillas, para encerrar los títulos y las citas.

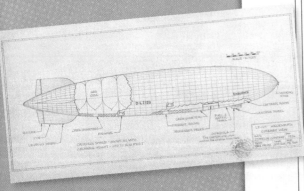

Crítica de "Historias verdaderas del Oeste estadounidense"

Hace poco leí el artículo de revista "Historias verdaderas del Oeste estadounidense", de Hale Chisholm. El artículo trata sobre la vida de seis pioneros estadounidenses: un vaquero, una vaquera, un buscador de oro, un jinete del Pony Express, un granjero y un ranchero. La mayoría de las personas presentadas en el artículo vivieron en el siglo XIX.

Este artículo logra que esa época cobre vida. Al leerlo, sentí como si yo mismo pisara un estribo, cabalgara como el viento, arreara el ganado y domara caballos salvajes.

"Estos hombres y mujeres valientes del Oeste estadounidense —escribió Hale Chisholm— fueron verdaderos pioneros. Necesitaban nervios de acero y una actitud optimista para superar los retos de su vida cotidiana. Pocas cosas eran fáciles de conseguir".

Antes de leer el artículo, mis ideas sobre el Oeste estadounidense provenían del cine, donde la vida parecía llena de aventuras. Ahora me doy cuenta de que la vida allí a menudo era difícil y peligrosa y estaba llena de enfermedades.

La lectura del artículo hace que no quiera vivir en el Lejano Oeste. Por el contrario, me siento afortunado de vivir en los Estados Unidos en la actualidad.

Característica de la escritura
El **párrafo** incluye detalles que presentan el tema.

Las **comillas** y las **rayas** están usadas de manera correcta.

Género:
Una **reseña analiza** un texto.

Normas

Raya y comillas

Recuerda Usa **comillas** al principio y al final de las frases incluidas como citas en tu escrito: las comillas indican dónde comienza y dónde termina una cita. La **raya** se usa cada vez que, en un texto, se quieren transcribir las palabras de un personaje, o para encerrar los comentarios del narrador.

Destrezas del siglo XXI
EXPERTO EN INTERNET

Sitios Web ¿Qué es lo primero que hay que hacer en un sitio Web nuevo? Investigar quién escribió la información. Usa el botón "Acerca de este sitio". ¿Puedes creerles? ¿De qué otras maneras puedes evaluar la información?

- Algunos **sitios Web** son más confiables y útiles que otros.

- Los sitios Web que terminan en *.gov* (gobierno), *.edu* (educación) u *.org* (organización) por lo general son confiables. Los que terminan en *.com* (comercial) o *.net* (red) pueden ser confiables. Por lo general, presentan puntos de vista en lugar de hechos.

- Lee "El misterio del desastre del *Hindenburg*". Piensa en el punto de vista de los sitios Web y pregúntate si son todas fuentes confiables.

El misterio del desastre del *Hindenburg*

Digamos que buscas en Internet descripciones del desastre del *Hindenburg* hechas por personas que fueron testigos oculares del accidente. ¿Cuáles podrían ser útiles para tu informe?

428

Éste es un sitio Web *.org.* Las letras *org* son una abreviatura de *organización.* Un sitio Web *.org* pertenece a una organización sin fines de lucro. Probablemente sea confiable, pero puede presentar tanto puntos de vista como hechos. Decides que no es útil para tu informe.

File   Ed

http://www.url.aqui

Buscador en Internet

Hindenburg

Search

Paul von Hindenburg

Paul von Hindenburg (2 de octubre de 1847 – 2 de agosto de 1934) fue un estadista y mariscal de campo alemán. **www.sitio_web_aquí.org**

Hindenburg Zeppelin

¡Compre una réplica del famoso dirigible al precio más bajo! **www.sitio_web_aquí.com**

Relatos de testigos oculares
Algunas personas describen sus experiencias durante el desastre del *Hindenburg.* **www.sitio_web_aquí. edu**

Éste es un sitio Web *.com.* Las letras *com* son una abreviatura de *comercial.* Puede ser confiable o puede no serlo. Después de leer la descripción, decides que no es útil para tu informe.

Éste es un sitio Web *.edu.* Las letras *edu* son una abreviatura de *educación* y estos sitios a menudo están patrocinados por una institución educativa. Este sitio probablemente sea confiable. Después de leer la descripción, decides que vale la pena explorarlo. Haces clic en el enlace Relatos de testigos oculares. Este sitio Web pertenece a una universidad estatal. Probablemente sea confiable.

El sitio contiene relatos de primera mano de los testigos del desastre del *Hindenburg*. Esta fuente es útil para tu informe porque la información es confiable.

http://www.url.aquí

HINDENBURG
RELATOS DE PRIMERA MANO

HELMUT LAU estaba trabajando en la cola del dirigible. Dentro del dirigible había 16 celdas, o secciones, que contenían bolsas de gas. En este caso, el gas era hidrógeno. Un miembro de la tripulación le pidió a Lau que lo ayudara a desatar una soga enredada. Lau recuerda que primero vio una celda de la nave en llamas. Luego vio cómo el fuego se extendía rápidamente a otras tres celdas.

"El fuego siguió extendiéndose hacia abajo y después se mezcló con el aire. Las llamas se volvieron muy brillantes y el fuego se elevó hacia los costados, más hacia estribor, según recuerdo; y vi que, debido a las llamas, unos pedazos de aluminio y de tela salían lanzados hacia arriba. [...] En ese momento, empezaron a caer desde arriba pedazos de vigas, aluminio derretido y pedazos de tela. Todo ocurrió en una fracción de segundo".

Helmut y los otros hombres que estaban con él lograron trepar y salir a través de una escotilla cuando el extremo posterior del dirigible se precipitó a tierra. Los cuatro hombres consiguieron escapar con apenas unas heridas leves.

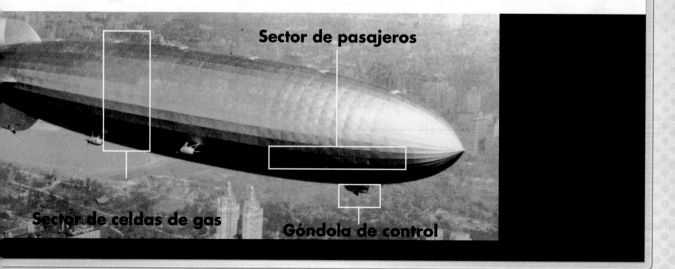

Sector de pasajeros

Sector de celdas de gas

Góndola de control

HINDENBURG
RELATOS DE PRIMERA MANO

WERNER FRANZ era mozo de cabina en el *Hindenburg*. Así recuerda el desastre.

"El dirigible se preparaba para el aterrizaje a una altura de 80 metros. Habíamos soltado las amarras, como de costumbre. Poco después de que las amarras tocaran el suelo, se sintió una fuerte sacudida en la nave". Franz sabía que estaba en problemas. "Me senté y empecé a romper el piso del pasillo con mis pies, hasta que logré ver el suelo acercándose a mí a través del agujero que había hecho. Y salté. En ese instante, vi toda mi vida proyectada ante mis ojos, como en una película. Estaba tan agitado que tuve un ataque de histeria y sólo atiné a salir corriendo".

El *Hindenburg* en llamas

Tomas notas de todas estas fuentes y luego sigues buscando más relatos de primera mano sobre el desastre.

Para más práctica

Busca en línea
www.CalledelaLectura.com

Evalúa las fuentes en línea sobre el desastre del *Hindenburg*.

Actividades en línea con destrezas del siglo XXI

Entra a Internet y sigue las instrucciones para evaluar los sitios Web sobre los reportes de primera mano del desastre del *Hindenburg*.

Objetivos

• Leer textos adecuados al nivel del grado y comprender la lectura.
• Determinar el significado de las palabras poco comunes o de varios significados mediante el contexto de la oración. • Explicar cómo se presentan diferentes mensajes en los variados medios de comunicación. • Examinar las diferentes técnicas que se usan en los medios de comunicación.
• Escuchar e interpretar los mensajes de un hablante y hacer preguntas.
• Participar en conversaciones, pidiendo y considerando las sugerencias de otros miembros del grupo e identificando puntos de acuerdo y desacuerdo.

¡Aprendamos!

CALLE DE LA LECTURA EN LÍNEA
LIBRO DEL ESTUDIANTE EN LÍNEA
www.CalledelaLectura.com

Vocabulario

Palabras poco comunes

Claves del contexto Un modo de determinar el significado de una palabra es observar las claves del contexto. Las claves pueden incluir sinónimos, antónimos, definiciones, ejemplos o explicaciones de la palabra.

¡Practícalo! Halla tres palabras poco comunes en *El Hindenburg*. Busca claves en el texto para determinar sus significados. Escribe las palabras y lo que crees que significan. Luego comprueba tus definiciones con un diccionario o un glosario.

Fluidez

Fraseo apropiado /Signos de puntuación Cuando usas un fraseo apropiado, agrupas las palabras al leer y te guías por la puntuación de la oración.

¡Practícalo! Practica con un compañero la lectura de *El Hindenburg*, página 414. Asegúrate de usar un fraseo apropiado y una puntuación correcta. Túrnense para leer y corríjanse mutuamente.

Lectura y medios de comunicación

Prepárate para la escuela intermedia

Cuando des una presentación, habla claramente y en voz alta.

Noticiero

En un noticiero, los reporteros de televisión dan noticias. El propósito de un noticiero es informar a las personas sobre los sucesos importantes de una manera que sea fácil de entender.

¡Practícalo!

Con un compañero, prepara un noticiero sobre el *Hindenburg*. Procuren que las noticias sean breves. Incluyan solamente los detalles más importantes. Presenten su noticiero televisivo ante la clase. Después, comenten con los compañeros los distintos aspectos en que los noticieros son diferentes de los comerciales y de los documentales.

Sugerencias

Al escuchar...

- Escucha el mensaje del hablante.
- Identifica las ideas principales y las ideas de apoyo del mensaje del hablante.

Al hablar...

- Usa las normas del lenguaje en tu presentación.
- Establece contacto visual con tus oyentes para comunicar tus ideas.

Trabajo en equipo...

- Anima a los demás miembros del grupo a hacer sugerencias.
- Identifica los puntos de coincidencia y de discrepancia.

Objetivos

• Escuchar e interpretar los mensajes de un hablante y hacer preguntas. • Identificar la idea principal y las ideas de apoyo en el mensaje de un hablante.

Hablemos sobre
Influencias

● Describe las personas o cosas que influyen sobre ti.

● Escucha a un compañero y comenta cuáles son sus influencias.

● Determina las ideas principales y las ideas de apoyo del mensaje de tu compañero.

CALLE DE LA LECTURA EN LÍNEA
VIDEO DE LA PREGUNTA PRINCIPAL
www.CalledelaLectura.com

135

¡Imagínalo!

Destreza

Estrategia

Destreza de comprensión

Secuencia

• La secuencia es el orden de los sucesos de una selección. Las fechas y los momentos del día o las palabras clave como *primero*, *después* y *luego* pueden ayudarte a seguir la secuencia de sucesos.

• Las palabras clave como *mientras* o *durante* señalan sucesos que ocurren al mismo tiempo.

• Utiliza un organizador gráfico como el siguiente para resumir la secuencia de sucesos de "¿Qué sabes sobre la Sociedad Protectora de Animales?"

Primer suceso	**Segundo suceso**	**Tercer suceso**	**Cuarto suceso**

Estrategia de comprensión

Conocimientos previos

Los conocimientos previos consisten en lo que ya sabes sobre un tema. Los lectores activos relacionan sus conocimientos previos con el texto para comprenderlo mejor. Añaden conocimientos nuevos o revisan sus conocimientos previos cuando leen y piensan en el texto.

¿Qué sabes sobre la Sociedad Protectora de Animales?

Hasta mediados del siglo XX, los animales eran considerados y tratados como simples instrumentos de trabajo. Cuando ya no eran útiles, los animales eran abandonados o sacrificados. En 1866 se fundó la primera agencia estadounidense para la protección de los animales. La preocupación principal de su fundador, Henry Bergh, era evitar que los caballos de tiro trabajaran de más, y asegurarse de que recibieran suficiente alimento.

En 1954 se fundó la Sociedad Protectora de Animales de Estados Unidos, con la finalidad de evitar que los animales fueran tratados cruelmente en laboratorios, mataderos y criaderos de cachorros. Desde su fundación, la misión de esta sociedad ha sido promover el respeto y la compasión hacia los animales.

Muchas veces las personas abandonan o dan en adopción a sus mascotas por diversas razones. Además de enseñar a las personas a respetar a los animales, la Sociedad Protectora de Animales también se encarga de conseguirles un buen hogar a estas mascotas que no han tenido mucha suerte. Hoy en día existen agencias para la protección de los animales en muchos países del mundo.

Destreza
Mientras lees, ¿qué pistas te ayudan a determinar el orden de los sucesos?

Estrategia ¿De qué manera te son útiles tus conocimientos previos acerca del trato justo a los animales para entender este párrafo?

Destreza
¿Necesitas saber todas las fechas para resumir la secuencia del texto?

¡Es tu turno!

⏸ ¿Necesitas repasar?
Consulta *¡Imagínalo!: Cuaderno de práctica* para obtener apoyo adicional sobre secuencia y conocimientos previos.

▷ ¡Inténtalo!
Cuando leas *Apareció en mi ventana*, usa lo que has aprendido sobre secuencia y conocimientos previos.

437

Objetivos

• Determinar el significado de las palabras poco comunes o de varios significados mediante el contexto de la oración.

¡Imagínalo! | Palabras para aprender

desolado

ejemplar

mellizas

distinguirlas
empeñó
instintivamente
privilegio
tremendo

CALLE DE LA LECTURA EN LÍNEA
ACTIVIDADES DE VOCABULARIO
www.CalledelaLectura.com

Estrategia de vocabulario para

Homógrafos

Claves del contexto Los homógrafos son palabras que se escriben de la misma manera pero tienen significados diferentes. Por ejemplo, *desolado* significa "triste" y también "inhóspito". Usa las palabras y oraciones que rodean a un homógrafo para determinar y aclarar qué palabra (y qué significado) se ha usado.

1. Lee las palabras y oraciones que rodean al homógrafo.

2. Piensa en sus significados posibles.

3. Vuelve a leer la oración usando uno de los significados.

4. Fíjate si ese significado tiene sentido en la oración. Si no lo tiene, intenta con otro significado del homógrafo.

Lee "Las princesas mellizas", en la página 439. Usa las palabras y oraciones que rodean a un homógrafo para determinar y aclarar qué significado ha usado el autor.

Palabras para escribir Vuelve a leer "Las princesas mellizas". Imagina que puedes ver a las princesas que aparecen en el cuento. Escribe una descripción de su aspecto. En tu descripción, usa palabras de la lista de *Palabras para aprender*.

Las princesas mellizas

Hace mucho tiempo, en un reino de la costa, vivían dos princesas mellizas, tan idénticas que nadie era capaz de distinguirlas. Ni siquiera su propio padre, el rey. ¡Era un problema tremendo! Las dos jóvenes y rubias princesas se aprovechaban de esta situación para hacer travesuras sin recibir ningún castigo. Como nadie podía determinar cuál de las dos era la culpable y el rey era demasiado justo para castigar a un inocente, se quedaba mirándolas desolado cada vez que una de ellas se portaba mal.

Un día, el rey decidió poner fin a tanta confusión y anunció que aquel que descubriera cómo distinguir a las princesas tendría el privilegio de casarse con una de ellas.

Cuando llegó la noticia a oídos del príncipe del reino vecino, el joven montó su caballo negro, un ejemplar único que tenía poderes mágicos, y se dirigió al reino de las princesas mellizas.

Una vez allí, el príncipe les prometió a las princesas que le regalaría su caballo mágico a la que pudiera montarlo. Primero, las princesas se rieron ante la prueba que les proponía, pero luego se dieron cuenta de que ese caballo no era nada fácil de montar. Cada una de ellas se empeñó en subirse al caballo, pero sólo una pudo hacerlo. Inmediatamente, sus rubios cabellos se volvieron negros como el caballo mágico.

El rey estaba feliz: tenía una hija rubia y otra de pelo negro, ¡y podía distinguirlas a simple vista! El príncipe se casó con la princesa de cabellos negros, la que su caballo mágico había elegido instintivamente.

¡Es tu turno!

¿Necesitas repasar?
Para obtener apoyo adicional sobre los homógrafos, consulta ¡Palabras!

¡Inténtalo!
Lee *Apareció en mi ventana*, en las páginas 440–457.

Apareció en mi ventana

por Alfredo Gómez Cerdá
ilustrado por Ricardo Tercio

Género

Los **cuentos fantásticos** tienen personajes que hacen cosas que las personas y los animales reales no hacen. A medida que leas, busca detalles que hacen que el cuento sea fantástico.

OCURRIÓ, poco más o menos, hace dos meses. Se me olvidó entonces hacer una señal en el calendario, por eso hoy no puedo recordar el día exacto.

Yo estaba asomado a la ventana de mi habitación porque me había cansado de estudiar. Debía aprenderme tres temas enteros de lenguaje para un examen que tenía al día siguiente. El séptimo, el octavo y el noveno. Eran tres temas aburridísimos. Se lo dije a mi madre cuando me trajo la merienda.

—¡Son un rollo!

—Siempre dices lo mismo —me replicó ella.

—Pero esta vez es verdad. Tú misma puedes verlo si quieres.

Y le tendí el libro para que pudiera comprobar que era cierto lo que decía.

—Tengo mucho que hacer —me contestó mi madre—. Además, el que se va a examinar mañana eres tú.

—¡Eso ya lo sé! Pero me consolaría un poco saber que, al menos, reconocemos que son un rollo.

Mi madre se echó a reír, como si mis palabras le hubieran hecho gracia; luego movió la cabeza y añadió:

—Para ti todo lo relacionado con el colegio es un rollo.

—Todo no. Hay algunas cosas que…

Pero mi madre no me dejó terminar.

—Cómete el bocadillo y a estudiar.

Cogí el bocadillo y lo miré desolado. Cuando iba a volver a protestar, mi madre ya había salido de la habitación. No obstante, grité:

—¡No me gusta el jamón serrano!

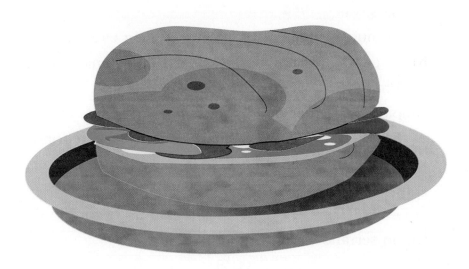

RECONOZCO QUE FUE un fallo tremendo por mi parte. Esas cosas no pasan todos los días. Debería haber hecho una señal en el calendario, haberlo anotado en mi agenda escolar, o en un cuaderno, o en un simple papel...

Así, hoy, sabría exactamente qué día comenzó todo.

Por mi mala cabeza, sólo puedo hacer conjeturas. Casi estoy seguro de que fue hace dos meses justos, pero tal vez fue un poco antes o un poco después... ¡Qué rabia me da no haberlo apuntado!

Yo estaba asomado a la ventana de mi habitación con un bocadillo de jamón serrano. Como a mí no me gusta el jamón serrano, se me ocurrió una idea.

Caminé despacio hasta la puerta, saqué la cabeza al pasillo y, tras comprobar que mi madre no andaba por allí, salí sigilosamente y entré en la habitación de las mellizas.

Las mellizas son mis hermanas mayores. Una se llama Blanca y la otra, Alba. Mi padre me explicó una vez que sus nombres significan lo mismo. Me dijo que había sido un capricho de mi madre y que, a pesar de que toda la familia se opuso, ella se empeñó y se salió con la suya.

Yo nunca sé quién es Blanca y quién es Alba. No sé distinguirlas. Encima, me gastan bromas y me confunden todavía más. Por eso he decidido llamarlas, simplemente, mellizas.

Las mellizas son idénticas. Tienen la cara redonda y colorada. A ellas les encanta comer, incluso hasta el jamón serrano.

—Mellizas —les dije—, les regalo un bocadillo de jamón serrano.

—Ya nos hemos comido el nuestro —respondió
una de ellas, mirando de reojo el bocadillo.

—Pero no me negarán que les apetece un poco
más. Podrían partirlo por la mitad y...

—No, no... —respondió la otra—. Si mamá se da
cuenta, nos castigará. Tendrás que comértelo tú solo,
sin nuestra ayuda.

—Pero si es que a mí el jamón serrano se me hace una bola entre los dientes y no lo puedo tragar…

—Además —añadió la que había hablado primero—, si no comes, te quedarás enano.

—Está bien —dije resignado—. Me lo comeré. Pero al menos denle un mordisco cada una.

Se miraron un instante y aceptaron mi proposición.

—Bueno —dijeron simplemente.

Cuando abrieron la boca, yo empujé el bocadillo hacia adentro para que así los mordiscos fueran más grandes.

HE INTENTADO MUCHAS veces hacer memoria. Trato de recordar todo lo que hice: en el colegio, en casa, con los amigos… Aunque logro recordar muchas cosas, no consigo localizar el día exacto en que ocurrió.

A veces me he concentrado muchísimo. He cerrado los ojos y me he puesto a pensar. Pero lo único que aparece dentro de mi cabeza soy yo mismo, en la ventana de mi habitación, con un bocadillo mordido de jamón serrano.

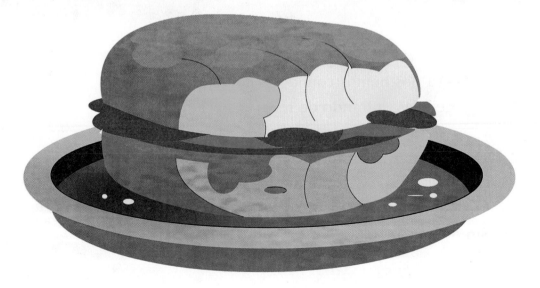

Y ALLÍ ME vuelvo a ver otra vez, junto a la
ventana, mirando la calle, con un bocadillo de jamón
serrano mordido y chupeteado entre mis manos.

A veces se lo pregunto a las mellizas:

—¿Ustedes recuerdan qué día les dejé morder mi
bocadillo de jamón serrano?

—Fue un jueves —responde una.

—No, yo creo que fue un lunes —responde la otra.

—Me refiero al día del mes —insisto.

—Pues… debió de ser el once o el doce —dice
la una.

—No estoy de acuerdo. Debió de ser el tres o el
cuatro.

Ni ellas mismas se ponen de acuerdo.

SÍ, ESTOY SEGURO de que algo misterioso pasó en mi
casa, algo que les impide recordar. Y no sólo en mi casa,
también en el colegio. Porque me he cansado de preguntar a
todos los compañeros qué día tuvimos el examen de lenguaje
de los temas séptimo, octavo y noveno. Sería un dato que
me llevaría con toda seguridad a la fecha exacta, ya que todo
empezó un día antes de ese dichoso examen.

—No sé —responden unos.

—No me acuerdo —responden otros.

—Se me ha olvidado —responde la mayoría.

¿Será posible? Llegué a preguntar al profesor de lenguaje.

—Profe, ¿qué día tuvimos el examen de los temas séptimo, octavo y noveno?

—¿El examen...? —me respondió él—. Esto... pues... verás... Debería saberlo, pero...

—¿Y no lo tiene apuntado en alguna parte?

—Sí, debería tenerlo. La verdad es que yo tenía una carpeta clasificadora donde guardaba los exámenes y apuntaba todas esas cosas, pero la he perdido. No sé dónde puede estar. La he buscado por todas partes y no la encuentro. Menos mal que las calificaciones ya las había pasado a las fichas.

—¡Qué fatalidad!

—Si tienes tanto interés en saberlo, te puedo decir que el examen fue aproximadamente el...

—Es que aproximadamente no me sirve. Necesito saber el día exacto.

—Pues no lo recuerdo. ¡Qué raro! Nunca había olvidado la fecha de un examen.

Todo era muy raro o, al menos, a mí me lo parecía.

Y TODO COMENZÓ a ser muy raro cuando una tarde, la víspera del examen de lenguaje de los temas séptimo, octavo y noveno, yo me encontraba estudiando en mi habitación. Había empezado a sentir sueño: la boca se me abría de vez en cuando y los párpados me pesaban como dos losas de piedra. De pronto, tuve la sensación de que algo se movía en el alféizar de la ventana y, claro, volví instintivamente la cabeza.

¡Y allí estaba!

Cuando lo vi por primera vez, acurrucado, con ese cartel tan grande colgándole del cuello, creo que los ojos se me abrieron tanto que debieron de parecer dos platos.

Me quedé paralizado, como si de pronto me hubiera convertido en una estatua de bronce. Durante varios minutos creo que sólo fui capaz de tragar saliva un montón de veces. Luego, mis piernas comenzaron a temblar, a pesar de lo cual fui capaz de dar un paso hacia atrás, eso sí, sin quitarle la vista de encima.

Mil ideas pasaron en un instante por mi cabeza. No sabía qué hacer. ¿Abrir la ventana y dejarlo pasar? ¿Llamar a mis padres para que lo vieran? ¿Avisar a la policía? Estaba muy confundido, sobre todo porque no sabía qué era lo que de pronto había aparecido en mi ventana.

Dos meses después —aproximadamente, claro—, sigo sin saber por qué hice lo que hice. Es más, ya ha dejado de obsesionarme esta cuestión.

Y lo que hice fue acercarme a la ventana, abrirla muy despacio y observarlo. Creo que fue entonces cuando me fijé por primera vez en sus ojos. Tenía unos ojos grandes y oscuros, y su mirada, profunda como un pozo sin fondo, era tierna y suplicante.

Al cabo de un rato, lo invité a entrar con un leve gesto de mi mano. Él se incorporó despacio y, caminando torpemente, entró en mi habitación.

Fue entonces cuando leí lo que ponía en el cartel que colgaba de su cuello:

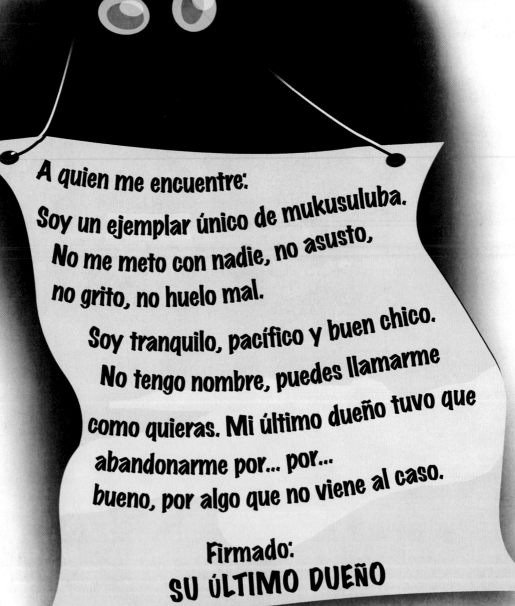

A quien me encuentre:

Soy un ejemplar único de mukusuluba. No me meto con nadie, no asusto, no grito, no huelo mal.

Soy tranquilo, pacífico y buen chico. No tengo nombre, puedes llamarme como quieras. Mi último dueño tuvo que abandonarme por... por... bueno, por algo que no viene al caso.

Firmado:
SU ÚLTIMO DUEÑO

Desde que el mukusuluba entró en mi habitación, hace aproximadamente dos meses, he intentado muchas veces ponerle un nombre. Aquella nota que colgaba de su cuello parecía invitar a ello. Todo el mundo tiene un nombre; ¿por qué no iba a tenerlo también un mukusuluba, que además era ejemplar único?

Busqué y rebusqué por todos los rincones de mi imaginación, pero en ningún momento encontré un nombre que me pareciera adecuado. Porque, claro, hay muchos nombres, pero yo necesitaba uno que le fuera bien a un mukusuluba. Y no es tan fácil. Un mukusuluba no puede llamarse Juan, o Pedro, o Luis… No, no, eso está claro. Pero… ¿cómo puede llamarse un mukusuluba?

MI MADRE TIENE mucha imaginación para los nombres. Mi padre siempre lo dice. Un día intenté sonsacarle:

—Mamá, dice papá que tienes mucha imaginación para los nombres.

—Sí, es verdad, aunque cuando tu padre dice eso lo hace con sorna.

—¿Con qué?

—Con sorna, para tomarme el pelo.

—¿Sorna significa tomar el pelo?

—A veces sí.

Dejé pasar unos instantes en silencio y luego volví a la carga.

—Pues... mi nombre no me gusta.

—¿Por qué?

—Porque es muy corto.

—Precisamente por eso te lo puse. Me dije: quiero un nombre corto, un nombre corto. Y enseguida se me ocurrió: ¡Gil!

—A mí no me gusta llamarme Gil. Además, en el colegio me llaman «tío Gilito».

—Tonterías. Si te llamases de otra forma, te sacarían otro mote. Los niños siempre le están poniendo motes a todo el mundo.

—Si te gustaban los nombres cortos, no entiendo por qué a Jesús Jerónimo...

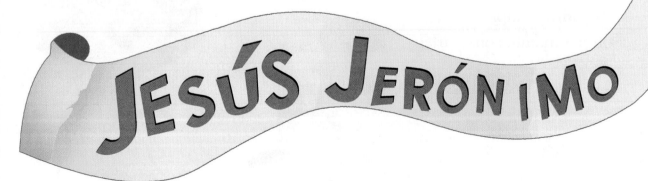

—Con él fue distinto. Cuando nació tu hermano me dije: quiero un nombre largo, un nombre largo. ¡Jesús Jerónimo! Fue como si se encendiera una lucecita en mi cabeza.

—Oye, mamá —y me dispuse a hacer la pregunta clave—, ¿cómo llamarías tú a un mukusuluba?

—¿A un mukusuluba?

—Sí.

—Hipólito.

—¿Hipólito? ¿Y por qué?

—No sé. Me parece un nombre bonito para un mukusuluba.

—Pues a mí no.

Por supuesto, no llamé Hipólito al mukusuluba.

EL MISMO DÍA que el mukusuluba
entró en mi habitación, descubrí que no hablaba ni
emitía sonidos. Cuando se me pasó la impresión,
intenté comunicarme con él. Una y otra vez le
pregunté cosas, sin obtener respuesta alguna.
Como era ejemplar único y no tenía a nadie con quien
comunicarse, tal vez se hubiera olvidado de hablar.

Me dio pena del mukusuluba porque pensé que se
encontraba muy solo en el mundo. Ser ejemplar único, más
que un privilegio, yo creo que es un gran fastidio.

Acomodé al mukusuluba en el maletero de un armario que
hay en mi habitación. Tuve que subirme a una silla para llegar
hasta allí. Entre las maletas le hice un hueco y, como si me
entendiera, le estuve hablando un buen rato:

—Aquí podrás estar sin que te descubran. Mi madre sólo abre este maletero en vacaciones. No sé por qué hago esto por ti. A lo mejor no debería haberte dejado entrar en mi habitación. No te conozco de nada. Pero tienes mirada de buena persona y me das pena porque debes sentirte muy solo en este mundo.

El mukusuluba parecía escucharme y, lo que me resultaba más sorprendente, parecía entenderme. Me miraba con sus ojos muy abiertos y yo notaba en él una atención especial, que no podría tener si no estuviera entendiendo todo lo que le decía.

—Yo me llamo Gil —continué—. Como verás, es un nombre muy corto. Se pronuncia antes de que te des cuenta. Cuando nací, a mi madre le gustaban los nombres cortos. Vivo en esta casa con mi familia, pero, si te digo la verdad, también me encuentro solo, como tú. Mis padres se hacen compañía entre sí. Tengo dos hermanas mayores que son mellizas. No hay forma de entrar en su mundo, hasta hablan de una manera que sólo ellas entienden. También tengo un hermano pequeño, pero es demasiado pequeño, ni siquiera sabe hablar. Dejo de sentirme solo cuando estoy con Sabina, que es la empleada de hogar. Con ella lo paso fenomenal. Pero Sabina tiene novio y, claro, prefiere estar con él. Oye, creo que tú y yo tenemos el mismo problema. Nos podemos hacer compañía, y a lo mejor hasta nos hacemos amigos.

457

Objetivos

• Presentar evidencia del texto para demostrar tu comprensión. • Leer en forma independiente por algún período de tiempo y parafrasear la lectura, incluyendo el orden en que ocurren los sucesos.

¡Imagínalo! | Volver a contar

Piensa críticamente

1. El cuento *Apareció en mi ventana* habla de un encuentro inesperado entre dos seres que se sienten solos. ¿Te gustaría tener un encuentro como el que se describe en el cuento? ¿Por qué? **El texto y tú**

2. Este cuento tiene lugar en la actualidad. ¿Cómo lo sabes? ¿Qué palabras, detalles y frases usa el autor para dar a conocer a los lectores que este cuento tiene lugar en la actualidad? Haz una lista de tus respuestas. **Pensar como un autor**

3. ¿Qué ocurre primero en el cuento *Apareció en mi ventana*? ¿Cuál es el orden de los sucesos en el cuento? **Secuencia**

4. Piensa en cómo te sientes cuando necesitas un amigo. ¿Cómo se compara con la forma en que se sienten Gil y el mukusuluba? ¿En qué se parecen y en qué se diferencian tus sentimientos y los de estos personajes?
Conocimientos previos

5. Mira de nuevo y escribe Vuelve a leer el último párrafo de *Apareció en mi ventana*. ¿Cuál es el problema que comparten Gil y el mukusuluba? Escribe un párrafo donde describas alguna ocasión en que hayas tenido el mismo problema que Gil y el mukusuluba.

PRÁCTICA PARA EL EXAMEN **Respuesta desarrollada**

458

Alfredo Gómez Cerdá

Alfredo Gómez Cerdá nació en Madrid en el año 1951. Desde muy joven se sintió atraído por el deporte, y sobre todo, por la literatura, pues ésta le permitía escapar a lugares extraordinarios. A los once años descubrió el teatro y así comenzó su vertiginosa carrera como poeta, dramaturgo y guionista de cine. Empezó sus estudios de filología española a los veintiún años de edad.

Cuando tenía treinta años escribió *El árbol solitario* y *Las palabras mágicas*, dos libros para niños con los que ganó en 1982 el segundo lugar de un premio literario llamado "El barco de vapor". Éste fue el inicio de una destacada carrera literaria. Gómez Cerdá ha publicado más de 80 libros para grandes y chicos, y ha recibido algunos de los premios literarios más prestigiosos del mundo. Además, su obra ha sido publicada en varios países de Europa, América y Asia.

Otro libro por Alfredo Gómez Cerdá:

EVEREST

MONTAÑA ENCANTADA

Alfredo Gómez Cerdá

Las trenzas de Luna

Registro de lecturas

Usa el *Cuaderno de lectores y escritores* para anotar tus lecturas independientes.

¡Escribamos!

Aspectos principales de una narración personal

● cuenta una historia real sobre una experiencia personal

● usa el punto de vista de la primera persona (*yo, mí*)

● da voz a los pensamientos y sentimientos del autor

CALLE DE LA LECTURA EN LÍNEA
GRAMATIRITMOS
www.CalledelaLectura.com

Narración personal

Una **narración personal** cuenta con detalles descriptivos alguna experiencia que uno haya tenido. El modelo del estudiante de la próxima página es un ejemplo de una narración personal.

Instrucciones En *Apareció en mi ventana*, un ser sumamente extraño aparece de repente en la habitación de un niño. Piensa en algo extraño que te haya sucedido y explica por qué sentiste que era extraordinario y fuera de lo común. Escribe una narración personal sobre esta experiencia.

Lista del escritor

Recuerda que debes...

✓ expresar tus pensamientos y sentimientos respecto de una experiencia.

✓ incluir detalles que capturen la atención del lector.

✓ usar correctamente las mayúsculas, las abreviaturas y la puntuación en las oraciones.

460

La obra de teatro escolar

Todos los años nuestra clase representa una obra de teatro ante toda la escuela; todos los años me siento aterrado ante la idea de aparecer en el escenario. Cada estudiante debe escoger un papel. Puede ser un papel importante o uno pequeño, pero hay que escoger alguno.

El año pasado representamos una obra de teatro sobre el Lejano Oeste. El Sr. Pérez nos propuso escoger entre los siguientes papeles: un ranchero, un vaquero, un minero o un comerciante. Escogí al comerciante porque creí que el papel sería pequeño.

Sin embargo, resultó que el comerciante era el narrador de toda la obra de teatro. Tuve que aprenderme páginas y páginas de parlamentos. Era muy difícil y yo tenía mucho miedo antes de la representación. Si bien había estudiado mi parte, tenía miedo de no poder recordarla.

Sin embargo, una vez que comenzó la obra, me concentré en mi papel. No me concentré en mi estómago tenso, ni en mi voz temblorosa, ni en mis miedos. ¡Dije mi parte en voz alta y clara! Superé mis miedos y lo hice muy bien. ¡Me sentí aliviado y orgulloso de mí mismo cuando cayó el telón!

Género:
Una **narración personal** describe un suceso de la vida del escritor.

Las **mayúsculas**, las **abreviaturas** y la **puntuación** están usadas de manera correcta.

Característica de la escritura
La **voz del autor** se revela a través de sus pensamientos y sentimientos.

Normas

Mayúsculas, abreviaturas y puntuación

Recuerda Usa **punto** al final de las oraciones y al escribir **abreviaturas**. Debes usar **mayúsculas** en la primera letra de las palabras del título de revistas.

461

Objetivos
• Analizar cómo la organización de un texto influye en la manera en que están relacionadas las ideas. • Hacer conexiones entre las ideas dentro de un texto o a través de dos o tres textos. Hacer conexiones entre y a través de textos.

Estudios Sociales en Lectura

Género
Texto expositivo

- Los textos expositivos contienen datos e información sobre diferentes temas.

- Algunos autores de textos expositivos usan patrones de causa y efecto y comparación y contraste para explicar cómo se relacionan las ideas.

- Algunos textos expositivos usan ilustraciones para transmitir información u ofrecer una visión general del contenido.

- Lee *Cómo ayudar a animales maltratados.* Busca elementos que hagan de este texto un texto expositivo.

Cómo ayudar a
animales maltratados

por Rachel Bortfeld Steely

El perro de tu vecino no para de ladrar. Estás tratando de dormir, pero el perro no se calla. "¿Por qué dejaron al perro afuera?", te preguntas. "Me parece que no tiene comida". ¿Se trata de un caso de maltrato o negligencia?

Miles de animales son maltratados y abandonados cada año, pero a veces es difícil saber cuándo un animal está siendo víctima de abusos y maltratos. Tal vez tu vecino trabaja durante la noche y deja que el perro entre cuando ya estás en la cama. O quizás no deje alimentos afuera para que su comida se mantenga fresca. ¿Cómo podemos saber si un animal doméstico está en problemas?

He aquí algunos consejos de la Sociedad Protectora de Animales para diagnosticar si un animal está siendo maltratado:

- Una mascota que se rasca demasiado y pierde mucho pelo puede tener sarna. La sarna es causada por un parásito diminuto que vive en la piel del animal. Afortunadamente, la sarna tiene cura.

- Fíjate si su pelo muestra signos de cuidado. Si no es cepillado con regularidad, el pelo de la mascota puede enredarse. En algunos casos, los nudos en el pelo pueden llegar a producir llagas.

- Fíjate si el collar del animal está muy ajustado. Los collares apretados pueden hacerles daño a los animales e incluso impedir que respiren.

- Una mascota que muestra signos de desnutrición puede no estar recibiendo suficiente alimento o el alimento apropiado. También puede tratarse de enfermedades que no han sido tratadas, como por ejemplo los parásitos.

Pensemos...

¿Cuál es la idea principal de esta página? Nombra un detalle de apoyo.
Texto expositivo

Pensemos...

¿Qué signos de maltrato o negligencia crees que son los más graves?
Texto expositivo

Necesito un buen hogar.

Pensemos...

Fíjate en la fotografía de esta página. ¿De qué manera transmite información importante?
Texto expositivo

Al ver a una mascota maltratada o abandonada, tal vez sientas ganas de gritarle al dueño y llevarte a la mascota contigo. Nunca hagas esto. Cuéntaselo a un adulto en el que confíes. Si tienes una cámara a mano, toma fotos, pero ten cuidado de que no te vean. Tratar de rescatar a una mascota sin ayuda puede ser peligroso tanto para ti como para la mascota, y no impedirá que el dueño se compre otra mascota que también sufrirá maltratos. Un animal abandonado o maltratado puede ser agresivo o tener enfermedades como la rabia. Mejor es que informes de lo que ves al departamento de control de animales más cercano.

A veces los dueños no tienen la intención de ser crueles. A veces no saben cómo cuidar de un animal y atender sus necesidades. El departamento de control de animales enviará un agente capaz de enseñarle cómo cuidar a su mascota. En algunos casos se llevarán a la mascota.

Los agentes no siempre pueden decirte lo que le sucederá a la mascota. Sin embargo, puedes estar seguro de que harán su mejor esfuerzo para resolver el caso.

Si sigues estos consejos, habrás hecho un buen trabajo para proteger a un animal. Para evitar que otros animales sufran de negligencia y maltrato, puedes pedirle a un representante de la sociedad protectora de animales que dé charlas en tu escuela sobre cómo ayudar a los animales. También puedes escribir una carta en apoyo a los animales a algún periódico que haya publicado un artículo sobre el maltrato a las mascotas. Incluso puedes trabajar como voluntario en el refugio para animales de tu vecindario. Lo más importante es que te asegures de que cualquier mascota que tengas en tu casa reciba el cariño y la atención que requiere. Ésa es la mejor ayuda que un animal puede recibir.

Pensemos...

Relacionar lecturas Ambas selecciones hablan de animales que se sienten abandonados. Piensa en por qué el primer dueño del mukusuluba abandonó a su mascota y en por qué el dueño de una mascota verdadera puede haber abandonado a un perro o a un gato.

Escribir variedad de textos Escribe un párrafo que explique la manera en que Gil ayudó al mukusuluba y de qué manera podrías tú ayudar a un animal. Explica luego a qué tipo de animal te gustaría ayudar y por qué.

CALLE DE LA LECTURA EN LÍNEA
LIBRO DEL ESTUDIANTE EN LÍNEA
www.CalledelaLectura.com

Vocabulario

Homógrafos

Claves del contexto Los homógrafos son palabras que se escriben igual pero tienen significados distintos. Puedes usar las claves del contexto para determinar qué significado se ha usado en una oración. Piensa en todos los significados de la palabra. Después fíjate cuál tiene más sentido en la oración.

¡Practícalo! Piensa en tres homógrafos. Escríbelos en un papel y luego intercambia tus homógrafos con los de un compañero. Escoge un homógrafo de la lista de tu compañero y escribe una oración para cada significado de la palabra.

Fluidez

Expresión

Puedes usar tu voz para que los personajes cobren vida al leer con expresión. Cambia el tono de tu voz para leer lo que dice cada uno de los distintos personajes y varía el tono para mostrar cómo se sienten los personajes.

¡Practícalo! Con un compañero, lee la página 443 de *Apareció en mi ventana*. Túrnense para leer, de tal manera que un compañero lea la parte del narrador y el otro lea la parte de su mamá. Después intercambien papeles. ¿En qué se diferencian las expresiones de los personajes?

Escuchar y hablar

Prepárate para la escuela intermedia

Cuando hables ante un grupo, pronuncia las palabras con claridad.

Teatro del lector

En el Teatro del lector, se presenta una historia en forma de escena dramática. Los actores leen sus diálogos, pero no los memorizan.

¡Practícalo!

Con tu grupo, prepara una representación de teatro basada en *Apareció en mi ventana*. Elabora un guión, asigna los papeles y ensaya la representación. Preséntala ante la clase y luego comenta cómo se compara con el texto original.

Sugerencias

Al escuchar...

- Escucha con atención a cada hablante.
- Interpreta qué dice cada hablante.

Al hablar...

- Haz contacto visual para comunicarte con tu público.
- Articula bien tus palabras y habla claramente para que el público te comprenda.

Trabajo en equipo...

- Túrnate con tus compañeros para representar los distintos papeles.
- Considera las sugerencias de los demás miembros del grupo.

Objetivos
• Examinar cómo los poetas usan los efectos de sonido para reforzar el significado de los poemas.

Poesía

• La **rima externa** es la rima que se produce al final de dos o más versos de una estrofa. Mientras lees, presta atención a la última sílaba de las palabras que están al final de cada verso para ver si riman.

• La **aliteración** es la repetición del sonido inicial de dos o más palabras en el mismo verso. Con la aliteración, el poeta dirige tu atención hacia la idea principal del poema.

Pensemos...

¿De qué manera la aliteración en "Limericks" dirige tu atención hacia los detalles importantes?

Limericks

por María Elena Walsh
ilustrado por Colleen O'Hara-Baviera

Una vez, por las calles de Caracas
aparecieron veinticinco Vacas.
　　Como era Carnaval,
　　nadie veía mal
que bailaran tocando las maracas.

Una Vaca que come con cuchara
y que tiene un reloj en vez de cara,
　　que vuela y habla inglés,
　　sin duda alguna es
una Vaca rarísima, muy rara.

Hace tiempo que tengo una gran duda:
hay una Vaca que jamás saluda,
　　le hablo y no contesta.
　　Pues bien, la duda es ésta:
¿será mal educada o será muda?

El murciélago

por Theodore Roethke
ilustrado por Fiona MacVicar Collingwood

Dime: murciélago y ratón, ¿son primos?
Rauda su sombra que apenas percibimos.

La noche, inmensa; el murciélago, despierto.
Noche con estrellas; vuelo sin rumbo cierto.

Su sombra entre los árboles, casi malva.
Vuela y vuela; y descansa, al fin, al alba.

Roza el cristal de la ventana suavemente.
Y lo vemos, temerosos, tan de repente.

Hay algo extraño, inexplicable: ve a la ventana.
¿Ves ratones con alas, ratones con cara humana?

Pensemos...

¿Tiene rima este poema? Explica cómo lo sabes.

Pensemos...

¿Qué sientes al leer los dos últimos versos de "El murciélago"? ¿Miedo? ¿Alegría? Di por qué te provocan ese sentimiento.

¡Pensemos en poesía!

Los colores estallan, los colores rugen

por Pat Mora
Ilustrado por Marcos Calo

Rojo, da gritos rojos y redondos como globos.

Negro, grazna como estridentes estorninos.

Café, repiquetea las claves.

Amarillo, lanza chispas refulgentes.

Blanco, canta ¡ay! sus notas altas.

Verde, murmulla secretos de hojas.

Gris, susurra en los bigotes del gato.

Plateado, tintinea sus campanitas.

Azul, gorjea como los pajaritos.

Morado, retumba como truenos.

Dorado, resplandece cual tuba.

Anaranjado, gruñe cabriolas a rayas.

Los colores estallan, los colores rugen.

Pensemos...

¿De qué manera la asociación de colores con sonidos en "Los colores estallan, los colores rugen" te ayuda a entender mejor el poema?

470

Me encontré conmigo

por Elsa Bornemann
ilustrado por Marcos Calo

Es algo increíble
lo que me pasó...
¡Qué susto terrible!

¿Creen si les digo
que al doblar la esquina
me encontré conmigo?

¿Qué haces por acá?
Me dije asustada
¿Y cómo te va?

¿Por qué lo preguntas
si tú ya lo sabes?
¿No vivimos juntas?

En un momentito,
todo eso me dije
pegando un saltito.

La noche estrellada
con la boca abierta
miraba asombrada.

Y si hasta temblando
Don Mudo, el Silencio,
se quedó escuchando...

No quise mirarme.
Cerrando los ojos
giré hasta marearme...

Un paso atrás di
y con media vuelta...
¡desaparecí!

Pensemos...

¿Crees que la rima en este poema te ayuda a apreciarlo de manera diferente? Si leyeras algo sobre este tema pero sin rima, ¿te gustaría más? ¿Por qué?

Pensemos...

Vuelve a leer "Los colores estallan, los colores rugen" y "Me encontré conmigo". ¿En qué se parecen? ¿Por qué piensas así?

¡Pensemos en poesía!

Cómo usar
este glosario

Este glosario te ayuda a entender el significado de algunas de las palabras que aparecen en este libro. Las palabras están ordenadas alfabéticamente. Como ayuda para buscar una palabra, fíjate en la parte superior de cada página, donde hay dos palabras guía: la primera y la última de esa página. Recuerda que, si no encuentras la palabra que buscas, puedes pedir ayuda o buscarla en un diccionario.

La palabra que se define aparece en negrita y dividida en sílabas.

Luego aparece la función que esa palabra tiene en la oración.

an·gos·to *ADJETIVO.* Estrecho, poco ancho. *Caminamos de uno en uno por los caminos angostos.* ❏ *PLURAL* **an·gos·tos**.

La definición y el ejemplo muestran lo que significa la palabra y cómo se usa. A veces aparecen sinónimos de la palabra definida para ayudarte a comprender mejor su significado. Además, te sirven para enriquecer tu vocabulario.

Aa

a·ban·do·nar *VERBO.* Dejar de manera permanente. *Abandonamos la idea de merendar al aire libre debido a la lluvia.* ❏ *VERBO* **a·ban·do·nó**.

a·gu·do *ADJETIVO.* Sonido cuya frecuencia de vibraciones es grande, por oposición al sonido grave. *El grito fue tan agudo que se quebró el cristal.* ❏ *FEMENINO* **a·gu·da**.

a·mo·ra·ta·do *ADJETIVO.* Que tira a morado; de color entre rojo y azul. ❏ *PLURAL* **a·mo·ra·ta·dos**.

ap·ti·tud *SUSTANTIVO.* Capacidad para operar competentemente en una determinada actividad.

Bb

bra·mi·do 1. *SUSTANTIVO.* Voz del toro y otros animales salvajes. *El toro lanzó un bramido.* **2.** *SUSTANTIVO.* Grito fuerte de cólera o dolor. *Lanzó un bramido cuando se golpeó.*

Cc

ca·dá·ver *SUSTANTIVO.* Cuerpo sin vida. ❏ *PLURAL* **ca·dá·ve·res**.

ca·ries *SUSTANTIVO.* Erosión del esmalte de los dientes producida por bacterias. *Para evitar las caries, debes cepillarte los dientes antes de ir a dormir.*

cen·su·rar *VERBO.* Desaprobar, reprobar; hacer una crítica negativa; culpar. *No censures su comportamiento hasta conocer sus motivos.* ❏ *VERBO* **cen·su·ra·ba**.

com·bi·na·ción *SUSTANTIVO*. Serie de números o letras usados para abrir cierto tipo de cerrojos. *¿Sabes cuál es la combinación de la caja fuerte?*

con·cre·to 1. *ADJETIVO*. Definido; específico; preciso; particular. *No había un motivo concreto para organizar la fiesta.* **2.** *SUSTANTIVO*. Mezcla de piedras y mortero. *Las casas de mi pueblo son de concreto.*

co·ra·za *SUSTANTIVO*. Cubierta dura que protege el cuerpo de algunos animales. *Una coraza cubre el cuerpo del escorpión.*

crí·ti·co *ADJETIVO*. Importante u oportuno para el resultado de una situación. *La ayuda llegó en un momento crítico.* ❑ *PLURAL* **crí·ti·cos**.

cru·zar *VERBO*. Atravesar un camino o un espacio de una parte a otra. ❑ *VERBO* **cru·za·ba**.

cue·va *SUSTANTIVO*. Cavidad subterránea natural o artificial. (*Cueva* proviene de la palabra latina *cavu,* que significa "hueco").

Dd

de·ma·cra·do *ADJETIVO*. Con pocas carnes; flaco; delgado; enjuto. *El anciano se veía demacrado.*

de·mos·trar *VERBO*. Indicar cómo se hace algo; explicar mediante ejemplos. ❑ *SUSTANTIVO* **de·mos·tra·ción**.

de·rra·par *VERBO*. Patinar o resbalar lateralmente mientras se está en movimiento. *El carro derrapó en la carretera resbaladiza.*

des·co·lo·ri·do *ADJETIVO*. De color pálido, falto de color; a veces, debido a la exposición a la luz solar o al uso de productos químicos. *El vestido estaba descolorido.* ❑ *PLURAL* **des·co·lo·ri·dos**.

des·com·po·si·ción *SUSTANTIVO*. Proceso de putrefacción. *La descomposición del tronco fue tan rápida que el árbol se cayó en el lapso de un mes.*

des·o·cu·pa·do *ADJETIVO*. Que no está ocupado. *Una silla desocupada; una casa desocupada.* ❑ *PLURAL* **des·o·cu·pa·das**.

de·so·la·do 1. *ADJETIVO*. Triste, inhóspito, desierto. **2.** *ADJETIVO*. Destruido, arrasado.

dis·tin·guir *VERBO*. Conocer la diferencia que hay entre dos o más cosas. *Es difícil distinguir el mar del cielo al atardecer.* ❑ *VERBO* **dis·tin·guir·las**.

Ee

e·co·nó·mi·co *ADJETIVO*. Relativo o perteneciente a la administración de los ingresos, los gastos y los recursos de un hogar, un gobierno, etc.

e·je 1. *SUSTANTIVO*. Barra, varilla o pieza similar que atraviesa un cuerpo giratorio y le sirve de sostén en el movimiento. **2.** *SUSTANTIVO*. Persona o cosa considerada como el centro de algo, y en torno a la cual gira lo demás. **3.** *SUSTANTIVO*. **Eje Neovolcánico** Cadena de volcanes que se extiende de costa a costa, desde las islas Revillagigedo en el océano Pacífico hasta el golfo de México.

e·jem·plar 1. *ADJETIVO*. Que da buen ejemplo. **2.** *SUSTANTIVO*. Cada uno de los individuos de una especie o un género. *Aquél es un raro ejemplar.*

e·le·gan·te *ADJETIVO*. Dotado de gracia, nobleza y sencillez. *El presidente de la compañía es un señor muy elegante.*

em·pa·par VERBO. Humedecer algo de modo que quede penetrado de un líquido; mojar completamente. *Una tormenta repentina nos empapó.* ❑ VERBO **em·pa·pó**.

em·pe·ñar 1. VERBO. Dejar algo en prenda como garantía del cumplimiento de un compromiso o de la devolución de un préstamo. **2.** VERBO. Insistir con tesón en algo. *A pesar de sus limitaciones como corredor, se empeñó en mejorar su tiempo en los cien metros planos.* ❑ VERBO **em·pe·ñó**.

e·pi·so·dio SUSTANTIVO. Cada una de las partes en que se divide una historia para su publicación o emisión televisiva.

e·ra SUSTANTIVO. Período de tiempo o de la historia. *Vivimos en la era de la exploración espacial.*

es·ca·se·ar VERBO. Faltar, no abundar. *En el desierto el agua escasea.* ❑ VERBO **es·ca·se·an**.

es·com·bro SUSTANTIVO. Fragmentos dispersos; desechos; ruinas. *La calle estaba cubierta de vidrios rotos, piedras y otros escombros que dejó la tormenta.* ❑ PLURAL **es·com·bros**.

es·guin·ce SUSTANTIVO. Torcedura violenta y dolorosa de una articulación.

es·pan·to·so ADJETIVO. Que causa espanto. *El personaje de ese cuento es un ser espantoso.* ❑ FEMENINO, PLURAL **es·pan·to·sas**.

es·pe·cia·li·zar·se VERBO. Desarrollarse de una manera especial; perfeccionarse en algo. *Las plantas y los animales se especializan para adaptarse a su entorno.* ❑ VERBO **es·pe·cia·li·zan**.

es·ta·llar VERBO. Henderse o reventar de golpe, con chasquido o estruendo. *El vaso de vidrio estalló cuando chocó contra el piso.*

es·te·ri·li·zar VERBO. Eliminar gérmenes dañinos. *Siempre hay que esterilizar las vendas.* ❑ ADJETIVO **es·te·ri·li·za·do**.

es·tra·fa·la·rio ADJETIVO. Extravagante. *Los disfraces de carnaval son muy estrafalarios.* ❑ FEMENINO **es·tra·fa·la·ria**.

es·tre·cho ADJETIVO. Que tiene poca anchura. *La casa tenía unos cuartos muy estrechos.*

es·tric·to ADJETIVO. Muy cuidadoso en obedecer las reglas o en hacer que otros las obedezcan. *El maestro era estricto pero justo.*

ex·plo·sión SUSTANTIVO. Acción de estallar con un gran ruido; estallido. *Una gran explosión anunció el comienzo del espectáculo de fuegos artificiales.*

ex·tin·guir VERBO. Hacer que algo se acabe por completo. *Los dinosaurios son animales que se han extinguido.* ❑ VERBO **ex·tin·gui·do**.

Ff

fan·go SUSTANTIVO. Lodo o barro, especialmente en el fondo de un lago o un río, o en el lecho del mar.

fo·co SUSTANTIVO. Centro de la atención y del interés público. *Algunos artistas siempre quieren ser el foco de atención de la prensa.*

Gg

ga·ra·ba·te·ar *VERBO*. Escribir o dibujar de manera deficiente o descuidada. ❑ *VERBO* **ga·ra·ba·te·a·dos**.

gim·na·sia *SUSTANTIVO*. Deporte en el cual se realizan ejercicios de gran dificultad.

gimnasia

gra·ve·dad 1. *SUSTANTIVO*. Fuerza natural que causa que los objetos se muevan o tiendan a moverse hacia el centro de la Tierra. La gravedad determina el peso de los objetos. **2.** *SUSTANTIVO*. Grandeza, importancia.

Hh

ha·za·ña *SUSTANTIVO*. Acción o acto grandioso o poco habitual; hecho que demuestra gran destreza, fuerza u osadía.

hi·dró·ge·no *SUSTANTIVO*. Gas incoloro e inodoro que arde fácilmente. El hidrógeno es un elemento químico que pesa menos que cualquier otro elemento. Se combina con el oxígeno para formar agua y está presente en la mayoría de los compuestos orgánicos.

Ii

im·pre·sio·nan·te *ADJETIVO*. Que causa gran impresión, asombro o admiración. *Es impresionante ver una estrella fugaz.*

i·na·ni·ción *SUSTANTIVO*. Sufrir de hambre extrema. *Murió por inanición.*

in·de·pen·den·cia *SUSTANTIVO*. Libertad del control, influencia, apoyo o ayuda de otros. *Las colonias norteamericanas obtuvieron su independencia de Inglaterra.*

in·men·sa·men·te *ADVERBIO*. Enormemente. *Nos divertimos inmensamente en la fiesta.*

ins·tin·ti·va·men·te *ADVERBIO*. Por instinto, de una manera instintiva. *El animal actuó instintivamente.*

in·ten·to *SUSTANTIVO*. Acción de realizar un esfuerzo; tentativa. *Un intento de escalar el Everest.* (*Intento* proviene de la palabra latina *attemptare,* que significa "probar").

in·te·rés 1. *SUSTANTIVO*. Conveniencia o beneficio moral o material. *Nos ayudó sólo por interés.* **2.** *SUSTANTIVO*. Punto central o foco de atracción. *Sentía un particular interés por las mariposas monarca.*

in·te·rior *SUSTANTIVO*. Superficie o lado interno. *El interior de la casa estaba bellamente decorado.*

in·va·dir *VERBO*. Ocupar irregularmente un lugar. *Todos los años la maleza invade el jardín.* ❑ *VERBO* **in·va·di·das**.

Ll

la·te·ral 1. *ADJETIVO*. Situado al lado de una cosa. **2. voltereta lateral** *SUSTANTIVO*. Vuelta realizada de costado, con los brazos y piernas extendidos y rectos.

la·tir *VERBO*. Palpitar; dar latidos rápida o fuertemente. *Me late la pierna que tengo lastimada.* ❑ *VERBO* **la·tí·an**.

lo·gro *SUSTANTIVO*. Algo que se ha conseguido mediante el conocimiento, la destreza o la habilidad; éxito. *Los maestros estaban orgullosos de los logros de los estudiantes.*

Mm

me·lli·zo *ADJETIVO*. Nacido de un mismo parto, y más especialmente de un parto doble. *El chico tiene un hermano mellizo.* ❑ *FEMENINO, PLURAL* **me·lli·zas**.

mi·gra·ción 1. *SUSTANTIVO*. Acción y efecto de pasar de un país a otro para establecerse en él. **2.** *SUSTANTIVO*. Viaje periódico de las aves, peces u otros animales migratorios. *Algunas aves migran de América del Norte hacia América Central.*

mi·gra·to·rio 1. *ADJETIVO*. Que emigra. **2.** *ADJETIVO*. Perteneciente o relativo a los viajes periódicos de ciertos animales.

mo·de·lo 1. *SUSTANTIVO*. En el arte, persona o cosa que copia un artista. *Realizó una pintura a partir de un modelo vivo.* **2.** *SUSTANTIVO*. Ejemplo de conducta; persona cuyo patrón de comportamiento influye en las acciones o creencias de otros. *Los padres son modelos importantes para sus hijos.*

mo·nar·ca 1. *SUSTANTIVO*. Príncipe, soberano de un estado. **2. mariposa monarca** *SUSTANTIVO*. Insecto que se caracteriza por su longevidad y resistencia, además de su hermoso colorido.

mo·ni·tor *SUSTANTIVO*. Televisor conectado a una computadora. ❑ *PLURAL* **mo·ni·to·res**.

mor·tal 1. *ADJETIVO*. Que morirá. **2. salto mortal** *SUSTANTIVO*. Voltereta en la que los tobillos giran por encima de la cabeza.

salto mortal

mu·co·si·dad *SUSTANTIVO*. Sustancia babosa producida por la nariz y la garganta para humedecerse y protegerse. ❑ *PLURAL* **mu·co·si·da·des**.

mue·ca *SUSTANTIVO*. Contracción del rostro, generalmente para expresar burla o dolor. *Hice una mueca de dolor cuando sentí el torno del dentista en mis dientes.*

Pp

pa·rá·si·to *SUSTANTIVO*. Todo organismo que vive en el interior de otro organismo o arriba de él, de quien obtiene su alimento, a menudo dañándolo en el proceso. Los piojos y la lombriz solitaria son parásitos. ❏ *PLURAL* **pa·rá·si·tos**.

par·lan·te *SUSTANTIVO*. Aparato electroacústico que sirve para amplificar el sonido.

per·fil 1. *SUSTANTIVO*. Vista lateral, especialmente del rostro humano. **2. Bajo perfil** *SUSTANTIVO*. Postura o actitud moderada, escogida deliberadamente para evitar llamar la atención.

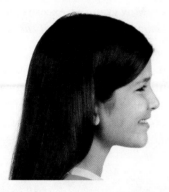

perfil

pre·cio·so *ADJETIVO*. De gran valor; costoso; valioso. El oro, el platino y la plata habitualmente son considerados metales preciosos. El diamante, el rubí y el zafiro son piedras preciosas.

pri·vi·le·gio *SUSTANTIVO*. Exención de una obligación o ventaja exclusiva o especial que goza alguien por concesión de un superior o por determinada circunstancia propia. *Es un privilegio trabajar por una buena causa.*

pu·ri·fi·car 1. *VERBO*. Limpiar, quitar de algo lo que le es extraño. *Hay que purificar el agua antes de beberla.* **2.** *VERBO*. Limpiar algo no material, lograr pureza. *Purificar el alma.* ❏ *VERBO* **pu·ri·fi·ques**.

Rr

ra·dian·te *ADJETIVO*. Brillante, resplandeciente. *Hoy el sol está radiante.*

rá·fa·ga *SUSTANTIVO*. Viento fuerte, repentino y de corta duración. *Las ráfagas de viento avivan los incendios forestales.*

re·cu·brir *VERBO*. Volver a cubrir. *El pintor recubrió de pintura el exterior de la casa.* ❏ *VERBO* **re·cu·bre**.

rei·no *SUSTANTIVO*. Territorio o estado donde gobierna un rey o una reina.

res·guar·dar *VERBO*. Prevenirse para evitar un daño. *Nos resguardamos del frío dentro de una cueva.* ❏ *VERBO* **res·guar·dar·se**.

ro·bó·ti·co *ADJETIVO*. Relativo a una máquina con partes móviles y dispositivos de percepción controlados por una computadora. *Diseño robótico.*

robótico

Ss

sal·va·je 1. *ADJETIVO.* No civilizado, bárbaro. *Costumbres salvajes.* **2.** *ADJETIVO.* Feroz, cruel, listo para pelear; brutal. *Un perro salvaje.* **3.** *ADJETIVO.* Dícese del terreno escarpado, árido y sin cultivar. *Un paisaje salvaje.* (*Salvaje* proviene de la palabra latina *silvaticus,* que significa "del bosque, primitivo").

san·tua·rio 1. *SUSTANTIVO.* Templo en que se venera la imagen o reliquia de un santo de especial devoción. **2.** *SUSTANTIVO.* Centro de conservación de vida silvestre. *Muchas personas visitan cada año los santuarios de la mariposa monarca.*

se·di·men·to *SUSTANTIVO.* Material que se deposita en el fondo de un líquido. *Una fina capa de sedimento cubría el barco naufragado.* ❑ *PLURAL* **se·di·men·tos**.

ser·pien·te *SUSTANTIVO.* Reptil de cuerpo muy alargado y sin extremidades. *Algunas serpientes son venenosas.*

so·nar *SUSTANTIVO.* Artefacto para determinar la profundidad del agua o para detectar y localizar objetos sumergidos. El sonar envía ondas sonoras al agua, que son reflejadas cuando chocan contra el fondo o contra un objeto.

sos·pe·char *VERBO.* Desconfiar, dudar, recelar de alguien. *Todos sospechan que él es el culpable.* ❑ *VERBO* **sos·pe·cha·ba**.

Tt

ti·tu·be·ar *VERBO.* Oscilar, perdiendo la estabilidad y firmeza.

ti·tu·lar *SUSTANTIVO.* Cada uno de los títulos de un periódico que aparecen con tipos de letras mayores. *Las noticias más importantes aparecen en los titulares de los periódicos.* ❑ *PLURAL* **ti·tu·la·res**.

tram·po·lín *SUSTANTIVO.* Plano inclinado y elástico que presta impulso al gimnasta para dar grandes saltos.

trans·for·mar *VERBO.* Hacer cambiar de forma a alguien o algo. *El hielo se transformó en agua al derretirse.* ❑ *VERBO* **trans·for·me**.

tre·men·do 1. *ADJETIVO.* Muy travieso. **2.** *ADJETIVO.* Muy grande y excesivo en su línea. *Tremendo golpe se dio al caerse del árbol.*

tun·dra *SUSTANTIVO.* Planicie vasta, llana y sin árboles ubicada en las regiones árticas. El terreno debajo de la superficie siempre está congelado, incluso durante el verano.

tundra

Vv

vi•tal 1. *ADJETIVO*. Relativo a la vida.
2. *ADJETIVO*. Que tiene mucha importancia o trascendencia. *Estudiar es vital para aprobar los exámenes.*

vo•lan•te 1. *SUSTANTIVO*. Pieza, generalmente en forma de aro, con la que el conductor dirige un vehículo automóvil. **2.** *SUSTANTIVO*. Adorno pendiente, que usaban las mujeres para la cabeza, hecho de tela delicada. **3.** *SUSTANTIVO*. Hoja impresa, de carácter político o publicitario, que se reparte en lugares públicos. ❑ *PLURAL* **vo•lan•tes**.

Zz

zam•bu•llir *VERBO*. Meter debajo del agua con ímpetu o de golpe. *Los niños se zambullen en el mar.* ❑ *VERBO* **zam•bu•llen**.

* Cognado español/inglés: un **cognado** es una palabra que es similar en dos idiomas y que tiene el mismo significado en ambos idiomas.

Conversación con una astronauta

concreto / specific
gravedad / gravity
*interés / interest
logro / accomplishment
modelo / role model
*monitores / monitors

Viaje al centro de la Tierra

coraza / armor
espantosas / hideous
extinguido/ extinct
recubre / encases
*serpiente/ serpent
zambullen / plunge

Pueblos fantasmas del Oeste estadounidense

desocupadas / vacant
*económico / economic
garabateados/ scrawled
*independencia / independence
invadidas / overrun

Unidad 6

La verdad acerca de los asombrosos murciélagos de Austin

aguda / high-pitched
estrafalaria / bizarre
impresionante / breathtaking
resguardarse / shelter
titulares / headlines
*vital / vital

El misterio de la isla Saint Matthew

cadáveres / carcasses
demacrado / scrawny
descoloridos / bleached
descomposición / decay
inanición / starvation
*parásitos / parasites
sospechaba / suspected
*tundra / tundra

El rey Midas y su toque de oro

*elegante / elegant
*precioso / precious
purifiques / purify
*radiante / radiant
reino / kingdom
transforme / turn into

El Hindenburg

censuraba / censored
cruzaba / crossed
empapó / drenched
*era / era
*explosión / explosion
*hidrógeno / hydrogen

Apareció en mi ventana

desolado / desolate
distinguirlas / distinguish
ejemplar / specimen
empeñó / insisted
instintivamente / instinctively
mellizas / twins
*privilegio / privilege
tremendo / huge

481

Photographs

Every effort has been made to secure permission and provide appropriate credit for photographic material. The publisher deeply regrets any omission and pledges to correct errors called to its attention in subsequent editions.

Unless otherwise acknowledged, all photographs are the property of Pearson Education, Inc.

Photo locators denoted as follows: Top (T), Center (C), Bottom (B), Left (L), Right (R), Background (Bkgd)

¡PALABRAS! | Manual de vocabulario

Antónimos

Sinónimos

Raíz de las palabras/Palabras base

Prefijos

Sufijos

Claves del contexto

Palabras relacionadas

Origen de las palabras: Raíces

Palabras de varios significados

Diccionario

Diccionario de sinónimos

Antónimos

Un antónimo es una palabra que expresa el significado opuesto de otra palabra. *Liso* es un antónimo de *rugoso*.

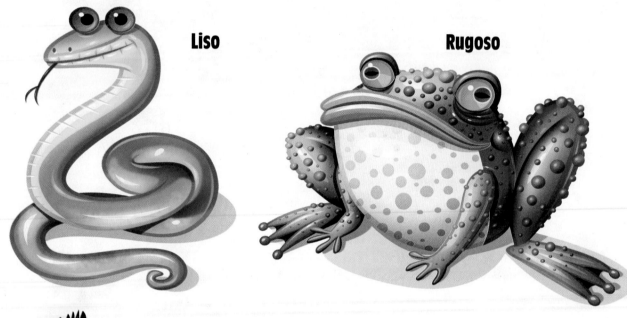

Liso

Rugoso

Antónimo = Opuesto

Estrategia para antónimos

1. Identifica la palabra para la cual quieres hallar un antónimo.
2. Piensa en otras palabras o frases que tengan el significado opuesto.
3. Busca los antónimos en un diccionaro de sinónimos.
4. Busca el significado de los antónimos en un diccionario y utiliza la palabra que expresa mejor tus ideas.

Sinónimos

Los sinónimos son dos o más palabras que tienen el mismo significado o un significado muy parecido.

Lavar

Sinónimo = Igual

Limpiar

Estrategia para sinónimos

1. Identifica la palabra para la cual quieres hallar un sinónimo.
2. Piensa en otras palabras o frases que tengan el mismo significado, o un significado muy similar.
3. Busca más sinónimos en un diccionario de sinónimos y anótalos en una lista.
4. Busca en un diccionario la palabra que expresa mejor tus ideas.

Raíz de las palabras/Palabras base

La raíz o la base contiene el significado principal de una palabra.

Histórico

Pancho Villa

Prehistórico

Estrategia para raíces de palabras

1. Busca la raíz de la palabra en una palabra desconocida.
2. Determina el significado de la raíz de la palabra.
3. Infiere el significado de la palabra desconocida. ¿Tiene sentido en la oración?
4. Comprueba el significado en un diccionario.

Prefijos

Un prefijo es una parte de palabra que se añade antes de la raíz de la palabra para formar una palabra nueva.

Formal

Informal

Estrategia para prefijos

1. Observa la palabra desconocida e identifica el prefijo.
2. ¿Qué significa la raíz de la palabra? Si no estás seguro, consulta un diccionario.
3. Usa lo que sabes sobre la raíz de la palabra y sobre el prefijo para deducir el significado de la palabra desconocida.
4. Usa un diccionario para comprobar tu deducción.

Prefijos comunes y sus significados

des-	no, opuesto a
re-	de nuevo, otra vez
in-	no
dis-	no, opuesto a
bi-	dos, doble
pre-	antes

Sufijos

Un sufijo es una parte de palabra que se añade después de la raíz de la palabra para formar una palabra nueva.

Migrar

Migratorio

pájaro migratorio

Sufijos comunes y sus significados

-dad	cualidad de
-ción	acción y efecto
-able	posibilidad
-miento	acción y efecto
-ito	pequeño

Estrategia para sufijos

1. Observa la palabra desconocida e identifica el sufijo.
2. ¿Qué significa la raíz de la palabra? Si no estás seguro, consulta un diccionario.
3. Usa lo que sabes sobre la raíz de la palabra y sobre el sufijo para deducir el significado de la palabra desconocida.
4. Usa un diccionario para comprobar tu deducción.

Claves del contexto

Las claves del contexto son las palabras y oraciones que se hallan alrededor de una palabra desconocida y pueden ayudarte a comprender el significado de esa palabra.

Vi muchos animales en el zoológico: vi un *elefante*, un león, algunos carpinchos y un mono.

Estrategia para claves del contexto

1. Busca claves en las palabras y frases que rodean a la palabra desconocida.
2. Haz una deducción sobre el significado de la palabra. ¿Tiene sentido en la oración?
3. Usa un diccionario para comprobar tu deducción.

Palabras relacionadas

Las palabras relacionadas son todas aquéllas que tienen la misma raíz.

Ilustrar

Reilustrar

Ilustrador

Estrategia para palabras relacionadas

1. Halla la raíz de la palabra desconocida.
2. Identifica el significado de la raíz de la palabra.
3. Deduce el significado de la palabra desconocida. ¿Tiene sentido en la oración?
4. Usa un diccionario para comprobar tu deducción.

Origen de las palabras: Raíces

Muchas palabras del idioma español tienen raíces griegas y latinas.

Automóvil

Telescopio

Televisor

Raíces latinas

dent	diente
dict	decir; hablar
scrib	escribir
sub	debajo; bajo
tract	arrastrar
vis	ver

Raíces griegas

auto	propio, por uno mismo
bio	vida
micro	muy pequeño
logía	el estudio de
fono	sonido; voz
scopio	ver
tele	lejos

Estrategia para raíces

1. Basándote en lo que sabes sobre las raíces, deduce el significado de la palabra desconocida.
2. ¿Tiene sentido tu deducción en la oración?
3. Usa un diccionario para comprobar tu deducción.

P●9

Palabras de varios significados

Las palabras de varios significados son palabras que tienen distintos significados, según el uso que les demos. Los homógrafos y homófonos son palabras de varios significados.

Homógrafos

Los homógrafos son palabras que se escriben de igual manera pero tienen significados diferentes.

Copa

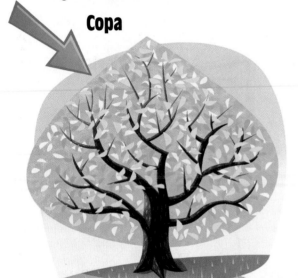

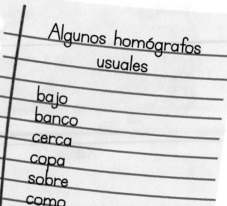

Algunos homógrafos usuales

bajo
banco
cerca
copa
sobre
como

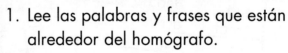

Estrategia para homógrafos

1. Lee las palabras y frases que están alrededor del homógrafo.
2. Piensa en los distintos significados de la palabra y decide qué significado tiene más sentido en la oración.
3. Vuelve a leer la oración con el significado que dedujiste para ver si tiene sentido.
4. Comprueba tu deducción en un diccionario.

Copa

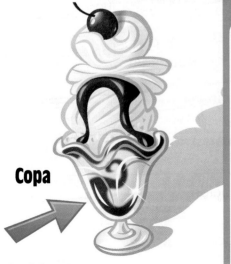

Homófonos

Los homófonos son palabras que se pronuncian de la misma manera, pero se escriben de manera diferente y tienen significados diferentes.

Serrar

Cerrar

Algunos homófonos comunes

has	haz
abrasar	abrazar
barón	varón
cierra	sierra
cocer	coser
sien	cien
echo	hecho
honda	onda

Estrategia para homófonos

1. Piensa en las diferencias ortográficas y en los distintos significados de los homófonos.
2. Comprueba las definiciones de las palabras en un diccionario.
3. Usa la palabra que corresponda a tu texto.

Esta tabla puede ayudarte a recordar las diferencias entre homógrafos y homófonos.

Homógrafos y homófonos

	Pronunciación	Escritura	Significado
Homógrafos	igual	igual	diferente
Homófonos	igual	diferente	diferente

Homógrafos

Homófonos

Diccionario

Un diccionario es un libro de referencia que presenta las palabras ordenadas alfabéticamente. Puede usarse para buscar definiciones, categorías gramaticales, ortografía y otras formas de las palabras.

frágil ① *ADJETIVO.* ② Que se rompe con facilidad. ③ *El cristal es un material frágil.*
④ —SIN. Quebradizo. ANT. Fuerte.

Estrategia para el diccionario

1. Identifica la palabra desconocida.
2. Busca la palabra en un diccionario. Las entradas están presentadas alfabéticamente.
3. Halla la parte de la entrada que tiene la información que buscas.
4. Usa el diagrama anterior como una guía para ayudarte a ubicar la información que deseas.

① Categoría gramatical

② Definiciones

③ Oración de ejemplo

④ Sinónimo y antónimo

Diccionario de sinónimos

Un diccionario de sinónimos también presentará los antónimos de muchas palabras.

construir
verbo
hacer, edificar, fabricar.

Estrategia para el diccionario de sinónimos

1. Busca la palabra en un diccionario de sinónimos. Las entradas están presentadas alfabéticamente.
2. Ubica los sinónimos de tu palabra.
3. Halla la palabra que tiene exactamente el significado que buscas.